글이

전면개정판

삶이다

글이 삶이다

Basic Liberal Arts Courses of HANYANG UNIVERSITY

한양대학교 교양국어교육위원회 편

전면개정판

한양대학교 출판부

그래도 '글'이다!

최근 우리는 OpenAI가 제공하는 ChatGPT를 경험하면서 새로운 세상이 열렸음을 실감하고 있다. 현재 ChatGPT는 GPT-3.5와 GPT-4를 기반으로 하는 생성형을 넘어 대화형 인공지능 서비스를 제공하는데(곧 음성 대화형도!), 그의 기습(奇襲)에 편리함보다는 위기감이 더 고조되고 있다. 왜냐하면 정말 인간처럼 대답하고 대안을 제시하고 문제를 해결하는 것처럼 보이기 때문이다. ChatGPT의 대화나 문장은 숫제 인간의 기를 죽일 만큼 유려하다. 이즈음 우리는 글쓰기 교육에서 새로운 제재와 환경을 통해서 새로운 벡터 설정과 발전 방향을 모색해야 한다. 그래서 이번 교재 개편은 더욱 긴요한 것이 아닐 수 없다. 그럼으로써 대학 교양 교육의 책임감을 가진 우리는 새롭고 효율적이면서도 변화된 시대에 부합하는 글쓰기 재료를 발굴하고 방법을 개발하면서 그 실천을 꾀하게 되었다. 위기감이 감도는 새 세상에서 그래도 '글'이 기계뿐만 아니라 인간에게 여전히 중요하다는 진리는 변함이 없다.

글쓰기란 사물이나 현상을 이해하고 해석하고 판단하는 일련의 사고 과정과 결과를 일정한 원리에 의해 문자로 표현하는 행위이다. 그래서 글쓰기 능력에 선행하는 창조적 사고 능력이 절실하게 요구된다. 우리가 추구하는 글쓰기 교육이 전문적인 작가들을 기르는 데 목적을 두는 것이 아니라, 창조적 사고 과정의 결과로서의 글쓰기에 목적을 두는 까닭도 이러한 글쓰기의 교양 교육적 측면 때문이다. 그러나 우리는 다매체의 활성화와 가상세계 및 증강세계 그리고 현실세계가 넘나드는 AI 시대에 따른 문자 매체의 필연적 약화 추세를 맞았다. 이럴 때 글쓰기 교육을 현재 상황과 어떻게 접목시켜 가야 하는가? 새로운 교재와 교수법에 대하여 깊이 고민한 것도 바로 이러한 이유에서 비롯되었다.

한양대학교 교양국어교육위원회에서는 이번에 『글이 삶이다』 교재를 개편하였다. 교양국어교육위원회는 AI 시대를 맞이한 대학생들의 창조적 사고 능력과 실제적 글쓰기 능력을 향상하는 쪽으로 방향을 정했다. 우선 글쓰기 과정을 단계별로 설명하면서 AI 시대에 맞는 창의적 사고 훈련 과정을 더욱 강화하였다. 이 시대가 요구하는 정신에 가장 부합하는 명문을 엄선하여 읽기 자료로 담았고 이를 바탕으로 창조적 논리적 사고가 도출되는 글쓰기를 실제로 써 볼 수 있도록 하였다. 학생들은 이 교재와 '말과 글' 수업을 통해 수준 높은 교양 지식을 쌓으면서 창의적 소통 능력을 키워 가기 바란다. 끝으로 어떤 대학 교재보다도 선도적인 글쓰기 교재 개편은 오랫동안 '말과 글' 과목을 담당해 오신 선생님들의 경험과 재료 추출이 중요한 몫을 하였다. 『글이 삶이다』 교재 개편에 직접 참여하신 김지선, 서신혜, 우미영, 이은실, 주효주 선생님과 집필 과정에 올바른 방향으로 개편이 되도록 조언을 아끼지 않은 '말과 글' 담당 선생님들께 진심으로 감사함을 전한다.

2024년 2월

한양대학교 교양국어교육위원회 위원장 서경석

차례

제3부 글쓰기의 세부

부록

제1부

글쓰기 연습:
마음의 글쓰기

1

다른 글쓰기를 위한 실험

1.1. 출발, 지금 여기가 우주다

어떻게 하면 글을 잘 쓸 수 있나요?
질문을 받은 작가의 답은 의외로 간단하다.
하나, 타자 치는 법을 배우세요.
둘, 훌륭한 사전을 준비하세요.
문법과 철자법을 제외하면, 글쓰기의 첫 번째 단계에서 갖출 것은 이것뿐이라고 작가는 말한다. 질문자가 의아해하면서 두 번째 단계를 묻자 그는 이렇게 답한다.
글을 쓰면 됩니다.

- 어슐러 크로버 르 귄, 조호근 옮김, 『밤의 언어』, 서커스, 2019, 348-350쪽.

위 이야기는 『어시스의 마법사』의 작가 르 귄이 「글쓰기에 관하여」에서 밝힌 경험담이다. 르 귄에 따르면 이러한 답변은 듣는 이의 화를 돋을 수도 있다. 하지만 이는 직시해야 하는 글쓰기의 '끔찍한 진실'이다. 글쓰기의 기술은 가르칠 수 없으며 홀로 연습하면서 깨우쳐야 한다. 이것이 르 귄의 생각이다.

1955년 발간되어 지금까지 관심을 받는 『좋은 산문의 길, 스타일』의 저자 루카스의 생각도 이와 같다. 평생 영국 작가의 문체와 글쓰기를 연구해 온 그가 내린 잠정적 결론은 "위대한 작가는 글쓰기를 배우지 않는다. 문학의 거장들은 스스로를 가르치는 것 같다."이다.(F.L. 루카스, 이은경 옮김, 『좋은 산문의 길, 스타일』, 메멘토, 2018, 49쪽.) 위대한 작가는 재능을 타고났으니 당연히 배우지 않아도 잘 쓰지 않을까? 이렇게 생각한다면 오산이다. 그들은 한 작품 한 작품 쓰면서 스스로 글쓰기 기술을 깨우치고 터득해나가기를 게을리하지 않은 자일 뿐이다.

글쓰기의 기술을 가르칠 수도 또 배울 수도 없다면 어떻게 글쓰기에 접근해야 할까? 여기에서는 '글쓰기 연습'을 통해 이에 다가가고자 한다. 이 장에서 시도하는 글쓰기 연습은 혼자 스스로 글을 쓸 수 있도록 안내하는 길잡이 중 하나이다. 구체적인 방법론을 제시하지 않고 곧장 글쓰기로 돌입한다는 점이 특징이다. 글을 쓰기 전에 제시되는 다양한 방법은 자유로운 글쓰기 행위를 오히려 방해한다. 글쓰기에 대한 진입 장벽 또한 높인다. 글쓰기 연습은 통념적인 조건을 무시하는 데에서 출발한다. 이를 통해 우리 안의 선입견과 두려움을 부수는 것, 이것이 글쓰기 연습의 첫 번째 목적이다. 두려움 없이 지속한다면 아무리 끔찍하다 해도 글쓰기의 진실은 받아들일 만하다. 반복되는 행위 속에서 스스로 자신의 방식을 터득해 가는 즐거움을 맛볼 수 있기 때문이다.

잠시 누군가의 수업을 엿보기로 하자.

한 톨의 모래에서 세상을 보고
한 송이 들꽃에서 천국을 보리라

위 시구는 윌리엄 블레이크의 「순수의 전조Auguries of Innocence」 도입부이다. 우리가 가 닿고자 하는 천국은 저기 멀리 어딘가에 있지 않고 지금 여기 나와 함께 한다는 의미이다. 이상을 좇아 오랜 시간 먼 곳을 떠돌던 여행자가 집으로 돌아와 깊은 곳에서 내뱉는 말처럼도 들린다. 이는 생물학 교수 데이비드 조지 해스컬이 진행하는 생태학 수업의 마음가짐을 대변하는 시구이기도 하다. 『숲에서 우주를 보다』에 따르면 그는 생태학 실험 첫 수업 시간에 학생들을 학교 근처 숲으로 데리고 가 땅에 고리를 던져 지름 1미터의 원을 그리게 한다. 그렇게 그린 원을 오후 내내 관찰하는 것이 수업의 전부이다. 학생은 한 학기 동안 꾸준히 1미터 원의 세계를 관찰한다. 거대한 숲속의 작은 원, 이곳이 숲 전체이자 우주이다. 모든 생태 이야기가 여기에 담겼다. 극히 작은 것에서 우주를 탐구하는 수업이다. 숲의 진면목을 또렷하고 생생하게 보려면 주마간산으로 전체를 훑기보다는 작은 면적을 꼼꼼히 뜯어보는 게 낫다는 한 생물학자의 믿음이 만들어낸 형식이다.

글쓰기 수업도 이렇게 시작하자. 우리에게 1미터 원의 땅, 곧 우주는 지금 여기의 '나'이다. 글쓰기가 마주해야 하는 진실은 궁극적으로는 나로부터 비롯된다. 외부 세계를 쓴다고 할지라도 생각하고 판단해야 하는 이는 결국 나이다. 나를 통과하지 않은 문장은 강한 힘을 갖기 어렵다. 나의 느낌, 나의 생각, 나의 판단은 글쓰기의 세계를 여는 필수 요소이다. 이는 자신에 대한 신뢰에서 비롯된다. 지금 여기의 나로부터 시작하는 글을 쓰기 위해서는 자신감과 자존감부터 장착해야 한다. 당신은 자신을 믿는가? 당신은 자존감이 높은 사람인가? 이 질문으로부터 우리의 수업을 시작하자.

1.2. 10분 글쓰기 연습과 나탈리의 규칙

무언가를 쓰고 싶어 누군가에게 조언을 구했다가 명쾌한 방법 대신 "일단 써오세요. 쓴 것 보고 이야기하도록 해요."라는 말을 듣고 민망하게 돌아설 때가 있다. 수영을 하기 위해서는 물에 들어가야 하듯 글을 쓰기 위해서는 먼저 글쓰기 행위로 돌진해야 한다. 이를 위해 준비한 방법이 '10분 글쓰기 연습'이다.

10분 글쓰기 연습은 나탈리 골드버그의 시간 제한 글쓰기 연습론에서 차용한 것이다. 일정한 시간을 정하고 그 시간 동안 글쓰기 자체에 집중하는 방법이다. 10분이든 20분이든 혹은 1시간이든 시간의 길이는 중요하지 않다. 이는 각자 알아서 정하면 된다. "중요한 것은 글쓰기에 할애한 시간이 얼마이든 간에 그 시간 동안만큼은 글쓰기로 완전하게 채우도록 집중하는 일이다."(나탈리 골드버그, 권진욱 옮김, 『뼛속까지 내려가서 써라』, 2019, 26쪽.) 이는 실제의 글쓰기에 다가가기 위한 연습이다. 반복된 글쓰기 연습은 다양한 방식의 체험을 통해 실제의 글쓰기로 나아가는 힘을 길러줄 것이다. 방법은 아래와 같다.

준비물: 종이와 펜, 약간의 시간과 몰입

나탈리 골드버그의 글쓰기 연습 규칙

① **손을 계속 움직여라.** 방금 쓴 글을 읽기 위해 손을 멈추지 말라. 그렇게 되면 지금 쓰는 글을 조절하려고 머뭇거리게 된다.

② **편집하려 들지 말라.** 설사 쓸 의도가 없는 글을 쓰고 있더라도 그대로 밀고 나아가라.

③ **맞춤법이나 구두점 등 문법에 얽매이지 말라.** 여백을 남기고 종이에 그려진 줄에 맞추려고 애쓸 필요 없다.

④ **마음을 통제하지 말라.** 마음 가는 대로 내버려 두라.

⑤ **생각하려 들지 말라.** 논리적 사고는 버려라.

⑥ **더 깊이 파고 들어라.** 두렵고 발가벗겨지는 느낌이 들어도 무조건 더 깊어 뛰어들라. 거기에 바로 에너지가 있다.

⑦ **구체적일수록 좋다.**

– 나탈리 골드버그, 앞의 책, 26–27쪽. /

나탈리 골드버거, 한진영 옮김, 『글쓰며 사는 삶』, 페가수스, 2012, 16–19쪽.

먼저 첫 문장을 만든 후 글쓰기를 시작하자

무엇으로 시작할까? 앞에 어떤 풍경이 펼쳐져 있는가? 옆에 어떤 물건이 있는가? 지금 막 떠오르는 것은 무엇인가? 어떤 단어로 시작할까? 주어는 무엇으로 할까? 이로부터 떠오르는 것을 문장으로 만들고, 이를 첫 문장 삼아 시작해보자.

종이와 펜, 어떤 것이 좋을까

글쓰기 기기가 다양해진 요즘 무엇으로 글을 써야 할지 망설여질 수 있다. 신경과학자에게서 답을 구해보자.

오랫동안 논쟁이 되어온 이슈 하나를 살펴볼 차례가 왔다. 컴퓨터를 사용하여 메모나 필기를 하는 것이 펜과 종이를 사용하는 것보다 더 안 좋은 습관인가?

컴퓨터 메모와 직접 손으로 작성하는 메모를 서로 비교하는 것은 별 의미가 없다. 중요한 것은 도구가 아니라 필기의 유형이다. 당연히 손으로 쓰는 것보다 키보드를 활용한 타이핑이 더 빠르다. 그래서 컴퓨터 메모는 '얕은 필기'(귓전에 울리는 모든 소리를 적는 방식)에 더 적합하다. 반면에 손으로 쓰는 방식은 '깊은 필기'(들리는 단어 자체가 아니라 그 단어들을 이치에 맞게 정리하거나 행간의 숨겨진 의미를 도출하는 데 신경을 쓰며 적는 방식)에 더 적합하다. 손 필기는 모든 단어를 받아 적을 수 없다. 그렇기에 머릿속에서 정보를 먼저 한 차례 처리한 후 정리하는 과정을 거친다.

물론 컴퓨터로 깊은 필기를 하는 것도 불가능한 것은 아니다. 다만 필기의 유형에 따라 어느 도구가 더 적합한지를 선별할 줄 알면 정보의 학습과 정리 및 처리에 더 나은 도움을 얻을 수 있다. 더 집중적인 학습을 원한다면 컴퓨터보다는 손으로 필기하는 것이 더 낫다. 여러 뇌과학 연구에 근거할 때 이는 분명하다.

- 제레드 쿠니 호바스, 김나연 옮김, 『사람은 어떻게 생각하고 배우고 기억하는가』, 토네이도, 2020, 40-41쪽.

연습 1

첫 문장이 정해졌는가? 제한 시간도 정했는가? 그럼, 시작해보자. 글쓰기 연습 규칙을 지키면서 정해진 시간 동안 손을 움직여 보자.

2

반복과 10분의 몰입

• • •

연습 2

연습 1에서와 같은 방식으로 글쓰기 연습 규칙을 지키면서 정해진 시간 동안 손을 움직여 보자.

2.1. 다른 조건의 효용

지금까지 두 번의 글쓰기 연습을 하였다. '연습'이라는 표현이 말하듯 이는 실전 글쓰기는 아니다. 연습 결과를 보면 이에 대해 수긍할 것이다. 자신이 쓴 연습지를 가만히 들여다보자. 여기에 내용의 일관성이나 논리가 있는가? 무슨 말을 하고자 하는지 명확하게 파악할 수 있는가? 대부분의 글쓰기 연습에서는 이를 찾거나 파악하기 어렵다. 수백 번, 수천 번 횟수를 더하다 보면 연습과 실전 글쓰기의 간격은 분명 줄어들 것이고 그 경계 또한 사라질 수도 있다. 하지만 두 번의 연습으로는 이러한 경지를 말하기 어렵다.

글쓰기 연습을 하면서 여러분은 무엇을 느꼈는가? 학생의 주된 답변 중 하나는 '나를 알 수 있었다'이다.

"현재 내가 어떤 생각을 하고 있는지, 무슨 말을 하고 싶은지 알 수 있었다."
"'나'를 새로 알게 된 기분이었다."
"내가 평소에 어떤 생각을 주로 하는지 어떤 흐름으로 생각이 펼쳐지는지 알게 되었다."

글쓰기 연습은 문자로 머릿속 생각을 스캔하는 행위와 다름없다. 이렇듯 자유롭게 쓴 글이 곧 자신이라고 말할 수 있을까? 르 귄은 글쓰기는 카메라 혹은 거울과는 다르다고 말한다. 그에 따르면 자신에 대해 쓴 글이라고 하여 거기에 자신이 곧장 반영될 수는 없다.

> 제 생각에 글 쓰는 이의 소임은 진실을 말하는 겁니다. 다른 누구도 아닌, 글 쓰는 이 자신의 진실을 말하는 겁니다. 이건 쉬운 일이 아닙니다. 요즘 통용되는 '자기표현'이나 '있는 그대로 말하기'와 같은 구절에는 오늘날의 가장 큰 거짓말 하나가 숨어 있습니다. 마치 그게 쉬운 일인 것처럼, 누구나 지나치게 포장하지 않고 입에서 그대로 말을 쏟아내기만 하면 누구나 할 수 있는 것처럼 들리잖아요. "나는 카메라다"라는 생각이 드러나는 셈입니다. 솔직히 말해 그 정도로 끝나는 문제가 아니거든요. 타인에게, 여러분이 아는 다른 사람에게, 여러분의 실제 감정이 어떤지, 진짜로 어떤 생각을 하고 있는지를 완벽하게 정직하게 말하는 일이 얼마나 힘든지는 다

들 아시지 않습니까? 일단 그들을 신뢰해야 합니다. 그리고 자신을 알아야 합니다. 진실 근처에 접근하기도 전부터 준비가 필요한 겁니다. 그런데 이조차 쉬운 일이 아닙니다. 상당한 기력을 소진하게 되지요.

- 어슐러 크로버 르 귄, 조호근 옮김, 『밤의 언어』, 서커스, 2019, 357-358쪽.

르 귄에게 글을 통해 드러나는 자기란 자기 진실과 동의어이다. 자기 진실을 드러내는 글을 쓰기란 쉽지 않다. 자신이 어떤 생각을 하는지를 알아내는 것 자체가 쉽지 않기 때문이다. 그렇기에 '입에서 그대로 쏟아낸 말'을 자신이라고 할 수는 없다. 글쓰기 연습은 일정하게 제한된 시간 안에서 지속적으로 손을 움직이며 글을 쓰는 행위이다. 이는 즉흥적이다. 즉흥적 손의 움직임은 입에서 그대로 쏟아낸 말과 통한다. 즉 글쓰기 연습은 위 예문에서 말한 '입에서 그대로 쏟아낸 말'을 받아 적는 행위에 해당한다. 르 귄의 관점을 받아들인다면 글쓰기 연습에서 '나'를 발견하기 위해서는 조금 더 복잡한 단계를 거쳐야 한다. 이런 점에서 글쓰기 연습은 자신의 진실에 접근하기 위한 하나의 준비 단계이다.

일반적으로 글쓰기란 사물이나 현상을 이해하고 해석하고 판단하는 일련의 사고 과정과 결과를 일정한 원리에 의해 문자언어로 표현하는 행위로 정의된다. 이는 실전 글쓰기에 대한 정의이다. 이러한 과정으로 들어가지 않고 즉흥적 차원의 글쓰기 연습을 하는 이유는 무엇일까? 즉 10분 글쓰기 연습의 목적은 어디에 있을까?

먼저 글쓰기 앞에 놓인 벽을 무너트리고 재미있고 즐겁게 글을 써보는 데 있다. 우리는 자신의 글을 쓰기보다는 타인의 글을 읽고 분석하는 데 더 익숙하다. 또 과제나 공모전 등 뚜렷한 목표와 마감이 정해진 글을 쓴 경험은 있지만 이와 무관하게 자발적으로 자유롭게 글을 써 본 경험은 많지 않다. 평가로부터 자유로운 글을 써 본 경험 또한 거의 없다. 이런 환경에서는 글쓰기가 즐거울 수 없다. 글쓰기 연습의 목적은 무엇보다 이러한 타율적 환경으로부터 벗어나는 데 있다.

글쓰기에 씌워진 무거운 짐을 내려놓기 위해 '글쓰기 연습 규칙'이라는 새로운 조건을 제시하였다. 이 규칙은 사실 통념적인 글쓰기 조건을 없애기 위해 고안되었다. 즉 자유로운 환경에서 자유롭게 글을 쓰기 위해 만들었다. 이러한 조건에서 탄생한 글쓰기 연습의 내용은 평가될 수 없다. 여기에서 중요한 것은 글을 쓴다는 행위 그 자체이다. 글쓰기 연습을 했느냐 안 했느냐, 이것만 평가할 수 있다. 그렇다면 자유롭게 글을 쓸 수 있지 않을까? 이를 통해 글쓰기에 대한 선입견을 지우고 압박감 또한 덜어보자.

2.2. '나'라고 생각하는 나

글쓰기 연습은 나 자신과 새롭게 관계를 맺을 수 있는 기회를 제공한다. 이는 글쓰기 연습을 통해 얻을 수 있는 부가적 결실이다. "나는 생각한다. 그러므로 나는 존재한다(I think, therefore I am)."는 너무도 유명한 문구이다. 이는 "Cogito ergo Sum"의 번역 문구로서 데카르트가 방법적 회의를 통해 도달한 결론이다. 의심할 수 없는 단 하나의 진리는 사유하는 주체로서의 나가 존재한다는 사실이다. 자크 라캉은 데카르트의 문구를 이렇게 고쳐 썼다. "나는 '그러므로 나는 존재한다'라고 생각하는 사람이다(I am the one who thinks 'therefore I am')."

1) **나는 생각한다. 그러므로 나는 존재한다.**
2) **나는 '그러므로 나는 존재한다'라고 생각하는 사람이다.**

1)과 2)의 차이는 어디에 있을까? 글쓰기 연습지에서 자신에 대해 적은 내용을 곧 자기라고 생각하는 경향이 있음을 앞에서 말했다. 글쓰기 연습지에 적은 자신에 대한 문장, 르 귄의 '입에서 그대로 쏟아낸 말' 등은 자기 혹은 자기 진실과 동일하지 않다. 이를 동일시하는 경향은 위의 1)의 방식과 통한다.

2)의 사유는 1)과 다르다. 2)에서는 '나'는 ~이라고 생각하도록 만들어졌음을 강조한다. 생각을 통해 만들어진 나와 나 자체는 동일하지 않다. 그 사이에는 거리 혹은 틈이 있다. 이 틈을 볼 수 있을 때 내가 생각하는 것이 왜 '나' 자체가 아닌지—'그러므로 나는 존재한다'라고 생각하는지—를 이해하게 된다. 이 틈을 통해 자신을 새롭게 이해하는 길이 열린다.

그렇다면 글쓰기 연습지의 내용을 어떻게 보아야 할까? 나는 연습지의 내용처럼 생각하는 사람이구나. 이것이 2)의 방식이다.

3) **나는 대학생이다.**
4) **나는 대학생이라고 생각하는 사람이다.**

3)과 4)의 문장을 1)과 2)의 문장에 견주어 구분해 보자. 지젝에 따르면 4)의 관점은 "자기 정체성의 한가운데에서 틈"을 보는 행위이다.(슬라보예 지젝, 윤정주 옮김, 『사랑의 대상으로서 시선과 목소리』, 인간사랑, 2010, 194쪽.) 3)에서 4)로 관점이 이동하게 되면 '나'와 '대학생'이라는 둘의 관계에는 틈 곧 거리가 생긴다. 4)의 관점은 나에 대해서도 대학생에 대해서도 새롭게 생각하게 한다. 3)에서 '대학생'은 자신을 규정하는 특성 그 자체이다. 하지만 4)의 관점을 취하게 되면 '대학생'이 사회에 의해 마련된 기준임을 한 번 알게 된다. '대학생'이라는 특성에 대해서도 다시 생각해보게 된다. '나'를 규정하는 기준의 다양성과 상대성에 대해서도 생각하게 된다. 이어지는 생각에서 나와 대학생이라는 특성 사이에는 거리가 발생한다. 이 과정에서 정체성의 단일함이 갖는 고정성은 유연해지거나 깨진다. 결과적으로 자신에 대해 새롭게 접근하는 계기가 된다.

연습 문제 1

위와 유사한 예를 아래 표의 괄호에 넣고, 각각의 차이를 생각해보자.

1)	2)
나는 (　　　　) 이다.	나는 (　　　　)이라고 생각하는 사람이다.
나는 (　　　　) 이다.	나는 (　　　　)이라고 생각하는 사람이다.
나는 (　　　　) 이다.	나는 (　　　　)이라고 생각하는 사람이다.

1) 의 관점에서 '나'를 생각했을 때와 2) 의 관점에서 '나'를 생각했을 때 다른 점은 무엇인가?

2) 의 관점을 통해 '나'를 바라보는 생각에 변화가 생겼는가? 그 변화가 무엇인지에 대해서도 적어보자.

연습 문제 2

1단계: 16–17쪽의 연습 1, 2 내용을 토대로 아래의 빈칸을 채워보자.

나는 ______________________ 라고 생각하는 사람이다.

2단계: 네모 안의 빈칸을 채웠는가? 채워진 내용을 토대로 나는 어떤 생각을 하는 '나'인지 정리하여 적어보자.

3단계: 이를 작성한 후 느낀 점을 적어보자.

3

내 안의 괴물, 너라는 보물

• • •

연습 3

연습 1, 2에서와 같은 방식으로 계속해서 그냥 써 보자. 글쓰기 연습 규칙을 지키면서 정해진 시간 동안 손을 움직여 보자.

3.1. 자기 분석: 글쓰기 연습 1 · 2 · 3

글쓰기 연습 1·2·3의 결과물을 하나하나 살펴보면서 아래의 점검 내용에 따라 정리해보자.

점검 내용

1 연습에서 사용한 단어 중 빈도수가 높은 것 5–10개 정도 적어보자.

2 연습에서 주로 적은 주제 혹은 내용을 5개 정도 적어보자.

3 1과 2를 바탕으로 자신의 관심사 등을 정리해보자.

4 1–3의 내용을 통해 무엇을 느꼈는가?

5 1–4 가운데 이번 학기에 관심을 갖고 써 보고 싶은 주제가 있는가? 있다면 왜 이에 대해 써 보고 싶은가?

3.2. 마음의 글쓰기와 날뛰는 원숭이

글쓰기 연습을 하면서 혹은 결과물을 보면서 여러분은 무엇을 느꼈는가? 나탈리가 쓴 첫 명상의 느낌과 글쓰기 연습을 비교해보자.

> 중학교 3학년 생물 수업 시간에 앨버트 틴트 선생님은 불수의(involuntary)의 기관에 대해 공부하겠다고 말했다. 선생님은 불수의 기관은 심장이나 폐와 같은 장기를 말한다고 설명했지만 인간의 마음(mind)을 만들어 내는 뇌는 언급하지 않았다. 아마도 몰라서 그러셨겠지만, 사실 뇌는 자동 생각 생산 장치와 같다. (중략)
>
> 놀라운 건, 내가 명상을 시작하며 호흡을 고르는 법을 알게 된 스물여섯 전까지는 마음이 그런 식으로 작동한다는 사실을 전혀 알지 못했다는 것이다. 튀어나오는 생각들을 마음대로 멈출 수 없다는 사실을 몰랐다. 오만했던 이십 대의 나는 뭐든지 할 수 있다고 생각했다. 그러다가 내가 통제하지 못하는 것도 있다는 사실을 알게 된 것이다.
>
> 뉴멕시코주 타오스에서 17마일 떨어진 라마 산기슭에서 수련을 시작했던 첫날, 나는 해가 뜨기도 전에 일어나서 서둘러 옷을 갈아입고는 조그마한 명상실 키바에 들어갔다. 시작종이 울렸고 가만히 앉아 자신의 호흡에 집중하라는 지시가 내려졌다. 호흡은 무슨 호흡? 찾을 수가 없었다. 그 대신 머릿속이 끊임없이 재잘댔다. 수많은 생각들이 스쳐갔다. 이건 이렇고, 저건 저렇고, 뭔가 떠오르고 생각하는 게 끝이 없었다. 30분 후 명상의 끝을 알리는 종이 울렸다. 와! 나는 눈을 떴다. **방금 내 머릿속 그 야수는 대체 뭐지?**
>
> 그건 '나'라는 인간의 마음이었다. 그것이 무엇인지 이해할 필요가 있었다. 어째서? **그것이 작가의 풍경이기 때문이다.** 화가가 그 야수를 캔버스에 담는다고 상상해보자. 그 송곳니, 이글거리는 눈빛, 날쌘 발굽, 어른거리는 그림자를 붙들어 매야 한다. 우리 작가들 안에는 그런 야수가 있다. 그건 바로 우리가 세상을 느끼고, 생각하고, 희망하고, 꿈꾸고, 인지하는 모습이다. 단어, 문장, 생각은 모두 어디에서 오는가? 그것들은 모두 마음, mind에서 비롯된다.
>
> - 나탈리 골드버그, 차윤진 옮김, 『버리는 글쓰기』, 북뱅, 2014, 19-20쪽.

명상을 해본 경험이 있다면 위 예문의 내용을 이해할 수 있을 것이다. 호흡에 집중하는 1분 혹은 3분이 얼마나 긴지 또 그 짧은 시간 동안 잡다한 생각이 얼마나 많이 부침하는지 등을 경험했으리라. 나탈리는 그 당황스러움을 야수와의 만남으로 표현하였다. 이 야수는 곧 마음(mind)이다. 마음이란 생물학적 뇌와 연결되어 작동하며 거기에는 스스로 통제할 수 없는 수많은 생각이 있다. 위 예문에서 보듯 마음이란 신체 혹은 신체의 생리와 격리된 의식이 아니다. 이때 몸과 마음은 구별되지 않는 하나로서 인지과정이 벌어지는 장소이다. 우리가 글쓰기 연습에서 만난 것 또한 야수이다. 이는 곧 마음이다.

글쓰기 연습에서 만나는 것은 정확하게 말하면 '나'가 아니라 나의 마음(mind)이다. 제한된 시간 속에서 자유롭게 펼쳐지는 행위인 글쓰기 연습은 우리의 머릿속을 스캔한 것과 같다. 즉 10분 글쓰기 연습 결과는 자유롭게 떠도는 생각을 문자로 스캔한 것과 마찬가지이다. 날 것의 생각이 문자를 통해 꼬리에 꼬리를 물면서 이어지는데, 여기에는 일관된 논리가 없다. 위 예문 속 명상의 풍경과 다르지 않다.

심원의마(心猿意馬)라는 말이 있다. 여기에서 마음은 원숭이에 비유된다. 심원은 원숭이처럼 날뛰는 마음이라고 하여 원심(猿心)이라고도 표현한다. 안정을 찾지 못한 채 조급하게 동요하는 마음을 가리킨다. 의마에서 의식 곧 생각은 말에 비유된다. 생각은 곧잘 한곳에 모이지 못하고 멀리 달아나거나 여러 곳으로 흩어진다. 생각의 이러한 모양은 말이 달리는 것과 닮았다. 원숭이의 날뜀과 말의 내달림은 응원이 아닌 조련의 대상이었다. 억압과 통제를 통해 이들을 길들임으로써 마음과 의식은 평정에 이르게 된다. 이 과정에서 원숭이와 말을 가만히 들여다볼 수 있는 여유는 없다. 소설 『서유기』에서 주인공 손오공의 분방함을 어떻게 대했는지를 생각해보면 이에 대한 전통적인 태도를 이해할 수 있다.

앞의 예문에서 원숭이를 대하는 태도는 이와 다르다. 글쓰기에서 원숭이 곧 야수는 적극적으로 끌어안고 들여다봐야 할 대상이다. 이것은 글쓰기가 비롯되는 원천이다. 작가는 명상에서 논리적이지도 일관되지도 않은 소리를 마구 질러대는 야수를 만났다. 화가가 자신이 본 풍경을 캔버스에 담듯 작가는 자신이 만난 야수를 글쓰기에 담는다. 우리의 글쓰기 또한 연습지에서 만난 야수로부터 출발한다. 이런 점에서 글쓰기 연습은 야수의 글쓰기이다. 야수가 마음이니 이는 곧 마음의 글쓰기이다. 야수는 더 이상 억압하고 통제하면서 길들여야 할 괴물이 아니다. 이를 글쓰기의 출발점이자 생각의 저장고로 삼으려면 이들을 날뛰고 내달리게 해야 한다. 그리고 그들을 가만히 들여다보자. 이 과정은 야수를 인정하고 신뢰하는 시간이다. 자신의 마음을 인정하고 신뢰하는 시간이다. 이를 통해 긍정적이고도 생산적인 글쓰기의 세계로 들어가보자.

생각해보기

크리스토프 니만(Christoph Niemann)은 일러스트레이터이다. 넷플릭스 다큐멘터리 〈앱스트랙트(Abstracts)〉 시즌1의 첫 이야기 주인공이 되어 창작자로서의 일상을 보여준다. 이 다큐멘터리는 창작자로서 압박감을 이겨내는 일상에 초점을 맞춘다. 니만은 일반 직장인처럼 아침 9시에 출근하고 저녁 6시가 되면 퇴근한다. 그에게 창작은 일 곧 노동이다. 영감이 떠오를 때까지 기다리지 않고 스스로를 열어놓고 책상에 앉아 그림을 그리고 버리기를 반복하면서 최선의 시간을 보낸다. 그는 "운동선수도, 음악가도 매일 연습하잖아요. 디자이너라고 다르겠어요?"라면서 새로운 것을 만들어내야 하는 압박과 두려움에서 벗어나는 길은 연습밖에 없음을 강조한다. 그의 하루를 취재한 감독은 그가 "창작자와 편집자라는 두 개의 전혀 다른" 자아를 한 몸에 지닌 사람 같다고 말한다. 앞의 인용문은 감독의 반응에 대한 니만의 대답이다. 창작자로서의 생활은 자유로운 연습에, 편집자로서의 생활은 마감을 앞둔 꼼꼼하고 냉철한 장인으로서의 태도를 가리킨다. 그의 창작은 이 둘의 긴장과 균형 속에서 이루어진다. 여기에서 검열관을 스스로 통제할 줄 아는 활동가의 현명함을 엿볼 수 있다.

아래 덧붙인 니만의 말을 읽고 글쓰기 연습에서 실전으로 이어지는 일련의 과정에 대해 생각해보자.

작가는 작품을 통제함과 동시에 분명한 관점을 갖고 작품의 방향과 성패의 원인을 파악해야 하지만 다른 한편으로는 자유로운 영혼을 가져야 해요. 그래서 두 개의 전혀 다른 자아를 개발해야 했죠. 저는 냉정한 편집자이기도 하고 자유분방한 예술가이기도 해요. 신체적으로는 정말 피곤하지만 결과는 늘 좋아요.

자유로운 창작이 필요한 경우 별도로 시간을 냅니다. 마감을 정해 놓으면 자유로운 창작은 불가능하거든요. 말 그대로 종이 한 장을 앞에 두고 앉아서 아무 두려움

없이 이것저것 해보면 더 깊이 들어가 보고 싶은 뭔가를 발견하게 돼요. 저는 그렇게 번쩍 떠오르는 아이디어에 의존하는 편인데 이건 긴장이 풀리고 프로젝트나 마감이 없을 때만 가능해요. 창작에만 집중하고 작품의 전체적인 방향을 걱정하지 않아야 하죠. 하지만 중요한 마감을 앞에 두고 새로운 걸 시도해서 성공한 적은 한 번도 없는 것 같아요.

- 넷플릭스 <앱스트랙트(Abstracts)> 시즌1 1화 중에서

제2부

글쓰기의 과정

모든 글쓰기에는 일반적인 절차와 과정이 있다. 화제와 아이디어를 포착하고, 핵심 내용을 결정하며, 읽는 이들이 내용을 원활하게 파악하도록 짜임새 있게 글을 구성한다. 특히 극적인 느낌을 주고 감정을 끌어올리며 공감을 이끄는 데에는 글의 구성이 큰 역할을 한다. 이후 계획을 글로 써가며 서술한다. 이때 단락을 중심으로 글을 써서 독자가 글의 흐름을 명확하게 이해하도록 만든다. 마지막에는 초고가 나의 의도대로 실현되었으며, 독자들이 글의 내용을 잘 파악할 수 있을지 검토한다.

이런 과정의 필요성에 대해 작가 스티븐 킹은 '글을 쓸 때는 문을 닫고, 글을 고칠 때에는 문을 열어 두라'는 비유로 조언한다. 이 말은 처음에는 자기 자신만을 위해 쓰더라도 글이란 결국 바깥세상으로 나가 독자와 소통하게 된다는 의미이다.(스티븐 킹, 김진준 옮김, 『유혹하는 글쓰기』, 김영사, 2002, 69쪽) 그의 말처럼 글을 시작할 때는 문을 닫고 쓰고 싶은 내용을 자신 안에서 찾아내는 게 중요하지만, 글을 고칠 때에는 문을 열고 타인이 내 글을 얼마만큼 파악할 수 있는지 확인하는 과정이 필요하다. 내면에서부터 쓰고자 하는 이야기를 길어낸 뒤에는 독자에게 효과적으로 내용을 전달하여 공감과 설득을 이끌어야 한다. 글쓰기는 나로부터 비롯하여 타인에게로 나아가는 소통의 과정이기 때문이다.

앞의 1부에서 쓰는 이가 자신의 마음에 귀를 기울이고, 쓰고 싶은 바를 자유롭게 길어내는 연습을 했다면, 2부에서는 읽는 이들이 내용을 이해하고 받아들이기 편한 글을 쓰기 위한 과정과 절차를 살펴볼 것이다. 글의 핵심이 분명히 드러났는지, 균형 잡힌 짜임새가 있는지, 적확한 표현을 사용했는지 스스로 자의식을 가지며 쓰도록 하는 것이 2부의 목표다.

또한 2부에서 유의할 점은 글을 써가는 절차가 공장의 운반기기(conveyor belt)와는 다르다는 사실이다. 글쓰기는 하나의 공정이 완벽히 끝난 뒤에 다음 단계로 나아가야 하는, 되돌릴 수 없는 과정이 아니다. 다 쓴 뒤에도 주제가 분명치 않을 경우, 처음부터 다시 시작할 수도 있고, 언제라도 그 이전의 단계를 다시 쓸 수 있다. 이처럼 글쓰기는 순차적이지만 동시에 순환적인 과정이다. 2부의 순서대로 글을 쓴다고 하더라도, 써가는 과정 속에서 얼마든지 앞 단계로 되돌아 갈 수 있다는 마음가짐으로 글을 대하는 태도가 중요하다.

1

글감과 주제 정하기

• • •

글쓰기를 보다 쉽게 하는 방법은 없을까? 만약 글이 술술 써지는 방법을 찾고 있다면 아쉽지만 포기하는 편이 낫다. 하지만 왜 이 글을 써야 하는지, 무엇을 쓰고 싶은지에 대한 자의식이 분명해지면 보다 쉽게 글이 풀리기도 한다.

글쓰기란 생각을 글로 표현하기까지의 여정이다. 글을 쓰기 전에 어떤 상황에 놓여 있는지, 누가 읽을 것인지, 무엇을 쓸 것인지, 그에 대해 어떤 관점을 지니고 있는지, 얼마나 써야 하는지 등을 충분히 고민해야 한다. 만약 글쓰기에 주어진 시간이 두 시간이라면 한 시간은 생각하고, 아이디어를 정리하는 등 준비하는 데 비중을 두는 편이 좋다. 여러 잡다한 생각들 속에서 중점을 둬야 할 사고의 방향이 잡히면 비로소 주제가 분명한 글쓰기를 할 수 있기 때문이다.

1.1. 글쓰기의 목적과 예상 독자 분석하기

실제적 글쓰기에 직면하게 되면 상황을 객관적으로 파악할 필요가 있다. 먼저 글쓰기의 목적을 분명히 인식하고, 예상 독자에 대하여 분석하는 준비단계가 필요하다.

글을 쓰는 목적은 크게 자기표현, 소통(정보를 주는 글/설명하는 글/설득하는 글 등), 학술적 목적을 위한 세 가지로 구분할 수 있다. 하지만 글을 쓰는 목적을 보다 구체적인 측면에서 생각해보는 것이 좋다. 우선 학술적 목적을 지닌 보고서나 논문을 쓴다면 자신의 연구가 지닌 목적과 성과(기대효과)를 뚜렷하게 부각시켜야 한다. 이를 위해서는 기존의 선행 과제나 연구들과의 차별점이 서술되어야만 한다.

만약 취업을 위한 자기소개서를 쓴다면 업무를 수행하는 데 적합한 자신의 장점을 호소해야 한다. 장학금을 신청하기 위한 글을 쓴다면 남이 아닌 바로 자신이 장학금을 받아야만 하는 이유를 제시할 필요가 있다. 물론 자기소개서나 장학금 신청서는 자기를 표현하는 목적의 글이지만 개성만을 내세우는 것은 읽는 이에게 별 의미가 없다. 인사담당자의 입장에서는 업무에 최적화된 인물인지 아닌지 판단하기 위한 정보가 중요하기 때문이다.

소통의 목적을 지닌 주제 에세이나 감상 에세이 또한 글마다 특별한 목적을 찾을 수 있다. 가령 사회비판 에세이를 쓴다고 한다면, 궁극적인 목적은 사안의 중요성을 인식시켜 독자의 사고에 변화를 이끌어내는 데 있다. 만약 독자들이 다른 견해를 가지고 있다면, 우려하는 바가 무엇인지를 파악하고 이를 없애기 위한 내용을 쓰는 게 도움이 된다. 감상 에세이는 특별한 경험과 정서를 공유하여 독자에게 세계와 인간의 가치를 느낄 수 있게 한다.

이처럼 목적에 따라 글을 쓰는 내용과 방식은 달라질 수 있다. 어떤 목적의 글이냐에 따라 어조가 달라지고, 문체도 달라지며, 자세히 서술하는 부분도 달라진다. 따라서 목적이 구체적일수록 그에 부합하는 글을 쓸 가능성이 높다.

이는 글을 읽는 독자의 성향과도 연계된다. 독자에 따라 글의 방향이 달라지기 때문에 독자의 나이대에 따른 흥미도, 사전 지식의 정도, 독자가 해당 분야 글에서 알고 싶어 하는 것 등을 고려하여 글쓴이는 서술의 방향을 다시 잡아야 한다. 예를 들어 노후 준비에 대한 글을 써야 한다고 하자. 대상 독자가 20대라면 그들은 별 관심이 없다. 그래도 같은 주제에 대하여 써야 한다면, 그들이 관심을 가질 만한 내용으로 화제를 좁혀야 한다. '풍요로운 노후를 위해 20대에 준비해야 할 것'이라고 한다면, 비로소 20대의 독자도 관심을 가질 수 있다.

독자가 가진 지식 정도에 따라 글의 방향과 사용하는 언어도 달라진다. 환경오염의 문제를 다룰 때 전문가 집단을 대상으로 한 글이라면 전문용어를 사용하여 보다 깊이 있는 해결책을 제시할 필요가 있다. 하지만 일반 대중이라면 환경오염 문제의 심각성을 인식하게 하고 생활 속에서 실천할 수 있는 내용을 일상적인 언어로 소개하는 게 효과적이다. 물론 이때의 독자는 현실의 독자가 아니라 글쓴이가 본인의 글을 읽으리라고 예상한 가상의 독자이기 때문에 보다 구체적이고, 치밀하게 생각할 필요가 있다.

다음은 독자를 분석할 때 참조할 수 있는 사항을 표로 정리한 것이다. 자신이 쓸 글의 목적과 연계하여 글을 읽을 독자에 대해 고려하면서 글쓰기를 준비해 보자.

예상 독자 분석을 위해 고려할 사항

어떤 독자를 대상으로 하는가?	특정인 전문가 집단 일반대중
독자의 나이, 취향 관심사는 어떠한가?	나이와 연계된 취향이나 주제에 대한 관심 정도 나이와 연계하여 사용하는 언어의 특성
주제와 관련한 독자의 배경 지식 파악	제시할 사건 등에 대한 독자의 선행 지식 정도 제시할 정보의 종류와 양의 적절성 검토
소재나 주제에 대한 독자의 성향	호의 중립 적대
글에서 독자가 기대할 사항	유용한 정보 적절한 해결책 깊이 있는 문제의 인식

연습 문제 1

다음의 화제 중 하나를 선택해 글을 쓴다고 할 때, 고려해야 할 글쓰기의 상황(글의 목적, 화제의 시의성, 독자 등)에 대해 적어보자.

글의 화제 예시	– 워라벨의 조건 – AI와 인간의 정체성 – 인문, 사회, 예술, 체육 대학에 필요한 과학 교육 – 자연과학대와 공대에서의 인문학 교육 – 이상적 사랑의 조건
글의 화제나 주제	
글의 목적 : 이 글을 통해 독자에게 미치고자 하는 영향	
예상 독자 : 나이, 관심, 성향	
화제의 시의성 : 화제에 대한 독자의 관심 정도	
글에서 독자가 기대할 사항	
독자의 관심을 끌기 위한 전략 : 표현방식이나 활용자료 등	

1.2. 글감에 대한 아이디어 생성하기

글을 쓰기 시작하며 부딪히게 되는 어려운 점은 뻔한 아이디어에서 벗어나 새롭고 독창적인 글을 써야 한다는 심리적 압박감이다. 기존에 남이 했던 주제와 내용을 답습하지 않고 새로운 자신만의 생각을 글로 펼쳐야 한다는 고민은 글을 쓰기 어렵게 한다. 하지만 남과의 차별화를 의식하기 이전에 자신의 내면에서 우러나오는 생각에 귀를 기울이다 보면 글감에 대한 신선한 아이디어가 떠오를 수 있다.

물론 아이디어가 형성되는 시간과 방법에는 사람마다 편차가 있다. 몇 시간 만에 글감을 떠올리는 이도 있지만, 아이디어를 포착하는 데 몇 주에서 몇 달이 걸리는 이도 있다. 또한 어떤 사람은 여러 자료에서 아이디어를 얻기도 하고, 어떤 사람은 상념을 끄적거리면서 아이디어를 얻기도 한다. 그러므로 각자 생각이 무르익을 때까지의 충분한 시간을 확보하며, 아이디어를 글로 연결시키기 위한 자신만의 방법을 모색해야 한다.

날것의 아이디어를 핵심 내용으로 초점화하게 되면 주제의 방향성이 생성되며, 그때부터 글의 서술 전략을 다시 짤 필요가 있다.

1.2.1. 아이디어를 얻는 다양한 방법

읽기를 통한 자료수집

책이나 인터넷 매체, 잡지 등에서 색다른 글을 읽고 자료를 모으다 보면 새로운 아이디어를 찾을 수 있다. 읽기를 하다 상상력을 사로잡는 구절이나, 참신한 생각, 새롭게 알게 된 정보를 기록해둔다. 이런 자료가 지금 당장 글에 반영되지 않더라도 자극을 주어 언젠가 신선한 글감을 마련하는 데 도움이 될 수 있다.

브레인스토밍

브레인스토밍은 집단 내에서 어떤 주제에 대해 함께 아이디어를 찾아내는 방법으로, 제한 없이 쏟아지는 아이디어를 수집하여 창의력을 높이는 발상법이다. 만약 혼자서 브레인스토밍을 하게 된다면 무엇이든 끄적거리며 메모하는 방식을 활용할 수 있다. 우연히 나오는 생각을 두서없이 쓰다 보면 초점을 맞춰야 할 것이 드러난다. 그러면 그때까지 쓴 내용 중에서 핵심적인 부분을 포착하여 글에 대한 전략을 새롭게 짠다. 이때 아이디어 간에 상호관련성을 찾아내 쓸모없는 부분을 버리고 구심점을 찾아 정리하는 일이 필요하다.

브레인스토밍 예시(학생글)

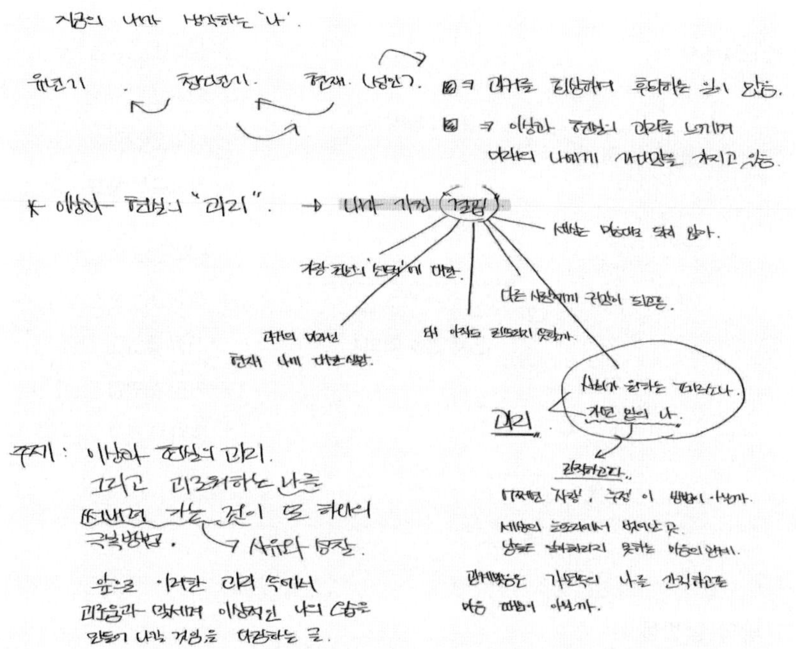

브레인스토밍을 통해 포착한 핵심적 메시지

이상과 현실의 괴리 사이에서 괴로워하는 나에 대해 쓰고 싶다. 괴리에 맞서는 이상적인 모습이 어떤 것인지 성찰하고, 앞으로 이상적인 나의 모습을 추구할 것을 다짐하는 글을 쓰고자 한다.

마인드맵

마인드맵이란 글자 그대로 마음에 지도 그리기를 말한다. 떠오른 생각들 간에 연관성을 생각하고 한데 묶어 선으로 관계를 표시하며 시각화하는 방식이다. 일단 주어진 글감과 밀접하게 관련된 중심 단어를 적고 하위 아이디어(주가지-부가지-

세부가지)를 계속 적어 나간다. 이어서 주제별로 묶고 선으로 관계를 표시한다. 이렇게 연결하다 보면, 복잡한 생각을 정리하고 아이디어 간의 연결성도 파악하여 주제를 찾아낼 수 있다. 마인드맵은 전체를 조직화하여 창의적 사고를 자극하며, 복잡한 개념을 쉽게 이해시킨다. 주제가 결정된 뒤, 글을 구성하고 개요를 짜는 데에도 도움이 된다.

마인드맵 예시

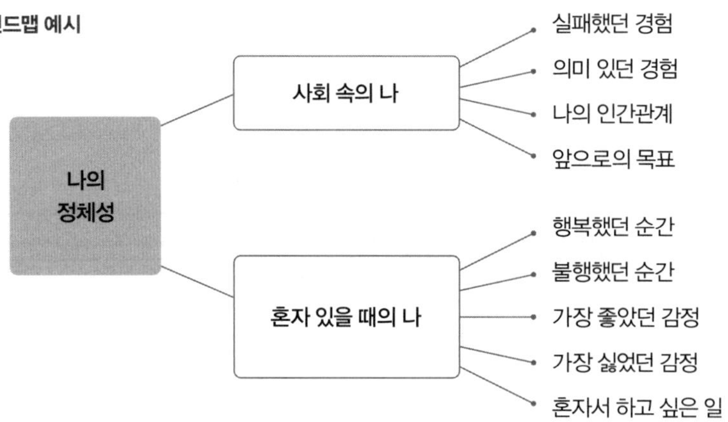

그 밖의 방법들

글쓰기에서 아이디어를 얻는 또 다른 방법으로는 간단히 기록하기, 핵심적인 단어를 나열하기, 의문을 제기하기, 반복해서 생각하기 등의 방법이 있다. 나에게 적합한 방식이 무엇이든 일단 생각하는 것에서 글쓰기는 시작되어야 한다. 막연하게 글감에 대한 아이디어를 찾은 뒤에 친구나 동료 등 누군가와 대화를 나누는 것도 방법이 될 수 있다. 길든 짧든 대화는 투명하지 못한 생각이 어떤 것인지 걸러내며, 쓰고 싶은 글에 대해 힌트를 줄 수 있다.

1.2.2. 아이디어에서 핵심 내용 찾기

초점은 글이 중심으로 삼아 돌아가게 하는 축이다. 어떤 글이든 모든 것이 초점을 중심으로 돌아간다. 또 모든 것이 어떤 식으로든 초점과 관계가 있다. (중략) 요점은 끝없이 고뇌하지 말라는 것이다. 무엇을 말할지 아는 것이 먼저이고, 그다음 그것을 매끄럽고 효율적으로 말하는 법을 개발하는 것, 그리고 이를 적시에 개발하는 것이 글을 잘 쓰는 법이다.

- 잭 하트, 강주헌 옮김,『퓰리처상 문장수업』, 김영사, 2022, 50쪽.

앞의 다양한 방법을 토대로 아이디어를 얻게 되었다면 그 뒤에는 범위를 좁혀가며, 생각의 방향이 분명한 문장을 쓰도록 한다. 글감에 대한 아이디어 그 자체는 주제가 아니다. 글감은 글에서 다룰 문제나 범위를 가리키는 말이다. 즉 무엇에 대해서 쓸 것인가라는 물음에 대한 대략적인 생각이 글감에 해당하며, 이는 가주제라고 할 수도 있고, 화제나 소재라고 할 수도 있다. 가령 '사랑에 대해서', '친구에 관해서', '삶의 방식에 관해서' 쓴다고 한다면 이것이 바로 글감이다. 하지만 글감은 글을 쓰기 위해 포착하는 넓고 막연한 대상에 불과하기 때문에 여기에서 더 나아가 최종적으로 쓰고 싶은 주제를 한정하기 전까지 계속해서 대상을 구체적으로 좁혀가는 과정이 필요하다. 가령 앞의 '친구에 관해서'라는 화제를 '대학생활에서의 친구에 대하여'로 한정하며, 거기에서 한 걸음 더 나아가 '대학생활에서 친구를 만들기 어려운 이유'로 보다 구체화한다. 그러다 보면 "대학생활에서 친구를 만들기 어려운 이유는 장래에 대한 불안감 때문이다"와 같이 궁극적으로 쓰고 싶은 주제를 포착할 수 있게 된다. 이를 "장래에 대한 불안감 때문에 대학생활에서 중요한 친구와의 우정을 놓치지 말아야 한다"와 같이 다시 한번 주제 문장으로 정리하면 핵심 메시지가 명확하게 나타난다.

글감에 대한 아이디어를 얻고 다루는 방법

- 새로운 글을 읽어라 : 읽기와 자료수집
- 생각을 떠올리고, 끄적거려라 : 브레인스토밍, 마인드맵, 메모하기
- 대상에 대해 관찰하고 새롭게 인식하라 : 고정관념에서 벗어나기
- 아이디어에 대해 대화하라 : 토의하기, 잡담하기
- 핵심 내용을 찾아라 : 주제의 방향성 찾기
- 주제 문장으로 정리하라 : 여러 번의 단계를 거치며 생각을 구체화하기

1.3. 주제 정하기와 유의점

글은 멋있는 첫 문장에 의해서가 아니라 완전한 주제문에 의해서 흘러간다. 따라서 글을 쓰기 전에 주제를 확실히 정하는 일이 중요하다. 주제에 따라 자료도 달라지고, 구성은 물론, 구체적인 집필 방식도 달라진다. 이 과정을 대충 생각하고 다음 단계를 수행하게 되면, 결과적으로 완성된 글에서 문제가 생길 수 있다. 또한 한번 정한 주제는 새 글을 쓰는 것이 아닌 한, 끝까지 유지되어야 한다. 물론 이는 주제가 분명하게 정해진 경우에 해당한다. 만약 주제가 명확하게 정해지지 않았다면 글을 분명하게 쓰기 어렵기 때문에 결국 글을 써 가는 중간 어딘가에서 방향을 잃기 마련이다. 더 이상 어떻게 쓸지 모르겠으며, 결말을 쓸 수 없다는 고민에 빠지게 된다면 핵심 메시지가 분명한지, 주제가 모호하지 않은지에 대해 다시 한번 검토할 필요가 있다.

개인의 의견, 가치판단을 넣어라

주제는 그 글감을 더 구체적이고 명확하게 발전시킨 것이다. 주제는 글의 소재 혹은 대상에 대해 글 쓰는 이의 가치 평가나 의견을 포함한 것을 말한다. 예를 들어 '친구'라는 것이 글감이었다면 "친구는 인생의 영원한 동반자이다"가 주제가 될 수 있다. 글감인 '친구'에 대한 개인의 의견, 가치판단을 넣어 '인생의 영원한 동반자'라고 규정한 것이 주제이다. 주제 설정 단계에서 이루어져야 하는 것은 글쓰는 이의 가치 판단이나 의견을 확고히 설정하는 것이다. 주제는 단순 진술과 다르다. "이것은 책상이다", "이것은 칠판이다" 하는 것은 단순 진술일 뿐 개인의 의견, 가치판단이 아니므로 주제가 될 수 없다.

완성된 문장으로 하라. 의문형이나 비유형도 안 된다

개인의 의견이 명확히 드러나지 않은 경우 주제라고 할 수 없다. 의문형으로 제시되거나 비유로 제시되면 개인의 의견이 명확하지 않으므로 주제가 될 수 없다. "원자력 발전을 지속해야 하는가?"라고 한다면 이것은 제목이 될 수 있을지는 모르나 주제가 될 수는 없다. 개인의 의견이 '지속해야 한다'는 쪽인지 '멈춰야 한다'는 쪽인지 명확히 표현해야 주제라고 할 수 있다. "사랑은 눈물의 씨앗이다"라는 비유도 주제가 될 수 없다. 해석하는 사람에 따라 여러 가지로 해석될 수 있기 때문에 명확한 글이 나올 수 없다.

청유형인지 당위형인지까지 고려하라

주제는 완전한 문장으로 써야 좋다. 단, 이때에는 청유형으로 할 것인지, 당위형으로 할 것인지까지 세심히 고려해야 한다. 주제가 어떻게 설정되는가에 따라 이후 글에서 다룰 내용 범위, 어조, 준비할 재료 등이 모두 달라진다. 무엇보다도 주제를 확고히 정하는 것이 중요하다고 강조한 이유는 바로 이 때문이다.

예를 들어 '고정 관념'과 관련된 글감으로 글을 쓰는 상황을 가정해 보자. 우선 가장 우선적으로 필요한 일은 주제문을 작성해 보는 것이다. '고정 관념의 단점, 잘못된 고정 관념' 등과 같이 막연한 대상 자체에 대한 표현이 아니라 '고정 관념을 버려야 한다' '고정 관념을 없애자'와 같이 글 쓰는 이가 궁극적으로 말하고자 하는 바를 완성된 문장으로 정확하게 정리할 필요가 있다. 그래야 방향성이 확고해지고 그 구성이나 내용에 어떤 것들을 포함해야 하는지, 어떤 순서로 제시해야 하는지가 명확해지기 때문이다. 가령 위의 '고정 관념을 버려야 한다'는 주제와 '고정 관념을 없애자'는 주제는 얼핏 보면 차이가 거의 없게 느껴지지만, 실제 글을 집필하는 데에서는 그 구성이나 집필 내용에 큰 차이를 가져온다. '고정 관념을 버려야 한다'는 주제는 그 표현에서 볼 수 있는 바와 같이 고정 관념을 왜 버려야 하는지에 대한 당위성이나 필요성 등이 주요 내용이 되겠지만, '고정 관념을 없애자'의 경우는 거기에서 좀 더 나아가 구체적으로 고정 관념을 없애는 방법 등의 내용도 포함될 수 있다.

주제는 한정성이 있어야 한다

일반적으로 주제는 추상적인 개념이나 표현이 되므로, 자칫하면 그 내용까지 산만해지기 쉽다. 주제와 직접적인 연관이 없는 엉뚱한 이야기가 끼어들거나, 초점 없이 단편적인 이야기가 두서없이 나열되면 독자들은 읽다가 금세 흥미를 잃게 되고 말 것이다. 대개 글을 쓸 때는 원고의 분량에 따라 주제의 무게와 범위를 조절할 필요가 있다. 어떤 글을 읽고 나서 무엇에 대해 쓴 글인지 꼬집어 말하기 어렵거나, 한마디로 요약하여 말하기 어려운 것은 바로 주제가 적절하게 한정되지 않았기 때문에 생긴 현상이라고 할 수 있다. 예를 들어 A4 2장짜리 원고를 쓰면서 "대한민국의 교육 제도는 바뀌어야 한다"라고 주제를 잡는다면, 다룰 범위는 넓은

데 지면은 짧아 피상적으로 다룰 수밖에 없다. 그러면 좋지 않은 글이 될 확률이 높다.

주제는 단일해야 한다

주제는 단일해야 한다. 서로 다른 두 길을 가야 하는 주제를 잡으면 안 된다. 그러면 초점을 잃고 갈팡질팡한다. 주제는 명확한 개념이어야 한다. 예를 들어 "21세기에는 착하고 약삭빠르게 사는 사람이 성공한다"라는 것을 주제로 할 경우, '착하다'와 '약삭빠르다'라는 개념이 명확하지도 않을뿐더러 둘의 개념이 대조를 이루는 경우도 많다. 그러므로 자칫하면 글의 초점이 흐려질 염려가 있다. 지금 서울에서 출발해서 동시에 부산과 광주에 도착하려고 하는 것은 어리석은 일이다. 두 가지 개념의 주제를 같이 잡는 것도 바로 그런 것이다.

주제는 충분히 아는 것으로 정하자

주제가 아무리 훌륭하다 해도, 글 쓰는 이가 주제에 대한 분명한 소신이 서 있지 않거나, 감당할 수 없는 능력 밖의 것이라면 독자의 공감과 호응을 이끌어내기는 어려울 것이다. 글 쓰는 이가 분명한 소신 없이 일반적 사실만을 나열하거나, 자기도 잘 모르는 것에 대해 겉도는 설명만 하고 있다면 누가 그런 글을 읽으려 하겠는가? 모든 글이 다 마찬가지이지만, 특히 전문지식을 요구하거나, 과학적 설명이 필요한 글일 경우 주제와 관련된 사실에 대해 충분히 알고 있지 않으면 안 된다.

이 문제가 논의할 만한 내용인가를 계속 고민하라

글감에서 주제를 정하는 과정에서 계속해서 고민할 것은 그것이 정말 말할 만한 내용인가이다. 며칠의 시간이나 한 학기 시간을 들여, 논의할 만한 문제인가, 찾아볼 만한 질문거리인가, 남들에게 읽힐 만한 가치가 있는 것인가 늘 생각해야 한다. 세상 모든 것이 글감이다. 우리 가운데 다루어지는 대화, 대중매체에 오르내리는 많은 문제들까지 모두 글감이 될 수 있다. 하지만 그 모든 것이 '나의 문제'가 될 수는 없다. 좋은 글을 쓰려면 내가 그것에 대해 깊이 생각하여 나만의 시각과 생각, 열정을 드러낼 수 있어야 한다. 일상의 수많은 문제 속에서 참신하면서도 비판적인 '나의' 견해를 전개해나가기란 쉽지 않다. 대개의 경우 수업 시간에 들은 것들, 대중매체에서 주워들은 논의들을 자신도 모르게 되받아 쓰고 있을 수 있다.

이것은 의미 없이 소모적인 일이다. 그렇다면 자신이 발견한 문제가 참된 논의거리로 성립되기 위한 조건은 무엇일까? 무엇보다 문제를 제기하는 자가 문제에 대한 논의의 필요성을 명확히 제시할 수 있어야 한다. 예컨대 "왜 이 문제를 논의해야 하는가", "이 문제는 현재 나 또는 우리에게 왜 필요한가" 등의 질문을 통해 주제에 대한 논리적, 합리적 정당성을 마련해야 한다. 이런 고민은 글쓰기의 시작부터 끝까지 계속해야 한다.

연습 문제 2

글의 핵심 단어

여행, 친구, ChatGPT, 꿈, 워케이션(workcation), 어른, OTT, 캠퍼스, 교육, 뉴미디어

1. 위의 단어 중 마음에 드는 것을 하나 선택하여 브레인스토밍이나 마인드맵 등 편한 방법으로 글에 대한 아이디어를 구상해보자.

2. 위에서 구상한 아이디어들에서 핵심 메시지를 찾고 주제 문장으로 정리하여 적어보자.

주제의 방향성 찾기(핵심 메시지)

주제 문장

학번 : 이름 :

[1차시 작성 방법]

쓰고 싶은 화제를 다룬 글이나 벤치마킹하고 싶은 글을 찾아 읽은 뒤, 10분 동안 ① ② ③에 대해 작성해주세요. 5분 동안 조에서 자신이 적은 내용을 낭독해주세요.

① 내가 찾은 글의 화제에 대해 간략히 적어주세요.
② 그 글이 가지고 있는 가장 특징적인 문제의식과 관점을 적어주세요.

③ 내가 주제 에세이를 쓸 때 글에서 따라하고 싶은 측면을 찾아 정리해주세요.
(특정 문구가 있으면 인용할 부분을 적어주세요. 간접 인용을 위해 요약해도 좋습니다.)

개인 발표 (1인 2분) 각 조원들이 돌아가며 발표(10분)	위에 정리한 내용을 중심으로 3분 정도 조원들에게 벤치마킹하고 싶은 글에 대해 소개해주세요. 각자의 발표를 듣고 난 뒤 조에서 주제 에세이가 갖춰야 할 점에 대해 전체적으로 논의하고 내용을 적어주세요. (조 공통으로 같은 내용 적기)

[2차시 작성 방법]

④ 내가 쓰고 싶은 글의 화제와 주제를 구상하고 10분 동안 작성한 후, 주제에 대해 조원들에게 들려주세요. 각자 1분의 시간 동안 읽고 돌아가며 ⑤ 조원들의 견해를 청취해주세요.(총 35분 이내) ⑥ 글쓴이가 쓰고 싶은 화제나 주제를 수정하고 주제문을 작성해주세요.

<table>
<tr><td rowspan="5">개인 발표
(1인 1분)

주제에 대한
조원 견해
청취

자신의 견해
발표(5분)

각 조원들의
견해 청취
(20분)</td><td colspan="2">내가 쓰고 싶은 글의 화제(관련 분야나 테마)에 대해 적어 주세요. 조원들에게 본인이 쓰고 싶은 글에 대해 공유하고 의견을 경청해주세요.</td></tr>
<tr><td colspan="2">자기 견해</td></tr>
<tr><td>조원 이름</td><td>조원 의견</td></tr>
<tr><td></td><td></td></tr>
<tr><td colspan="2"></td></tr>
<tr><td colspan="3">조원들의 조언을 참고하여 내가 쓰고 싶은 주제(앞의 화제와 관련하여 하고 싶은 말)와 그 이유를 적어주세요. (앞의 사항을 수정해서 주제문 쓰기)</td></tr>
</table>

[작성 방법]

(1) 본인이 정한 주제를 간략하게 적는다.
(2) 조원들 앞에서 내가 의도(기억과 경험/주관적 관찰과 세계를 보는 시선 등)하는 글이 어떤 것인지와 주제에 대해 간단하게 들려준다.(2분 이내)
(3) 모든 조원들이 같은 주제에 대한 견해를 간단히 적는다.
(4) 주제에 대해 어떻게 수정할 것인지 간략하게 성찰한 지점을 적는다.
(조원의 피드백을 모두 수용할 필요는 없고, 조언에 대한 수용 여부는 본인이 결정한다.)

본인 이름	글의 의도 또는 목적
	주제
조원 이름	주제에 대한 조원의 견해 (수정 아이디어, 주제에 대한 느낌, 주제와 관련된 정보 등)
조원들 견해를 참고하여 주제를 성찰한 후, 수정하기	

2

구성 및 개요 작성

2.1. 구성의 개념 및 종류

2.1.1. 구성의 개념

주제를 설정하고 소재를 선택하게 되면 선택한 소재를 어떻게 배열하고 구성할 것인가를 생각해야 한다. 구성이란 설정한 주제를 효율적으로 전개해나가기 위한 설계라고 할 수 있다. 아무리 소재가 좋아도 사전 설계 없이 마구잡이로 건물을 지으면 구조적으로 결함이 있는 건물이 되고 마는 것처럼, 구성을 생각하지 않고 글을 쓰다 보면 짜임새 없는 글이 되기 쉽다. 이해를 돕기 위해 건축을 예로 들어 보자. 집이 필요하여 지을 예정이다. 그러면 먼저 어떤 모양의 집을 몇 층으로 지을 것인가를 결정해야 한다. 한옥으로 지을 것인지, 양옥으로 지을 것인지, 1층으로 지을 것인지 3층으로 지을 것인지 등을 결정해야 한다. 그것이 결정되고 난 다음에야 1층에 주차장과 손님 방, 주방을 넣고, 2층에 거실과 침실 2개를 넣는다. 이러한 세부 사항을 정할 수 있는 것이다. 어떤 모양의 집을 몇 층으로 지을 것인지를 결정하는 것이 바로 구성이라 하겠다.

2.1.2. 구성의 종류

구성의 종류에는 여러 가지가 있으나, 일반적으로 2단 구성, 3단 구성, 4단 구성, 5단 구성 등의 방법이 많이 사용된다. 2단 구성은 글쓴이의 논리가 두 개의 덩어리로 이루어진다. 3단 구성은 머리말(서론)-본문(본론)-맺음말(결론)로 글을 이루는 방법이다. 4단 구성은 기-승-전-결, 5단 구성은 발단-전개-위기-절정-대단원으로 글을 전개해 가는 방법이다. 이 용어들은 초등학교 때부터 이미 익숙히 들었을 터이다. 하지만 이런 용어를 외우는 게 중요한 것이 아니라, 실제 이것들을 글에서 적절하게 사용할 줄 아는 것이 중요하다.

2단 구성

2단 구성은 비교적 짧은 분량의 글쓰기에 이용된다. 미디어 환경 변화와 관련하여 보다 간략한 구성의 글쓰기를 선호하는 경우가 늘어나고 있다. 특히 글의 형식적 체계보다는 내용적 측면에서의 핵심 전달이 더 중요한 상황에서 효율적이다. 2단 구성은 '문제 제시 → 해결 방안 제시', '원인 → 결과', '주장 → 사례'와 같이 글쓴이의 논리가 두 개의 덩어리로 이루어진다. 먼저 문제를 제시한 후에 그에 대한 해결 방안을 내놓는 구성이 일반적이다. 이를테면 환경오염 문제의 심각성을 제시하고 그에 대한 해결책을 제시하는 것이다. 다음으로 문제의 원인을 파악하고 그에 대한 결과를 제시하는 구성이다. 만약 특정 여름 시기에 온열 질환 환자가 급증한 상황이라면, 해당 문제의 원인을 파악하고 그에 대한 결과를 구체적으로 제시한다. 끝으로 주장을 펼치고 그에 대한 대표적 사례를 드는 구성이다. 사회적 의제 중 하나를 정하여 주제를 펼친 다음, 예시의 정합성을 고려하여 대표적 사례를 제시하는 경우가 많다. 2단 구성은 핵심적인 내용을 효율적으로 전달할 수 있으므로, 시간적 제약이나 상황이 제한되었을 때 시도하기 좋은 방법이다.

3단 구성

3단 구성은 가장 일반적으로 사용하는 구성법이다. 3단 구성이라 하면 대체로 서론-본론-결론을 엄격하게 갖춘 논문 등의 학술적인 글을 연상하게 된다. 하지만 자세히 살펴보면 모든 글에는 반드시 시작과 중간과 끝이 있다. 글을 쓰기 전에 시작과 중간과 끝을 미리 구상하는 과정을 거치는 것이 바람직하다. 3단 구성에서 시작 부분은 아래와 같은 다양한 기능을 한다. 이후 글에서 다룰 문제를 알게 하며, 흥미를 유발시켜 글을 계속 읽게 만드는 기능이다. 주로 독자의 관심을 유도하여 화제나 문제를 제시하며, 핵심 용어를 정의하기도 한다. 3단 구성에서 하고 싶은 말, 논거 등은 모두 중간에 놓는다. 특히 글의 중심 내용에 해당하는 부분으로 글쓴이의 주장과 근거, 구체적인 정보를 작성한다. 결론 혹은 맺음말 부분에서는 앞에서 제시한 내용을 요약·정리하고, 예상 독자에게 당부하는 말을 작성하기도 한다. 주의 사항으로는 이전에 다루지 않은 새로운 문제를 제기하면 안 된다. 만약 그러할 경우 글 전체의 맥락에 균열이 생길 수 있기 때문이다. 또한 주제적인 측면에서도 범위를 넘어가는 상황이 발생하게 된다. 전체적인 비율은 전체 글이 10이라고 했을 때 1:8:1 정도로 하는 것이 바람직하다. 서론이 길어지더라도 2를 초과해서는 안 된다. 각각의 분량을 지키는 것이 전체 흐름 및 내용의 체계성에도 매우 중요한 요건이 되기 때문에, 위의 지침을 따르는 것이 핵심이다.

4단 구성

4단 구성은 동양의 전통적인 글쓰기 방식이다. 각 구성의 이름을 잘 살피면 구성 방식을 이해할 수 있다. 기(起)란 일으킨다는 뜻이다. 말 그대로 기부분에서는 글에서 다룰 내용을 일으켜 드러내기만 하면 된다. 승(承)이란 '잇는다'는 뜻이다. 기(起)에서 제기한 내용을 이어서 발전시키는 대목이다. 그러므로 승 부분이 기와 똑같이 문제만 제기하고 있어서는 안 된다. 전(轉)이란 '전환한다'라는 뜻이다. 기, 승의 내용과 비교해 보아, 다른 이야기로 나아가기 위해 전환하는 대목이다. 전환 없이 승의 내용을 그대로 잇기만 하였다면 4단 구성이라 볼 수 없다. 독자는 이 대목에서 해당 내용이 왜 나오는지 잠시 낯설어할 수도 있다. 그러나 자세히 살펴보면 의미적으로 연결되어 있다는 점을 확인할 수 있다. 결(結)은 맺는다는 뜻이다. 앞의 기, 승, 전의 내용을 모두 종합하여 여기에서 자신의 생각을 최종적으로 드러낸다. 3단 구성의 맺음말은 논의한 내용을 정리하고 전망을 제시하는 선에서 그친다. 때문에 맺음말을 읽기 전에 이미 글쓴이가 말하는 주제를 알 수 있다. 이와 달리 4단 구성의 최종적인 주제는 결에 와서 명확히 제시된다는 특징이 있다. 또 4단 구성은 승과 전의 중요성이 같아 균형을 이루도록 서술하는 것이 바람직하다. 그러므로 4단 구성의 길이는 1:1:1:1이 되거나 1:2:2:1이 되는 수가 많다.

3단 구성이나 5단 구성에 비해 4단 구성은 생소한 경우가 많으므로 예를 들어 보겠다.

① '오리발을 내민다'는 속담이 있다. '닭 잡아먹고 오리발을 내민다'는 말을 줄인 것이다. 제가 저지른 나쁜 일이 드러나게 되니 어떤 수단을 써서 남을 속이려 한다는 뜻이다. 남을 속임으로써 난감한 처지에서 벗어나고자 하는 약삭빠른 사람의 행위를 우리는 이렇게 비유해서 말하는 것이다.

② 어느 날 뒷집의 씨암탉이 없어졌다. 식구들이 모두 나서서 찾았다. 앞집의 부엌에서 고기 삶는 냄새가 난다. 앞집 주인을 찾아가서 왜 우리 닭을 잡아먹느냐고 따진다. 주인은 물론 아니라고 잡아뗀다. 너의 부엌에서 나는 고기 냄새는 무어냐고 묻는다. 냄새가 날 리 없다고, 아마도 네가 오랫동안 고기 맛을 보지 못해서 환장했을 거라고 면박을 준다. 너의 집의 두엄더미에 버려진 닭털은 어찌된 거냐고 들이댄다. 이때에 앞집 사람은 드디어 오리발을 들고 나와 그것은 너의 집 닭털이 아니라 우리 집 오리털이라고 변명한다. 너의 집 닭을 훔쳐다 잡아먹은 것이 아니라 우리 집 오리를 내가 잡은 것이라고, 그게 무슨 죄가 되느냐고 오히려 큰 소리 친다. 닭을 도둑맞은 뒷집 사람은 어찌할 도리가 없다. 앞집 사람의 배를 갈라 볼 수도 없는 일이고. 그래서 없던 일로 치고 넘어갔다.

③ 그런데 며칠 뒤에 원님에게서 뒷집 사람에게 호출장이 날아 왔다. 뒷집 사람이 우리 집 닭을 훔쳐다 잡아먹었으니, 처벌해 달라고 앞집 사람이 고소했던 것이다. 이번에는 증거물이 있었다. 바로 제가 잡아먹은 닭발이었고, 그것이 뒷집 두엄더미에서 나왔다는 것이다. 앞집에서는 백년 이래로 닭을 기른 적이 없다고 항변해도 그것을 입증해 줄 만한 사람도 없었고 또 입증하도록 노력할 원님도 아니었다. 결과는 뒷집 사람이 앞집 사람에게 씨암탉 한 마리 값을 물어주었다. 앞집 닭을 훔쳐다 잡아먹지 않았다는 반증을 대라는 데야 어쩔 도리가 없었던 것이다.

④ 남의 집 닭을 훔쳐다 잡아먹은 인간이 그 사실을 부인하는 것까지는 인정할 수 있다. 인간적이랄 수도 있다. 그러나 뭐 뀐 놈이 성내도 분수가 있지, 피해자를 가해자로 몰아 처벌하게 하는 데야 말문이 막힐 수밖에 어쩔 도리가 없는 일이 아닌가. 적반하장이라고 도둑이 도리어 주인을 칠 수는 있다. 그러나 도둑이 주인을 도둑으로 처벌해 달라고 고소하는 일은 별로 흔치 않으리라.

- 유병석, 「오리발」

이 글은 기승전결의 4단 구성으로 되어 있다. ①단락은 속담으로 행동유형을 설명하는 기(起)이다. 다음 ②단락은 앞의 행동 유형에 맞는 '뒷집 씨암탉 관련 사건'을 제시하였다. 기에서 시작된 화제를 '이어' 예를 들어 보다 구체적으로 설명하였으므로 승(承)이다. 다음 ③단락은 승의 내용과 다른 내용이다. 즉 '전환'된 내용이다. 또한 승과 형식도 길이도 대응을 이루고 있다. 전(轉)이다. 마지막 단락인 ④에서는 기부터 전까지의 내용을 모두 포함하여 실제로 작가가 하고 싶은 이야기가 정확히 드러나도록 하여 글을 '맺었다.' 결(結)이다. 이글이 바로 4단 구성이다.

5단 구성

5단 구성은 사건의 변화가 감정의 변화를 다루는 글에서 사용하기에 좋은 방식이다. 서사가 있는 문학에서 주로 사용하기는 하지만, 사건이나 감정을 다루는 글에서도 충분히 쓸 수 있는 방식이다. 발단과 전개 부분에서 사건이 시작되고 흘러가는 내용을 쓰다가 사건의 변화에 따른 감정의 고조되는 과정과 정도를 위기, 절정 부분에서 드러내면 된다. 예를 들어 '남녀는 친구가 될 수 없다'는 주제를 다루기로 한 학생이 있었다. 친구가 군대에 가면서 자신의 여자 친구를 잘 부탁한다며 입대를 했는데, 그녀를 돌봐주는 과정에서 자신도 모르게 그녀를 좋아하여 결국 그녀와 새로이 사귀는 사이가 된 경험을 글로 썼다. 이 경우 시간의 변화에 따른 사건과 감정의 변화와 고조를 다루었으므로 이 학생은 5단 구성의 글을 쓸 수 있었다. 5단 구성의 경우 글의 비율은 1:1:1:1:1이 되는 경우도 있지만, 사건 변화와 감정 고조가 깊어지는 위기, 절정의 경우 그 길이가 길어질 수도 있다.

요컨대 구성에는 이상과 같이 네 가지가 있다. 하지만 우리가 주의해야 할 것은 구성의 방식이 곧 고정된 틀은 아니라는 점이다. 글이란 천편일률적으로 주어진 틀에 짜 맞추어야 하는 것이 아니라 때로는 어떤 틀로부터 자유로울 때 개성이 드러남은 물론이요 조금 더 효과적일 수도 있다. 말하자면 가장 기본적인 구성의 방식으로 3단 구성을 염두에 두되 자유롭고 새로운 방식으로 시작과 중간과 끝을 맺을 수 있는 여유를 가질 수도 있는 것이다. 그러한 자유롭고 새로운 방식의 글이 읽는 사람에게 더 큰 공감을 주기도 한다.

또한 미리 구성을 했다고 하더라도 글을 쓰는 도중에 처음의 구성과는 다른 생각을 떠올리게 될 수도 있다. 물론 가능하면 처음에 구성했던 대로 글을 전개해

가는 것이 바람직하겠지만 글을 쓰다 보면 자신도 미처 구상하지 못했던 좋은 생각이 떠오르게 될 때도 있고, 글의 전체 구조상 구성을 변경해야 할 필요성이 생길 때도 있다. 이러한 경우에는 주제를 더욱 선명하게 드러내기 위해 앞의 구성을 과감하게 변경해도 무방하다. 그러한 과정 자체도 글쓰기의 좋은 공부가 되기 때문이다.

2.2. 개요 쓰기

구성이 어떤 집을 몇 층으로 지을 것인가를 결정하는 단계였다면, 개요는 각 층에 무슨 기능의 방을 넣을 것이며, 얼마만 한 넓이로, 어떤 방향으로 자리 잡게 할 것인가 등 내부 인테리어를 구체적으로 결정짓는 것이다. 설계 도면이라고 생각하면 된다. 모양만 대충 잡아 놓고 집을 짓는 사람은 없다. 정확하고 구체적으로 설계 도면을 그리고 그 설계 도면대로 충실히 해야 처음 구상한 대로 집이 완성될 수 있는 것이다.

2.2.1. 개요의 필요성

개요는 구상의 내용을 글로 나타낸 것이다. 이는 머릿속의 설계를 실제 도면으로 나타낸 설계도와 같다. 글을 쓸 때 모두 개요를 작성하고 글을 쓰는 것은 아니지만 개요를 작성한 뒤 글을 쓰게 되면 보다 짜임새 있는 글을 쓸 수 있다. 개요는 글의 방향을 분명하게 해준다. 이 과정을 통해 글이 논리적으로 전개될 수 있도록 도와준다. 결과적으로 혼란스러운 글이 되는 걸 방지해주는 것이다.

개요를 작성해 두고 글을 쓰면 여러 가지 좋은 점이 있다. 첫째, 글의 방향을 명확하게 하여 혼란과 탈선을 방지할 수 있다. 무작정 글을 쓰다 보면 글 쓰는 일 자체에 몰입하게 되어 자칫하면 주제에서 벗어나게 되는 경우가 많다. 개요를 작성하고 글을 쓰면 그러한 혼란과 탈선을 막을 수 있다.

둘째, 내용의 중복이나 필요한 내용의 누락을 방지할 수 있다. 글을 쓰다 보면 앞뒤 내용이 중복되는 경우도 있고 꼭 들어가야 할 내용이 빠지는 경우도 있다. 개요를 작성하고 그 개요에 따라 글을 쓰면, 이러한 중복이나 필요한 내용이 누락되는 것을 방지할 수 있다.

셋째, 글의 균형을 잡아 주어 구조적인 결함을 방지할 수 있다. 글에서 균형이란 전개할 내용의 순서와 그 분량의 적절함이라고 말할 수 있는데, 전개의 순서와 그 분량 등을 개요로 작성해 두고 글을 쓰면 전개의 순서가 엉킨다거나 분량의 균형을 잃게 되는 문제점을 줄일 수 있다.

사실 개요는 선택사항이라기보다 필수사항으로 생각하는 것이 좋다. 요즘은 모든 면에서 글에 대한 검증이 쉽게 이루어진다. 고위 공직자의 임명에 그의 행적뿐 아니라 그가 쓴 글까지 모두 검토되는 세상이다. 상황이 이러하니 과거에 작성한 글이 언제 그리고 어떠한 방식으로 나를 평가하는 자료가 될지 예측하기 어렵다. 그러니 글을 쓰는 과정에서 처음 내가 생각했던 방향과 달라지는 것을 확인하고서도, 귀찮다고 하여 그대로 글을 완성해 버리는 등의 일은 있어서는 안 된다. 철저히 내 생각을 담은 개요를 쓰고, 그 개요를 중심으로 글을 써야 한다.

2.2.2. 개요의 형식

개요의 형식에는 어느 정도 단위까지의 개요를 작성하느냐에 따라 단락 단위 개요, 장·절 단위 개요, 줄거리식 개요 등이 있다. 이는 글의 종류에 따라 적합한 개요의 형식을 정할 수 있음을 뜻한다. 비교적 짧고 간단한 글은 글의 전개 순서를 단락 단위로 작성해 보는 것이 편리하다. 하지만 일반적으로 논문과 같은 긴 글을 쓸 때에는 단락이 많아 단락 단위의 개요를 작성하기가 어려우므로 장·절이나 항목 단위의 개요를 작성하는 것이 효과적이다. 이때 개요가 바로 그 글의 목차가 되기도 한다. 다만, 긴 글일지라도 소설의 경우에는 대강의 줄거리를 개요로 삼는다. 이처럼 글에 따라 적절한 형식의 개요를 작성하고 글을 쓰게 되면 전개 방향이 분명하고 정돈된 글이 될 수 있다. 개요는 단락과 단락, 절과 절, 장과 장 사이의 논리적인 연결 구조를 미리 살펴볼 수 있는 방법이기 때문이다.

학생들이 강의실에서 쓰는 글은 대체로 긴 글이 아니기 때문에 단락 단위 개요인 경우가 많다. 이 경우 개요의 한 줄 한 줄이 곧 각 단락의 소주제문이 된다. 단락과 소주제문에 관해서는 뒷부분에서 다시 다룰 것이다.

다음은 단락 단위 개요의 예시이다.

전체 주제: 지하철 노인 무임승차 제도를 유지하자.

서두 단락: 지하철 노인 무임승차 제도의 역사 및 현황

본문 단락:

1. 고령층 복지에 대한 사회적 협의의 중요성
2. 고령층 복지와 지하철 노인 무임승차 제도의 관련성
3. 지하철 노인 무임승차 제도의 문제점에 대한 해결 방안

결말 단락: 사회 복지 실천 차원에서의 지하철 노인 무임승차 제도의 중요성 강조

글쓴이는 자신의 글을 3단 구성으로 쓰기로 결정하였다. 그에 따라 글을 크게 서두와 본문, 결말로 나누었다. 서두에서 지하철 노인 무임승차 제도의 역사 및 현황에 대한 이야기를 꺼내어 화제를 제시하고 있다. 본문은 세 단락으로 구성하여 각각 고령층 복지에 대한 사회적 협의의 중요성, 고령층 복지와 지하철 노인 무임승차 제도의 관련성,지하철 노인 무임승차 제도의 문제점에 대한 해결 방안을 제시하기로 개요를 구성했다. 결말에서는 사회 복지 실천의 차원에서 지하철 노인 무임승차 제도의 중요성을 다시 한번 강조하는 내용을 제시하고 있다. 각 부분 모두 주제를 향해 구심을 이루고 있음이 확인 가능하다. 본문에서 세 단락 모두 충분히 서술될 경우 주제가 자연스럽게 부각될 수 있다. 그런 점에서 구성이 잘 이루어진 개요이다.

위의 개요대로 서술을 진행하되 지하철 노인 무임승차 제도에 대한 정확한 현황 제시, 문제에 대한 구체적인 해결 방안 제시 등이 충족되어야 한다. 마지막에서 사회 복지 실천과 지하철 노인 무임승차 제도의 중요성에 대해 납득이 된다면 논리적인 글이 될 수 있을 것이다.

연습 문제 1

다음은 학생들이 작성한 개요이다. 무엇이 잘 되었고, 무엇이 잘못되었는지 평가해보자.

개요 1

전체 주제: 지하철에서 에티켓을 지키자.

서두 단락: 지하철을 이용하는 사람들 중엔 기본 에티켓을 지키지 않는 이용객이 많다.

본문 단락:

1. 에티켓은 여러 사람과 공유하는 장소에서 모두가 그 편의를 누릴 수 있도록 하기 위한 예절이다.
2. 연세가 많으신 분이나 어린이들은 사고 판단이 흐리거나 에티켓에 대한 지식이 없어서 예외가 될 수 있다.
3. 외국인들은 지하철을 많이 이용하므로 더욱 신경을 써야 한다.

결말 단락: 우리 자신의 모습이 다른 사람의 눈에 어떻게 보일지 생각해 보는 것이 필요하겠다.

평가하기:

개요 2

전체 주제: 계단 오르기를 습관화하자.

서두 단락: 계단 오른 횟수를 질문하면서 관심을 불러일으킨다.

본문 단락:
1. 계단 오르기는 일상에서 할 수 있는 운동이다.
2. 계단 오르기는 비만을 억제하고 체중감량의 효과도 크다.
3. 계단 오르기는 체력 증진에 이바지한다.

결말 단락: 당장 계단 오르기 운동을 시작하기를 권하며 마무리한다.

평가하기:

2.2.3. 개요 작성의 실제

기존 글의 개요 작성해 보기

실제로 이미 완성된 글의 개요를 정리해봄으로써 개요 작성하는 법을 알 수 있다. 먼저 글을 정리한 후에 개요 작성할 때 밟는 단계를 설명하기로 한다. 다음 글의 개요를 작성해 보자.

> ① 민속 박물관에서의 일이다. 고등학생들이 진열된 죽부인을 보고서 이것이 죽부인이구나 하면서 낄낄거리고 지나갔다. 조금 뒤에 관광 안내원이 일단의 외국인을 그 앞에 세워 놓고 '뱀부 와이프 bamboo wife'라고 설명을 하자 괴이한 섹스 기구인 양 호기심에 찬 표정으로 질문을 하는 것을 본 적이 있다. 비단 어린 학생이나 외국인만 죽부인을 잘못 알고 있는 것은 아닐 것이다. 죽부인을 써보지 아니한 오늘의 우리들은 대부분 죽부인을 즐기던 선인들의 생활의 슬기와 멋을 이해하지 못하고 있을 것이다.
>
> ② 원래 우리 선인들은 평상시에 부인들은 안방에서 자고, 남편은 사랑방에서 거처를 했다. 사랑방에 거처하는 어른이 땀이 주룩주룩 나서 적삼이 등허리에 붙는 삼복 더위를 피하려고 홀로 이 죽부인을 사용했던 것이다. 의관을 정제해야 했던 옛 선비들은 자면서 단정하게 이불을 덮지 않을 수 없었다. 무더운 여름밤 까실하게 새로 풀을 먹인 삼베 홑이불까지 후줄근하게 늘어지는 잠자리에 죽부인을 옆에 눕히고 나란히 잤던 것이다.
>
> ③ 호사가들은 죽부인을 안고 잤다고 하지만, 잠도 반듯이 자야 하는 것이 선비의 도리라고 생각하면, 안고 잤다는 것은 지나친 상상이라 할 수 있다. 실제 성글게 대쪽으로 엮은 죽기(竹器)인 죽부인을 안고 잤다가는 어그러져 망가지기 십상이다. 죽부인을 안고 잠이 드는 버릇이 있는 사람이 있었다면 밤마다 죽부인을 하나씩 압사시켜서 매일 새 죽부인을 구해야 했을 것이다.
>
> ④ 죽부인을 안고 자든 옆에 나란히 자든 상관없다. 죽부인의 재질인 대의 차디찬 촉감이 온몸으로 퍼져 더위를 잊게 해 준다. 죽부인의 텅 빈 허허한 몸통에 청풍을 불러 들여 이불 속에 시원한 바람이 맴돈다. 베갯머리에 달빛이 비치며 별이 내려앉고 이불 안의 산바람이 노니는 자리에 누워 있으면 범속한 사람도 신선이 된 기분을 느낄 것이다. 이런 선경에 염천의 더위도 범접치 못하리라. 여름 밤 술이라도

한잔 걸치고 자리에 누울 때에 죽부인은 필수적인 반려자요, 이것과 함께 눕는 밤은 누구나 선미를 만끽할 것이다. 인간이 자연의 순리에 따라 자연의 일부로 동화하여 무위자연의 세계로 들어가서 영생불사하고자 하는 것이 신선의 도라면, 칙칙한 여름 밤 이부자리에 죽부인을 통하여 신선한 자연의 바람을 불러들이는 행위야말로 신선에 이르는 길이라 할 수 있다.

⑤ 몸에 해로운 선풍기나 에어컨의 인공적인 기계 바람을 쐬며 여름밤을 뒤척이는 우리, 건강에 좋다고 자연식을 찾는 취향으로 담양 죽물시장에 죽부인을 사러 감직하다. 그것을 정숙한 부인으로 여기고 옆에 나란히 누워 자건, 요염한 죽희로 생각하여 안고 자건, 잠자리에 바람을 불러들인다는 것은 자연 친화의 슬기가 밴 삶의 멋이 아니겠는가.

긴 글이지만 일부만 가지고 왔다. 일부만으로도 정리해 볼 수 있다. 이 글을 단락별로 요약해보면 다음과 같다.

① 민속 박물관에서의 에피소드로 화제 제시
② 죽부인은 선비가 사랑방에서 사용했던 물건이다.
③ 죽부인을 안고 잤다는 것은 지나친 생각이다.
④ 죽부인을 통해 자연을 만끽할 수 있었다.
⑤ 죽부인의 멋을 정리하며 마무리

다음으로는 요약한 내용을 바탕으로 동일한 층위의 내용을 한 데 묶어 범주화하고, 각 범주별 관계를 파악해보면 된다.

서두에서 민속 박물관에서의 일을 제시하되 죽부인을 '섹스 도구'인양 여기는 문제를 제시했다. 그러니 죽부인과 관련한 오해를 제시한 것이다.

②와 ③은 죽부인에 대한 설명이기는 하지만 특히 서두와 관련하여 두 가지 오해에 대한 해명인 것을 알 수 있다. 부인이 사랑방에서 자는 경우는 없다. 죽부인은 선비가 혼자 사랑방에서 썼다면서 오해에 대한 설명을 한 것이다. 또 '섹스 도구'인 냥 여겨 죽부인을 안고 잤을 것이라는 생각조차 오해라는 사실을 '모양 변형'이라는 식으로 말하며 해명했다. ④는 해명이 아니라 적극적인 의미에서 죽부인의 멋, 흥취를 설명했다. 자연의 상징물이라는 것이다. 그렇다면 ②~④는 죽부인

에 대한 설명이되 앞의 둘은 오해에 대한 해명을 주로 한 단락이요, ④는 죽부인에 대한 적극적인 의미 부여이다.

그렇게 죽부인에 대해 설명하였으므로 ⑤에서는 이를 종합하고 있다. 그리고 그것의 멋을 정리하며 오히려 이용해 보기를 권하는 순서로 마무리할 수 있었던 것이다.

지금까지의 과정과 각각의 내용을 정리해서 개요를 적으면 된다. 다음과 같이 할 수 있다.

단락 개요

서두 단락	민속 박물관에서의 일로 문제 제기 : 죽부인에 대한 오해
본문 단락	1. 오해 해명 – 죽부인은 선비가 혼자 사랑방에서 썼던 것이다. – 죽부인을 안고 잤다는 것은 잘못된 생각이다. 2. 죽부인의 멋 – 죽부인은 자연을 만끽하게 해주는 도구였다.
마무리 단락	죽부인의 멋을 정리하며 마무리

다양한 글을 읽으며 이와 같이 개요를 정리하며 읽어보자. 읽은 글의 내용을 보다 정확하고 깊이 이해할 수 있게 될 뿐만 아니라, 스스로 개요를 잘 쓰는 힘을 키울 수도 있다.

연습 문제 2

아래 글을 읽으며 단락 개요를 작성해 보자.

우리의 현재 음악 문화 풍토 속에는 묘한 이분법이 존재한다. 이 이분법은 마땅히 있어야 할 것이지만, 도무지 비합리적이며 우리로부터 거리가 아주 먼 내용으로 되어 있다. 그런데도 보통의 우리들은 이를 당연시하며, 때로는 이에 대한 생각과 의식조차도 가지려 하지 않는다. 이 구분법이 우리의 입장보다는 남의 입장을 대변하고 있는데도 말이다.

그러면 이와 같은 문제를 지닌 이분법은 무엇인가? 음악과 국악이 그것이다. 여기서 음악은 서양에서 들어온 음악을 말한다. 그러나 꼭 서양에서 수입된 것은 아닐지라도 서양 음악식으로 만든 모든 음악도 포함한다. 국악은 우리의 전통 음악, 즉 우리 음악을 말한다. 그리고 꼭 전통적인 것은 아니더라도 여기에 가깝게 만들어진 창작 음악까지를 국악이라고 부른다.

그래서 이 구분법에 의해 대학에서도 음악과와 국악과가 나뉘어지고, 유명 일간지의 문화면에서도 음악과 국악을 나누어 소개하고 있다. 책임 있는 국가 기관에서도 이렇게 나누어 분류하고 있다. 이상하게도 국악 역시 분명한 음악의 하나일진대 우리의 이러한 이분법 속에서는 음악의 대접(?)을 받지 못하고 있다. 특별한 별종의 것처럼 여겨지고 있다. 마치 국악은 음악이 아닌 것 같다.

그리고 그 구별의 순서도 음악과 국악이지, 국악과 음악이 되지 않는다. 때문에 이 분류법 속에서 국악은 영원히 주인일 수 없고, 손님일 따름이다. 그러니까 완전히 주객이 전도되어 철저히 차별화된 분류법 속에 현재의 우리 음악 문화가 이루어져 있다는 말이 된다.

이와 같은 음악의 이분법은 서양 음악을 위주로 했기에 가능한 것이 된다. 물론 우리의 현 사회·문화 현상에서 서양 위주로 된 것은 하나 둘이 아니지만 음악에 있어서의 이러한 점은 특히 더하다. 그래서 서양 음악만이 진정한 음악인 양 활개를 치고 다닌다(?). 우리 음악을 포함한 여타 지역의 음악은 절대로 음악의 축에 낄 수도 없는 것이 오늘의 우리 사정이다. 단지 서양 음악의 주변에 서성거리고 있는 음악 정도로만 인정되고 있는 실정이다.

이러한 이분법은 고쳐져야 한다. 그리고 이러한 이분법적 사고를 당연시하는 우리의 음악 인식도 마땅히 사라져야만 한다. 그래서 앞으로의 우리 음악계는 음악과 국악의 이분법적 사고를 떠나서 음악과 서양 음악(또는 양악)의 새로운 구분법의 세계를 구축해 나가야 하리라고 본다.

– 신대철, 『우리 음악, 그 맛과 소리깔』, 민속원, 2009, 29–30쪽.

1단계: 작성하기

주제	
문장 개요	

2단계: 개요 파악의 핵심 및 순서 점검

점검 사항	YES	NO
글의 제목을 생각하면서 글 전체를 읽었습니까?		
글쓴이의 핵심적인 생각과 감정을 담고 있는 전체 주제문을 찾았습니까?		
전체 글을 조금 느린 속도로 다시 한번 읽었습니까?		
글을 구성하고 있는 각 문단에서 주제문을 찾아냈습니까?		
각 문단의 주제를 범주화했습니까?		
위의 결과물을 다시 상위 범주와 하위 범주로 나누고 적합한 항목 번호를 부여했습니까?		
항목 번호는 위계에 따라 표시했습니까?		
화제 개요와 문장 개요 중 한 가지를 선택하여 개요를 완성했습니까?		

3단계: 단계에 따라 개요 작성하기

이제 개요 작성 과정을 단계에 따라 살펴보자. 개요를 작성하기 위해서는 다음과 같은 단계를 밟아야 한다.

전체 내용 항목별 메모

글 속에 담아야 할 내용을 항목별로 메모한다. 예를 들어 200자 원고지 20매 정도의 분량으로 '복지국가의 소득분배'라는 주제를 설정하여 글을 쓰게 되었다고 해보자. 이 경우 글 속에 담을 수 있는 내용들은 다음과 같은 항목들이 될 것이다.

① 복지국가의 개념
② 성장과 분배의 불균형 현황
③ 소득 불균형의 문제점
④ 소득 재분배의 당위성
⑤ 소득 재분배를 위한 세제의 개혁
⑥ 저소득층을 위한 사회 보험의 시행 등

항목들의 필요, 중복, 누락 검토

대체적인 내용을 항목별로 메모한 다음에는 각 항목들 간의 관계를 검토해 보고 불필요하거나 중복된 내용, 빠진 내용이 없는지 검토한다. 가령, 다음과 같은 항목들이 더 추가될 수 있을 것이다.

⑦ 교육의 기회 균등을 위한 의무교육의 확대
⑧ 공공부조의 실시

항목별 계열 관계로 구분

항목별 내용이 확정되면 상호 간의 계열 관계를 따져 구분한다.

문제 제기	복지국가의 개념, 성장과 분배의 불균형 현황
문제점 제시와 주장	소득 불균형의 문제점, 소득 재분배의 당위성
구체적인 해결 방안	소득 재분배를 위한 세제의 개혁, 저소득층을 위한 사회 보험의 시행, 교육의 기회 균등을 위한 의무 교육의 확대, 공공부조의 실시

개요 형식으로 작성

계열로 분류한 후 서술 순서를 결정하고, 개요 형식으로 작성한다.

주제문	급속한 경제성장에 따른 소득 분배의 불균형을 해소하고, 다 함께 잘 사는 복지국가를 지향해야 한다.
서론	1. 복지국가의 개념 2. 우리나라의 현실 — 성장과 분배의 불균형 문제
본론	1. 소득 불균형의 문제점과 소득 재분배의 당위성 1) 성장과 분배의 불균형 2) 소득 불균형의 문제점 3) 소득 재분배의 당위성 2. 소득 재분배를 위한 구체적 방안 1) 소득 재분배를 위한 세제의 개혁 2) 저소득층을 위한 사회 보험의 시행 3) 교육의 기회 균등을 위한 의무교육의 확대 4) 공공부조의 실시
결론	소득 분배의 당위성 강조 — 복지국가 실현

주제에 대해 끊임없이 생각하고, 자료를 찾으며, 실제 글을 써 내려가다 보면 생각이 바뀌기도 한다. 이때에는 반드시 다시 개요를 살펴보면서 고친 후에 그 개요에 따라 글을 써야 한다. 처음 쓴 개요를 그대로 두고 자신의 생각대로 글을 고쳐서 쓰다 보면 나중에는 처음 의도와는 전혀 다른 주제를 드러내는 글이 될 수도 있고, 균형을 잃은 글을 쓸 수도 있다. 글을 써나가는 도중에라도 개요에 문제점이 발견되거나 새로운 내용을 추가할 필요가 있을 때에는 언제든지 개요나 목차를 수정해 가며 글을 쓰려는 자세를 지녀야 한다. 그리고 글의 수정은 반드시 개요의 수정 이후에 해야 한다.

연습 문제 3

다음 중의 하나로 주제를 정하여 개요를 작성해 보자.

(1) 인공지능 윤리 원칙에 대한 사회적 협의가 필요하다.
(2) 여가 활동은 행복 지수에 큰 영향을 미친다.
(3) 예술 감상 경험은 긍정적 인성을 만드는 데 기여한다.
(4) 자유주제

2단 구성

주제:	
1	
2	

3단 구성

주제:	
서두	
본문	
1	
2	
3	
맺음말	

4단 구성

주제:	
기	
승	
전	
결	

5단 구성

주제:	
발단	
전개	
위기	
절정	
대단원	

개요 작성 점검

점검 사항	YES	NO
문장 개요와 화제 개요를 섞어 쓰지 않았습니까?		
내림차순으로 정리했습니까?		
항목 간 위계가 맞습니까?		
하위 항목을 두 개 이상 두었습니까?		

3

단락 쓰기

• • •

3.1. 단락의 개념

글은 여러 성분들이 모여서 이루어지는 조직체이다. 그 조직을 이루는 성분들로는 크게 단어, 문장, 단락 등이 있다. 이들은 각각 아무 관계도 없이 따로따로 흩어져 있는 것이 아니고 내용적으로 유기적인 관련을 맺고 있다. 단어들이 밀접하게 결합하여 문장이 되고 다시 이 문장들이 모여 단락을 이룬다. 그런데 이 성분들 중 단어나 문장 차원에서는 한 편의 글이 성립될 수 없다. 한 편의 글은 단락의 차원에서 성립될 수 있는 것이다. 그것은 단락이 하나의 '중심 되는 생각'을 드러내고 있기 때문이다. 결국 단락이란 그 자체 안에 중심 생각이 있고 그것을 드러내는 문장들이 모여서 이루는 한 토막의 글이다.

단락은 형식적으로 '들여쓰기'를 통해 구분된다. 단락을 제대로 구분하지 않으면 사고가 뒤엉켜 그 전개 과정이 제대로 드러나지 않는 혼란스러운 글이 되고 만다. 단락은 하나의 중심 생각을 드러내야 하므로 중심 생각이 바뀔 때에는 반드시 들여쓰기를 통해 단락이 구분됨을 표시해 주어야 한다.

단락은 전체 글 속에서의 기능에 따라 일반 단락과 특수 단락으로 나뉜다. 일반 단락은 자신이 전달하고자 하는 실질적인 내용을 전개해 가는 단락이다. 전체 글에서 주로 본문에 해당하는 부분이다. 반면에 특수 단락은 글의 시작, 끝맺음 등의 특수 목적만을 위해서 쓰이는 것들이다. 일반 단락과 특수 단락이 어우러져 한 편의 전체 글이 되는 것이다.

3.2. 일반 단락

3.2.1. 일반 단락의 구조

일반 단락의 구조는 '소주제문'과 '뒷받침문장'으로 이루어진다. 소주제문이란 한 단락에서 다루어질 내용의 핵심을 나타내는 문장을 뜻한다. 뒷받침문장은 이 소주제문을 부연하고, 논증하고, 예증하는 등 단락 내에서 소주제문을 떠받들고 있는 다른 모든 문장을 일컫는다.

아래의 예를 통하여 일반 단락의 짜임새를 익혀 보자.

> ① 우리 몸 외부의 요인들은 생각과 행동뿐 아니라 우리의 생물학적 시스템에도 영향을 미친다. ② 예컨대 보통의 건강 상태를 지닌 어떤 사람의 심박수 변화를 하루 동안 살펴볼 때, 갑작스레 맥락이 치솟은 것은 요즘 반해 있는 사람의 모습을 우연히 보았기 때문임을 알아차리지 못한다면 그 이유를 몰라 혼란에 빠질 것이다. ③ 우리는 경험이 정신 상태에 영향을 미친다는 것을 안다. ④ 마찬가지로 우울증이 체중 증가에 미치는 영향이나 심리적 스트레스가 심장 건강에 미치는 악영향 등을 공부한 사람이라면, 경험이 신체에도 영향을 미친다는 것을 알 것이다. ⑤ 이런 일들에 관해 생각하기 시작하면, 우리의 신체 기관이 작동할(예컨대 심장이 뛸) 때 일어나는 일과 우리가 행동할(예컨대 친구를 보고 미소를 지을) 때 일어나는 일 사이에 근본적인 유사성이 존재한다는 것을 분명히 인식하게 된다. ⑥ 그러므로 생물학적 특징과 심리적 특징을 완전히 별개로 여겨서는 안 된다.
>
> - 데이비드 무어, 정지인 옮김, 『경험은 어떻게 유전자에 새겨지는가』, 아몬드, 2023, 19쪽.

위의 글은 소주제와 뒷받침문장으로 이루어진 글이다. 필자가 이 단락에서 말하고자 하는 핵심은 ①에 있으므로 ①이 소주제문이다. ②~⑥의 문장은 뒷받침문장이 된다. 즉, 이 글의 소주제는 '우리 몸 외부의 요인들은 생각과 행동뿐 아니라 우리의 생물학적 시스템에도 영향을 미친다는 것'이다. 이러한 소주제를 뒷받침하기 위하여 ②~⑤에서는 구체적인 상황이나 관련된 흐름에 관하여 설명하였다. 경험이 정신 상태에 영향을 미치는 것과 마찬가지로 신체에도 영향을 준다는 사실이 그것이다. 나아가 신체 기관 작동과 조건적 상황 사이의 유사성에 대해서도 언급한다. ⑥에서는 생물학적 특징과 심리적 특징을 별개로 여겨서는 안 된다는 사실을 주지시키는 방식으로 단락을 전개하고 있다. 이처럼 뒷받침문장은 소주제문과 내용적으로 모순되는 점이 없어야 할 뿐 아니라 그 분량 면에서도 충분해야 한다.

연습 문제 1

다음 단락을 소주제문과 뒷받침문장으로 구분하여 그 구조를 살펴보자.

1) 발명왕 에디슨이 밤을 새워가며 연구에만 몰두하자, 그의 아내가 그에게 좀 쉬었다 하라고 했다. 그러자 에디슨은 연구가 곧 나의 휴식이라고 말했다는 일화가 있다. 다른 사람들이 취미나 여가 활동을 통해 얻는 휴식의 즐거움을 에디슨은 그가 하고 있는 연구 활동을 통해 얻을 수 있었던 것이다. 사람은 자신의 온 힘과 정열을 바쳐 무엇엔가 몰두할 때 자신이 살아 있다는 느낌을 갖게 된다. 이러한 느낌은 삶을 값지고 보람있게 해주는 원동력이 된다. 현재 자신이 하고 있는 일 속에서 성취의 보람과 창조의 기쁨을 만끽할 수만 있다면 그의 인생은 진정으로 행복하다고 말할 수 있을 것이다. 반대로 자신의 일 속에서 어떤 만족이나 성취감을 느끼지 못하고, 마음이 딴 데로만 쏠려 있는 사람은 참으로 불행한 인생을 살고 있다고 할 수 있다. 이런 사람이 자신의 일을 열심히 할 까닭이 없다. 그러므로 열심히 일하는 사람은 행복하다.

소주제문

뒷받침문장

2) 사람들이 잘못 알고 있는 사실 가운데 한 가지는 키 작은 사람은 육체적으로나 정신적으로 열등하다는 따위의 말이다. 윌리엄 포크너의 소설을 읽는 사람들 가운데는 그가 5자의 작은 키를 가진 사람이라는 사실을 알면 놀라는 수가 많다. "그처럼 작은 사람이 그런 위대한 작품을 쓰다니요."하고 감탄한다. 그리고 미국의 가장 중요한 해군사령관이 5자 빈의 키를 가진 사람이라는 사실을 알면 숱한 사람들이 불안해서 잠을 자지 못할는지 모른다. 사실상 키와 지능 사이에 어떤 관계가 있다는 것을 말해주는 인류학적 증거는 아무것도 없다. 긴 다리는 농구 기량을 높여 줄 수는 있겠지만 지적 능력을 높여주는 일은 없다. 키가 크고 또한 천재라고 알려진 아브라함 링컨에게 어떤 이가 물었다. 사람의 다리는 얼마만큼 길어야 하느냐고. 링컨은 간단히 대답했다. "난 언제나 다리란 땅에 닿을 만큼 길어야 한다고 생각합니다."

소주제문

뒷받침문장

3.2.2. 일반 단락의 전개 원리

일반 단락은 여러 개의 문장들이 모여 하나의 중심 생각을 드러내는 토막글이다. 이러한 단락의 요건을 충족시키기 위해서는 통일성, 연결성, 강조성이라는 구성 원리를 따라야 한다. 이는 수사학의 3대 원리로도 널리 알려진 것인데, 단락은 항상 통일성, 연결성, 강조성의 원리에 입각하여 전개해 나가야 한다는 것이다.

통일성은 소주제문과 뒷받침문장들이 일관성이 있어야 한다는 원리이다. 뒷받침문장은 소주제문과 긴밀하게 관련된 것만으로 구성해야 한다. 아무리 훌륭한 내용이라도 소주제와 관련 없는 문장은 글의 초점을 흐릴 뿐이므로 뒷받침문장으로 삼아서는 안 된다. 다음의 예를 보자.

통일성

우리는 하나의 정체성으로 세상을 살지 않는다. 다중인격을 이야기하는 게 아니다. 나를 지칭하는 수많은 대명사를 보면 안다. 누구에겐 '아들'이고 누구에겐 '삼촌'이다. '선생님'이라고 불릴 때는 선생님의 마인드를 가져야 하며, 어떤 태도나 행동 때문에 '아저씨'로 불리기도 한다. 상대방과의 관계 또는 내가 빠져든 상황에 따라 우리는 매번 다른 호칭으로 불리게 되는데, 신기하게도 어떻게 불리느냐에 따라 나의 정체성이 결정된다는 것이다. 간혹 습관적으로 부르는 말이 상대방에게 불쾌감을 안겨주기도 한다. '아가씨'나 '아줌마'처럼 특정한 성향이나 차이를 부각하는 호칭들은, 설령 말하는 이가 의도하지 않았더라도, 개개인의 인격을 지우고 상대를 부정적인 인상 속에 가두어버린다. 그렇게 시작된 대화가 좋을 리 없다. 호칭 속에는 서로의 관계뿐 아니라 그를 둘러싼 인식의 지평이 다 들어 있는 것이다.

- 신용목, 「손님으로 머물다 떠나기」, 『국민일보』, 2018.10.8.

위의 글은 '우리는 하나의 정체성으로 세상을 살지 않는다'는 소주제문에 그것을 풀이하고 뒷받침하는 문장들로 단락을 전개하고 있다. 즉 위 예문에서는 소주제문인 첫 문장의 내용과 어긋나는 문장이 없다. 이를 통해 단락의 내용은 구심점을 확보한다. 이렇게 되면 자연히 글의 통일성은 이루어진다. 반면 다음 예를 보자.

> 나는 텔레비전의 프로그램 중에서도 다큐멘터리를 가장 좋아한다. 다큐멘터리를 보다 보면 그러한 프로그램을 만드는 사람들이 참으로 인간을 이해하는 능력이 뛰어나다는 생각을 하게 된다. 다른 사람을 감동하도록 만드는 일은 쉽지가 않기 때문이다. 그러므로 다른 프로그램에 비해서 다큐멘터리 프로그램의 제작자들은 매우 큰 어려움을 겪을 것이다. 여러 가지 어려움에도 불구하고 다큐멘터리 프로그램을 제작하기 위해 애쓰는 그들의 노력은 충분한 보상을 받고 있지 못한 것 같다. 이러한 문제에 대한 처우 개선이 필요하다. 나는 다큐멘터리 프로그램을 보며 우리들의 일상생활이 항상 이렇게 따뜻함으로 가득 넘쳤으면 하는 생각을 해 본다. 항상 따뜻함을 간직하는 생활, 이 얼마나 즐겁고 행복한 생활이 될까?

위의 글에서 '나는 텔레비전의 프로그램 중에서도 다큐멘터리를 가장 좋아한다'는 소주제문으로 본다면, 뒷받침문장은 좋아하는 이유나 좋아함으로써 얻게 되는 유익한 점 등에 대한 설명이 되어야 마땅하다. 그러나 위의 글에서는 소주제문과는 상관없는 뒷받침문장이 여러 개 포함되어 있다. 특히 밑줄 표기 부분은 소주제문과는 거리가 먼 내용이기 때문이다. 이 글이 통일성이나 일관성이 없이 산만한 글로 보이는 것은 바로 이러한 요인에 따른다.

통일성의 원리를 지키는 좋은 방법에는 세 가지가 있다. 첫째, 단일 개념의 소주제문을 정한다. 복합 개념의 소주제문을 정하고 글을 쓰면 초점이 분산되어 산만한 느낌을 준다. 둘째, 한정된 범위의 소주제문을 선택한다. 너무 넓은 범위의 소주제문을 정하고 글을 쓰면 뒷받침해야 할 내용이 많아져서 통일성을 기하기 어렵다. 셋째, 소주제문을 직접적으로 부각시키는 내용으로만 뒷받침한다. 소주제문과 관련이 없거나 거리가 먼 내용은 통일성을 깨뜨리는 요인이 된다.

연습 문제 2

아래의 두 예문 중 통일성을 잘 지킨 예문을 찾아보고, 통일성의 원리에 부합된 서술은 어떤 강점을 갖는지 생각해 보자.

1) 이제 기후위기의 영향을 받지 않는 사람은 어디에도 없다. 그렇다면 브뤼노 라투르의 표현대로 우리는 "이 팬데믹 시기에 지구와 충돌하지 않고 착륙하는 방법을 배워야" 한다. 라투르는 신기후체제 속에서 살아가기 위해서는 관점의 전환과 생태화의 정치가 필요하다고 말했다. 생태적 가치를 정치적, 제도적으로 실천해나갈 주체로 '녹색 계급'의 출현을 제안하기도 했다. 기후위기는 지구생활자 모두에게 걸려 있는 문제이지만 스스로가 녹색 계급임을 의식하는 게 중요하다. 특히 지구의 악조건 속에서 살아가야 할 미래 세대에게는 생태전환을 제대로 인식하고 대응할 수 있는 교육이 절실하게 필요하다.

– 나희덕, 「기후위기와 조례전쟁」, 『세계일보』, 2023.7.28.

2) 수선화에는 슬픈 전설이 깃들어 있다. 꽃잎마다, 줄기마다 슬픈 전설을 새기고 있는 수선화. 나는 이 수선화를 사랑한다. 나는 수선화를 사랑할 뿐 아니라 모든 꽃을 사랑한다. 꽃을 사랑하는 사람치고 악한 사람은 없다는 말이 있다. 이 세상의 모든 사람들이 꽃을 사랑하는 마음으로 살아간다면 세상은 밝아질 것이 분명하다. 수선화는 비록 슬픈 모습을 하고 있지만 많은 사람들의 사랑을 받을 만한 꽃이다. 쓸쓸하고 조촐하고 겸손한 모양의 수신화에 어려 있는 슬픔. 원래가 슬프게 태어난 꽃이라 시인들은 자꾸만 슬프게 노래한다.

연습 문제 3

통일성의 관점에서 잘못된 점을 고쳐보자.

1) 내 친구 철수는 여러 가지 장점이 있다. 그는 누구보다도 정직한 성품을 지니고 있다. 그 애가 거짓말하는 것을 본 일이 없다. 너무 고지식하다는 핀잔을 들을 정도로 곧이곧대로 말하고 행동한다. 그는 또 성실하다. 자기 맡은 바 일을 충실히 해낸다. 또 어른이 일을 시키면 남이 보거나 말거나 한결같이 일을 한다. 그뿐 아니라 그 애는 어떤 아이들보다도 부지런한 아이이다. 아침 일찍 일어나서 집안 청소를 하고 바깥마당을 쓸고 있는 것도 내가 가끔 목격했다. 숙제 같은 것도 미루는 일이 없이 곧장 해서 가져온다. 그래서 얌체 같은 애들은 그 애 숙제를 베끼려고 벼르는 일도 많다. 청소 시간만 해도 남의 두 배는 될 정도로 쉴 새 없이 손을 놀린다. 그 밖에 그는 공부도 잘하여 성적이 좋고 운동도 게을리하지 않는다. 친구들 간에 싹싹하고 마음이 좋아 그 애만 만나면 모두 마음이 편하다고들 한다. 이처럼 철수는 누구에게나 자랑할 만한 모범적인 학생으로서 갖추어야 할 장점을 죄 갖추었다.

2) 핸드폰을 보며 걷는 것보다 우리 주변을 보는 것이 더 배울 것이 많다. 우리가 무언가를 보고 생각을 한다면 그 행위는 '배우는 것'이다. 주변의 꽃과 나무를 보며 마음의 평화를 갖고, 아름다운 건축물을 보며 건축공학도에 대한 동경을 넘어선 경외로움을 느끼고, 폐지를 줍는 노인과 구걸을 하는 노숙자를 보며 우리 사회에 대해 한 번씩 생각해 보는 것. 이러한 것들이야말로 '참된 앎'이라고 생각한다. 이러한 '앎'은 150g 남짓의 기계를 넣어두고 주변을 둘러볼 때 비로소 얻을 수 있는, 값진 것이다. 과학 포털인 동아사이언스에 따르면 '인간의 좌우 시야각은 120도, 상하 시야각은 135도'라고 한다. 이만큼의 시야를 한 손 크기의 기계를 보는 데에만 사용한다면, 이는 더 배울 수 있는 우리의 권리를 스스로 박탈시키는 것이다.

– 학생 글

연결성

연결성이란 소주제를 떠받드는 뒷받침문장을 자연스럽고 이치에 맞게 배열해야 한다는 원리이다. 아래의 예를 보자.

> ① 우리는 '남잡이가 나잡이'가 되는 예를 흔히 본다. 남을 해치는 것은 결국 자기를 해치고 마는 일이 세상에는 많다. 남을 욕하는 사람은 결국 자기가 욕을 먹게 되고, 남에게 손해를 끼친 사람은 결국 자기도 그만한 손해를 입고 만다.

> ② 우리는 '남잡이가 나잡이'가 되는 예를 흔히 본다. 남을 잡아 주는 것은 결국 나를 잡아 주는 것이 된다. 남을 덧하는 사람은 결국 자기가 욕을 먹게 되고, 남에게 잘 해 준 사람도 결국 자기도 그만한 손해를 보기도 한다.

'남잡이'는 남을 해치고자 하는 짓이라는 뜻의 '해코지'와 같은 말이다. '남'과 '잡다'라는 단어가 합쳐졌는데, 이때 '잡다'라는 단어는 '선무당이 사람 잡는다'라는 속담에 나오는 '잡는다'라는 서술어와 같은 의미로 사용되었다고 생각하면 쉽다. 이것을 참조하여 예문을 읽어보면, 두 예문 중 앞선 ①단락은 앞뒤의 문장이 순리적으로 연결되어 있다. 이처럼 단락에서는 이치에 합당한 서술이 이루어져야 한다. 그러나 아래 예문인 ②에서는 '잡이'라는 것과 '잡아 주는'이라는 것에 사용된 '잡다'라는 단어의 의미가 같지 않다. 동음이의어인 것이다. 하지만 서로 다른 의미의 단어를 한 단락에서 번갈아 사용하면서 앞뒤 문장의 내용이 잘못 풀이되어 이치에 맞지 않는 연결이 되어 있다. 이런 배열은 연결성의 원리를 어긴 것이다.

연결성의 원리를 지키기 위해서는 특히 논리적인 면을 잘 살펴야 한다. 예를 들어 앞뒤 서술이 모순된 점은 없는지, 인과관계 등의 접속관계는 맞는지, 이치에 합당한 서술인지, 성급한 일반화를 하고 있지는 않은지 등을 꼼꼼히 점검해야 한다. 다음을 살펴보자.

> 식사 시간에 김이 모락모락 나는 하얀 쌀밥을 보며 행복해하지 않을 사람이 있을까? 생각만으로도 즐거울 것이다. 이렇듯 우리의 식생활에서 많은 부분을 차지하고 있는 쌀을 얻기 위해서는 수개월에 걸친 농부의 노력이 필요하다. 가을에 수확할 잘

익은 벼 이삭을 보면서 농부는 기쁨을 느낀다. 하지만 우리 입맛이 서구화되면서 우리는 더 이상 쌀을 예전처럼 생각하지 않게 되었다. 이로 인하여 갈수록 쌀의 수확량은 줄어들게 되었다. 이에 쌀 소비량을 증대시키기 위한 방안으로 쌀을 서양식 요리 방법으로 만드는 것이다. 쌀과자나 쌀로 만든 음료수, 최근에 나온 쌀로 만든 버거까지 있다. 이로 인해 쌀 소비량이 늘었다고 하니 기뻐할 일이 아닐 수 없다. 만약 이런 노력이 없었다면 우리나라 쌀은 더 이상 생산되지 못할 것이다. 이제부터 쌀의 소중함을 알고 잘 지켜 나아가야 하겠다.

첫 번째 문장을 읽어보면 '쌀밥', '행복' 등의 단어에 눈이 간다. 두 번째 문장을 읽으면서 '즐거울 것'이라는 말을 보면 '행복'과 연결시킬 것을 생각하게 된다. 하지만 또 세 번째 문장을 읽으면 '쌀'과 연결된다. 이처럼 앞뒤 문장 간에 자연스럽지 않은 서술은 연결성을 지키지 못한 것이다. 또한 입맛이 서구화된다는 것을 서술한 후에 '이로 인하여'라고 하여 쌀의 수확량이 줄었다고 말했다. '이로 인하여'는 인과관계를 나타내는 접속어이다. 앞 문장이 원인이 되고 다음 문장이 결과가 될 경우에만 이런 접속어를 쓸 수 있다. 즉 논리적으로 잘못된 것이다. 뒷부분의 경우도 쌀과자, 쌀버거 등의 예를 말하면서 '이런 노력이 없었다면' '쌀이 더 이상 생산되지 못할' 것이라는 것은 논리적으로 맞지 않다. 이런 이유로 연결성이 잘못되었다고 하는 것이다.

연습 문제 4

다음 단락을 연결성의 면에서 평가해 보자.

주기적인 운동은 자기관리에 도움을 주어 공부에 도움이 된다. 운동을 주기적으로 꾸준히 한다는 것은 언뜻 보기에 쉬워 보이지만 그렇지 않다. 그만큼 무언가를 꾸준히 한다는 의미는 그 사람이 그것을 행하기 위해 매일매일 시간 관리를 하며 투자하고 있다는 뜻이다. 공부를 하는 데도 시간 관리를 하며 꾸준히 하는 것이 중요하다. 그날그날 잡히는 대로 공부를 하는 것보다 꾸준히 계획을 세워 공부하는 것이 효율성이 좋기 때문이다. 따라서 주기적인 운동을 하는 사람은 공부를 하는 데에도 도움을 받을 것이다.

– 학생 글

강조성

강조성의 원리란 독자가 그 단락의 소주제를 인상 깊게 받아들이고 충분히 이해하고 납득할 수 있도록 부연 설명, 예시 등 온갖 방식으로 소주제를 강도 높게 드러내야 한다는 원리이다. 아래의 예를 보자.

> 1) 나의 친구 진우는 봉사정신이 빼어나다. 그는 자기의 일은 뒤로 제쳐두고라도 남을 위해서 일하는 경우가 많다. 어려운 친구들의 일을 앞장서서 돕고 다른 아이들이 싫어하는 궂은일도 마다하는 적이 없다. 이를테면, 화장실 청소나 창문 유리 닦기 같은 일도 자기 당번일 때는 물론이고 딴 아이를 대신해 주기도 한다. 그래서 진우의 이런 착한 성품을 이용하려 드는 얄미운 아이도 있을 정도이다. 우리 반에 몸이 불편한 아이가 있는데 어디 갈 때마다 그 애를 거들어 주고 신경을 쓰는 것도 진우가 거의 도맡아 한다. 봉사정신이 진우의 몸에 배어 있는 것을 느끼게 된다.

1) 글은 '나의 친구 진우는 봉사정신이 빼어나다.'라는 소주제문을 예시 형식으로 충분히 뒷받침하고 있다. 그가 봉사정신이 빼어난 인물이라는 평가에 대한 사실이 충분히 감지된다. 이처럼 소주제문은 뒷받침문장을 통해 구체적인 정황에 대한 실감을 획득하게 된다. 반면에 아래의 예를 보자.

> 2) 나의 친구 진우는 봉사정신이 빼어나다. 그는 어려운 친구들의 일을 앞장서서 돕기 때문이다.
>
> 또한 그는 매우 영리하다. 항상 시험 성적이 우수할 뿐 아니라 위급한 상황에 처해서도 일을 현명하게 잘 처리하는 것을 볼 수 있다.
>
> 그는 또한 성실한 생활 태도를 보여준다. 그는 한 번도 지각을 한 적도 없고 쉬는 시간까지도 아껴서 사용한다.

2) 글에서는 소주제의 내용이 충분히 납득되지 않았는데도 뒷받침문장을 더 쓰지 않고 다음 단락으로 넘어갔다. 그래서 각 단락마다 친구 진우의 성격을 설명하고 있지만 뒷받침문장이 충분하지 못하여 의도한 대로 그 성격이 잘 드러나지

않고 있을 뿐만 아니라 사실감도 느껴지지 않는다.

강조성의 원리를 지키는 방법은 세 가지이다. 첫째, 소주제문은 뒷받침문장을 통해서 충분히 설명되어야 한다. 이것은 독자가 소주제문을 이해하고 납득하는 데 필요한 만큼의 설명, 논증, 예시 등이 충분히 제시되어야 한다는 뜻이다. 둘째, 소주제문을 단락의 맨 첫머리나 마지막에 두는 것이 소주제를 강조하는 데에 도움이 된다. 단락의 첫 부분과 마지막 부분은 눈에 잘 뜨이는 위치이므로 그만큼 강조 효과가 있다. 셋째, 수사법을 활용하여 소주제문을 강조하는 것도 바람직하다. 과장법이나 반복법과 같이 강조 효과가 있는 수사법을 활용하여 소주제문이 두드러진 느낌이 들도록 한다.

연습 문제 5

강조성에 유의하여, 다음 단락을 평가하고 보충해 보자.

1) 아침에 샤워를 하는 것은 하루를 시작하기 전 생각할 시간을 주어 좋다. 샤워할 때는 책 또는 휴대폰이 물이 젖기 때문에 이것들을 들고 갈수도 없고 오로지 물과 나 자신뿐이다. 이런 상황에는 오로지 자신만의 시간을 가지며 따뜻한 물속에서 우리는 하루를 어떻게 보낼까와 같은 생각을 할 수 있는 시간을 가질 수 있다. 이렇게 된다면 우리는 하루를 더 계획적으로 보낼 수 있다. 그래서 아침에 일어나서 샤워를 하는 것을 추천한다.

– 학생 글

2) 맵시는 흔히 곱게 다듬은 모양새란 뜻으로 풀이된다. 이때 모양새란 말은 겉으로 드러나는 아름다움을 가리키는 말인 듯하다. 그렇지만 내적인 아름다움이 없이 겉만 화려한 것은 진정한 아름다움이라고 하기 어렵다. 진정한 아름다움은 안에서 우러나와 겉으로 드러난 것이라야 한다.

그런데 요즘은 모두 내적인 아름다움은 외면한 채 겉맵시만을 추구하고 있는 듯하여 서글픈 마음이 든다.

1. 단락의 개념과 단락의 전개 원리를 고려하여 다음 예문의 잘못된 면을 보완해 보자.

1) 커피 전문점의 커피가격이 자릿세 때문에 높다고 하는 것은 불합리하다. 최근 한겨레신문에서 실시한 조사에 따르면 프렌차이즈 카페 10곳 중 평당 연매출액 1,2위를 달성한 곳은 '빽다방'과 '이디야'라고 한다. 이런 빽다방과 이디야 같은 카페에서는 음료를 아주 높은 가격에 판매하고 있는 카페들과 똑같이 고객들이 앉아서 마실 수 있는 자리를 제공하면서도 훨씬 저렴한 가격에 음료를 판매하며 가게의 매출을 충분히 올리고 있다. 이를 보면 자릿세가 포함되어 음료의 가격이 높다는 말은 높은 음료 가격의 충분한 근거가 되지 못하는 것을 알 수 있다. 또 카페에 방문하는 사람 중에 음료를 포장해 가는 사람들도 있고 자리에 오래 앉아 있는 사람들도 있는데 모두 자릿세가 포함된 가격의 음료를 구매하는 것은 불공평하고 시간을 돈으로 환산한다는 것 자체가 불가능하다고 생각한다.

– 학생 글

2) 아직 일 년은 못 되었지만 대학생활을 해 보았다. 반성할 일보다는 앞으로의 남은 대학생활에 대해 계획이 더 많겠지만 짧은 기간의 생활에서도 반성할 일은 있었다. 대학에 와서 내가 가고 싶은 과를 선택해서 공부하고 있지만 그리 큰 재미는 못 느끼고 생활하고 있다. 전공과목 외의 것은 더욱 힘들다. 물론 대학 생활이라는 것이 공부뿐만 아니라 많은 경험과 여행 등 많은 일들을 해 볼 수 있다는 것을 잘 알고 있다. 하지만 난 이런 생각만 하지 직접 행동으로 하려고 하진 못했던 것 같다.

– 학생 글

3) 과를 정할 때도 어떤 것은 하겠다는 목표보다는 그냥 성적 되는 대로 진로를 정해버리는 학생들도 있다. 그리고 그렇게 정해서 간다고 해서 짧게 생각하고 갔기 때문에 당연히 다니면서 많은 혼란을 겪는다. 그리고 뒤늦게서야 자신한테 맞는 것을 찾아가는 사람들이 있다. 이런 것은 평소에 아무 생각 없이 그냥 하라는 대로만 하며 살았기 때문이다. 평소 목표를 가지고 해야 할 일을 하면서 생각을 가지고 산다면 이런 뒤늦게 후회할 일은 안 생길 것이다.

– 학생 글

2. 다음 중 하나를 골라 논리적으로 입증하는 단락을 완성해 보자.

1) 부모님의 사랑은 위대하다.
2) 선거권은 국민의 기본권인 참정권의 대표적인 것이라고 할 수 있다.
3) 한글은 우수한 문자이다.
4) 교육은 인간이 삶을 영위하는 데 필요한 행위를 가르치고 배우는 과정이다.
5) 공동체는 상호의무감, 유대감, 이해관계를 바탕으로 한 사회적 관계망이다.

3.3. 특수 단락

단락에는 일반 단락과 특수 단락이 있다. 그중에 글을 시작하거나 글을 마무리하기 위한 특수 목적만으로 쓰는 단락을 특수 단락이라고 한다. 즉 특수 단락은 시작과 마무리라는 목적성에 따라 작성되는 단락인 것이다. 글의 시작 부분은 본론에 들어가기 전 글의 인상을 결정짓는 역할을 하므로 중요하다. 마무리 부분 역시 주제를 최종적으로 담아낼 수 있는 부분이므로 중요하다.

3.3.1. 도입 단락 쓰는 방식

글의 주제를 설정하고 개요를 작성했음에도 막상 글을 쓰려고 하면 어떻게 시작해야 할지 막막한 경우가 많다. 처음을 어떻게 시작할 것인가 하는 문제는 오랫동안 글을 써온 사람들에게도 쉽지 않은 일이다. 글의 서두는 곧 그 글의 첫인상에 해당한다. 그만큼 독자에게 계속해서 읽어보고 싶은 느낌을 전달해야 되기 때문에 부담스러울 수 있다.

이처럼 글에서 서두는 매우 중요한 기능을 갖는데, 글의 처음을 여는 단락을 도입 단락이라고 한다. 도입 단락은 뒤에 이어질 내용을 인도하는 기능을 가지고 있다. 해당 단락을 작성할 때는 글의 성격에 따라 다양한 방법 중 하나를 선택하여 구성할 수 있다.

문제를 제기하면서 시작하는 방식

일반화되어 있는 견해나 어떤 현상 중에서 다시 생각해보거나 반성해야 할 점이 있는 경우, 그러한 것들이 무엇인지를 제시하면서 글을 시작하는 방법이다. 이러한 방식은 독자들의 인식에 환기 효과를 가져다주며, 나아가 주제에 대한 반성적 성찰을 가능하게 하는 역할을 하기도 한다. 한 가지 유의점은 문제를 제기할 때는, 반드시 사실을 바탕으로 한 서술을 진행하여 신뢰감을 확보해야 한다는 점이다.

> 우리는 집중력에 실제 일어나고 있는 일을 깊이 오해해왔다. 오래전부터 나는 집중이 안 될 때마다 화를 내며 스스로를 탓했다. 그리고 이렇게 말하곤 했다. 넌 게을러, 자제력이 없어, 정신 바짝 차려야 해. 그게 아니면 핸드폰을 탓하거나, 핸드폰에 격노하거나, 핸드폰이 아예 발명되지 않았으면 좋았을 것이라고 생각했다. 내가 아

는 사람 대다수도 똑같이 반응한다. 그러나 사실은 개인의 실패나 하나의 새로운 발명품보다 훨씬 심오한 무엇인가가 일어나고 있다. 우리는 집중력에 대해 모두가 공격을 받고 있다. 우리를 공격하는 세력은 매우 강하다. 그 세력에 거대 테크 기업도 있지만, 기업을 훨씬 뛰어넘는 사회 시스템이 그 핵심 세력이다.

- 요한 하리, 김하연 옮김, 『도둑맞은 집중력』, 어크로스, 2023, 21-23쪽.

위의 글은 시작 부분으로 인간이 집중력에 실제 일어나고 있는 일을 깊이 오해해왔다는 사실을 지적하고 있다. 나아가 오래전부터 글쓴이가 집중이 안 될 때마다 화를 내며 자책했다는 사실과, 핸드폰이 문제라고 생각했다는 것이다. 그러나 개인의 실패나 하나의 새로운 발명품보다 훨씬 심오한 무엇인가가 일어나고 있다는 사실이 중요하다고 언급한다. 즉 집중력과 관련하여 모두가 강한 세력에 의해 공격받고 있다는 점, 그 세력이 기업을 훨씬 뛰어넘는 사회 시스템이라는 점을 강조하며 문제를 제기하고 있다.

개념을 정의하면서 시작하는 방식

논의할 대상의 개념이 일반인들에게는 생소한 것이거나, 글을 쓰는 이가 나름대로 새롭게 정의를 내릴 필요가 있는 경우에 좋은 방법이 될 수 있다. 일반인에게 생소한 대상일 경우 원활한 이해를 돕기 위해 사전적 정의나 학술적 정의를 토대로 서술해야 한다. 또한 새롭게 정의를 내릴 필요가 있는 경우에는 보다 면밀한 검토를 마친 후에 그 내용을 토대로 작성해야 한다는 점에 유의할 필요가 있다.

파스타라고 부를 수 있는 것은 모두 다 파스타다. 파스타는 다양한 길이와 너비로 잘라 만든 국수에 여러 종류의 소스를 얹은 요리를 말한다. 펜네, 마카로니, 스파게티, 링귀네, 푸실리, 라사냐와 같이 모양에 따라 이름도 다채롭고, 다른 재료를 섞은 것으로 라비올리와 토르텔리니 같은 변형도 있다. 이름이 다양한 만큼이나 모양과 맛, 색깔, 냄새도 다양하다. 현재 파스타의 종류는 수백 가지에 이를 테지만, 가능한 종류는 그보다 더 엄청날 것이다. (중략) 한 때 파스타라는 말은 그저 반죽 덩어리를 의미했으며 파스타가 지금과 같은 형태를 가리키게 된 것은 18세기부터였다. 여기에는 인구의 증가 생산과 저장 기술의 발전, 그리고 식재료의 다양화와 같은 요인들이 작용했다.

- 박상진, 『18세기의 맛』, 문학동네, 2014.

위의 글은 파스타가 무엇인지 모르는 사람은 많지 않다는 사실에 근거하여, 파스타를 말하되 할 수 있는 대로 가장 넓게 정의하고 있다. 개념을 정의하며 시작하는 방식의 대표적 예시인 것이다. 글쓴이가 이러한 서술 방식을 통해 파스타의 가장 특징적인 면을 부각하고 있음이 확인된다. 나아가 대상에 관한 다양한 요소들을 제시하려는 의도를 서두에서 효과적으로 드러내고 있다.

주제문을 내세우며 시작하는 방식

글에서 논의하고자 하는 중심 생각을 먼저 제시하면서 서두를 시작하는 방법으로 가장 일반적인 방법이다. 글의 목적과 방향을 처음부터 명확하게 제시하므로 분명한 느낌을 줄 수 있다. 이런 경우 제시하는 주제의 내용이 상당한 관심거리가 될 만한 것이어야 한다. 그러한 요건을 충족하지 않고 사용할 경우, 독자들로 하여금 본문을 읽지 않게 만드는 역효과를 낼 수도 있다.

> 의료의 목적을 질병의 치유에 한정해서는 안 된다. 의료는 사람들을 그들 주위의 환경에 편입시켜, 사회의 유용한 구성원으로서 살아갈 수 있도록 도우며, 일단 질병이 발생한 사람들을 사회에 재적응시키는 기능도 수행해야 한다. 이러한 과제는 단지 신체적 기능을 회복시키는 것만으로는 부족하며 가능하다면 그가 원래의 자리로 돌아갈 수 있도록, 혹은 필요한 경우 그에게 새로운 위치가 주어질 때까지 계속적인 도움을 주어야 한다. 그렇기 때문에 의료는 기본적으로 사회과학의 범주에 속한다.
>
> - 헨리 지거리스트, 이희원 옮김, 『질병은 문명을 만든다』, 몸과마음, 2005.

이 글에서는 질병을 사회적인 관점에서 바라보고자 하는 의도를 명확히 하고 있다. 그에 따라 이후에 질병과 문학, 음악, 예술 등 여러 분야와 연관하여 설명하였다. 이와 같이 도입부에서 글의 전체 주제 또는 전체 글의 방향, 관점을 내세우고 시작하는 방법은 일반적으로 많이 쓰이는 방식이다. 이 방법은 앞으로 전개될 글의 방향을 읽는 사람에게 분명하게 보여준다는 점에서 좋은 방법이다. 혹은 먼저 글의 방향을 설정하고 쓰기 때문에 글을 쓰는 사람도 편리하다.

인용을 하면서 시작하는 방식

남의 말이나 글을 인용하면서 단락을 시작하는 방법도 흔히 사용된다. 글을 쓸 때 우리는 흔히 자신의 주장이 옳음을 논증하기 위해 남의 글이나 말을 인용한다. 남의 글이나 말을 인용할 때는 평범하거나 널리 알려진 내용보다는 새로운 내용이거나 흥미 있는 내용이 좋다. 단 인용 내용이 본문에서 말하고자 하는 내용과 의미적으로 연결되어야 한다. 또한 해당 인용문의 필자가 그 분야의 전문가로 알려진 인물일수록 더 효과적이다.

> "삶이 하나의 놀이라면 이것이 그 놀이의 규칙이다. 당신에게는 육체가 주어질 것이다. 좋든 싫든 당신은 그 육체를 이번 생 동안 갖고 다닐 것이다."(세리 카터 스콧, 「삶이 하나의 놀이라면」) 이 글대로 우리의 몸은 우리가 삶을 마칠 때까지 벗어날 수 없는 숙명이다. 내 몸의 어떤 부분이 마음에 들지 않거나 불편해도 우리는 그것을 받아들이며 살아갈 수밖에 없다. (중략) 이런저런 변화에 쉽게 흔들리지 않는 건강하고 안정된 몸과 마음을 가꾸고 유지하는 것은 그래서 인간의 오랜 바람이자 목표가 되어 왔다.
>
> - KBS 역사저널 그날 제작팀, 「허준, 『동의보감』을 완성하다」, 『역사저널 그날』 5, 민음사, 2016.

위의 글에서는 세리 카터 스콧의 언급을 인용하고 있다. 해당 인용은 인간의 삶과 육체의 필연적 연결성을 연결하고 있다는 맥락이다. 나아가 육체적 건강을 향한 인간의 관심과 그 분야의 대표적인 인물인 허준과, 그의 저서들에 관한 이야기를 할 수 있는 장을 열어 보인다. 이와 같이 인용을 하면서 시작하는 방식에서는 정합성을 충분히 고려한 후에 해당 내용을 제시해야 한다.

내용을 구분 제시하며 시작하는 방식

글에서 앞으로 다룰 내용을 항목별로 나누어 제시하면서 글을 시작하는 방법이다. 이러한 방식은 독자들이 글을 읽어나가는 과정에서 전체를 조망하며 맥락을 잡는 데 도움을 준다. 즉 내용을 구분하여 제시하면 글의 범위와 대상이 분명하게 드러나 예상을 하며 읽어 갈 수가 있는 것이다. 이러한 읽기는 독자로 하여금 보다 적극적인 읽기를 가능하게 만들어준다.

> 중국의 옛말에 "오복 중에 장수가 으뜸이다"라는 말이 있다. 진시황이 장생불사의 선약을 구하기 위해 도처에 사람을 파견했으며, 한 무제가 불로장생을 위해 하늘

에 제사를 지내고 도교의 방사(方士)들을 대접했다는 것은 널리 알려진 사실이다. 이처럼 중국인들은 인간이면 모두 염원해 마지않는 수명장수를 관장하는 신이 있다고 믿었으니, 그가 바로 수성(壽星)이다. 중국의 민간에서 수성은 또한 남신과 여신으로 나뉜다. 뿐만 아니라 인간으로 태어나 수성이 된 팽조(彭祖)와 마고(麻姑) 같은 인물 역시 수성에 포함되기도 한다. 이들의 대표 신격은 어떻게 유래되었고 그 특징은 무엇일까. 그리고 중국인들의 수성 숭배 양상은 어떻게 나타났을까.

- 김미영 외, 「정수리가 불룩하고 반인반수인 수명을 관장하는 신들」, 『노년의 풍경』, 글항아리, 2014.

위의 글은 명에 관한 옛말과 일화를 소개하는 것으로 서두를 열고 있다. 그 과정에서 수명을 관장하는 신격의 유래와 특징, 수성 숭배 양상의 문제에 대한 의문을 제기하였다. 마지막 부분에서 제기한 문제 하나하나가 다음에 이어질 내용인 것을 독자들이 쉽게 파악할 수 있도록 한 것이다. 이 과정을 통해 독자들은 내용을 정확하게 파악하는 데 도움을 받게 된다.

구체적 사건을 이야기하며 시작하는 방식

글을 쓰고자 하는 내용과 관련된 사건을 먼저 보여주고 이어서 자신의 생각을 풀어나가는 방법이다. 이때의 사건이나 일화는 자신이 직접 경험한 것일 수도 있고, 책이나 다른 사람을 통해 들은 이야기일 수도 있다. 직접 경험과 간접 경험을 적절하게 활용할 경우 글의 실감을 높이는 데 효과적이다. 이러한 방식은 독자에게 글의 내용에 대한 구체성을 전달하는 데 유효하다.

갑자기 음악이 흘러나오자 지하철 안에 있던 승객들은 모두 소리 나는 곳을 향하여 일제히 고개를 돌렸다. 음대 학생인 듯한 세 명의 청년들이 자신들이 가지고 있던 악기로 연주를 시작한 것이다. 지하철까지로 이어지던 세밑의 어수선한 분위기가 갑자기 숙연해졌다. 떠들며 이야기를 나누던 이들은 입을 다물었고 어떤 이들은 눈을 지그시 감기도 하고 또 어떤 이들은 고개를 숙이기도 하였다. 이윽고 연주가 끝나자 차 안에 있던 승객들은 누구나 할 것 없이 약속이라도 한 듯 일제히 박수를 쳤다. 짧은 시간이었지만 음악의 힘을 체험할 수 있는 좋은 시간이었다. 그렇게 어수선하던 지하철 안이었지만 음악은 순식간에 그 분위기를 바꾸어 버리는 힘이 있었다.

위의 글은 두 번째 단락의 소주제인 '음악의 힘'을 설명하기 위해 도입부에서 글쓴이가 실제 경험한 일화로 글을 시작하고 있다. 이렇게 사건을 보여주거나 일화를 이야기하며 서두를 시작할 경우에는 독자들이 '무엇을 이야기하려고 하나'라는 궁금증을 가질 수 있어 효과적이다. 단, 이 방법을 쓸 때는 그 일화에서 제시하는 내용과 주제가 본문에서 다루고자 하는 내용과 연결되는지 아닌지 잘 살펴야 한다.

시사적인 내용을 언급하면서 시작하는 방식

사람들이 관심을 가지고 있거나 대중매체를 통해 여론화된 내용을 언급하면서 시작하는 방법으로 충격적인 사건일수록 큰 효과를 가져올 수 있다. 혹은 사람들에게 미처 알려지지 않은 사건을 조명하는 경우도 가능하다. 이와 같이 시사적인 내용을 언급할 때는 객관적 정보나 사실을 기반으로 해야 한다. 독자의 흥미를 유발하기 위한 목적으로 사건에 대한 주관적인 해석이나 과장을 해서는 안 된다.

> 한국이 수재로 난리를 겪는 동안 세계 곳곳이 불타고 있다. 미국 하와이에 이어 캐나다와 스페인에서도 대규모 산불 소식이 들린다. 그 가운데서도 하와이에서 발생한 산불은 하와이가 미국 본토에 복속되기 이전까지 하와이 왕국의 수도였던 마우이섬 북서쪽의 해안 도시 라하이나에서 일어났기에 피해가 더 컸다. 지금까지 사망자 114명, 실종자는 최대 1300여명에 달해 지난 100년 동안 미국에서 최대 인명 피해를 낸 산불로 기록되게 되었다.
>
> - 백영경, 「하와이 산불, 식민주의와 물의 문제」, 『경향신문』, 2023.8.23.

위의 글은 기후변화와 관련한 최근의 대규모 산불 소식을 언급하면서 글을 시작하고 있는 부분이다. 많은 이들이 이미 알고 있는 미국 하와이에서 발생한 산불에서 시작하여, 옛 하와이 왕국의 수도였던 마우이섬의 북서쪽 해안 도시 라하이나의 인명 피해 내용을 연결하였다. 나아가 이에 관한 구체적인 수치를 제시하여 독자들의 관심과 신뢰도를 높이며 글을 시작하고 있다. 뒤에 이어지는 단락에서는 갈수록 규모가 커지는 잦은 산불이 기후변화의 결과라는 점과, 식민주의 비판에 대한 다양한 목소리가 서술되어 있다.

하나의 주제를 선택한 후 주어진 조건에 따라 도입 단락을 작성해 보자.

주제	방식
환경과 우리들의 삶	사건이나 일화를 이야기하며 시작하는 방식
경제와 우리들의 삶	시사적인 내용을 언급하면서 시작하는 방식
행복한 삶	개념을 정의하면서 시작하는 방식
이성적인 삶	인용을 하면서 시작하는 방식

주제:

방식:

3.3.2. 종결 단락 쓰는 방식

종결 단락을 쓰는 방법 역시 글의 종류와 내용에 따라 여러 가지가 있을 수 있다. 대개는 지금까지 논의해 온 내용을 요약하거나 결론을 내려 주는 것이 보통이다. 종결부에서 깊은 인상을 남기거나 여운을 남기며 글을 맺기도 한다.

논의된 내용을 요약하며 끝맺는 방식

이 방법은 전체 내용을 요약함으로써 결론을 내리는 방법으로 가장 널리 사용되는 글의 마무리 방법이다. 분명하게 글을 요약하며 설명하여 주기 때문에 글을 읽는 사람에게는 내용이 잘 정리되는 장점이 있다. 주로 정보나 지식에 관한 설명문이나 논리적 체계가 강조되는 논설문 또는 논문에서 많이 사용하는 방법이다. 단 분량을 채우기 위한 방법으로 사용하는 것은 바람직하지 않으니 유의하자.

> 오늘날 문화를 연구하는 대부분의 학자들은 진실은 그 반대라는 결론을 내렸다. 모든 문화는 나름의 전형적인 신념, 규범, 가치를 가지고 있지만, 이것들은 끊임없이 변화한다. 환경의 변화나 이웃 문화와의 접촉에 반응해 스스로 모습을 끊임없이 바꾼다. 스스로의 내부적 역동성으로 인해 변이를 겪기도 한다. 안정된 생태계에서 완전히 고립되어 존재하는 문화조차 변화를 피할 수 없다. 모순이 없는 물리법칙과 달리, 인간이 만든 모든 질서는 내적 모순을 지닌다. 문화는 이런 모순을 중재하려고 끊임없이 노력하며, 이런 과정이 변화에 불을 지핀다.
>
> - 유발 하라리, 조현욱 옮김, 『사피엔스』, 김영사, 2023, 234쪽.

이 글의 앞부분에서는 문화에 대한 학자들의 다양한 견해를 정리하고 있다. 끝으로 모든 문화는 각각의 특수성을 가지면서 지속적으로 변화한다는 결론을 내리고 있다. 여기서는 다양한 견해들 중 필자의 관점에서 가장 타당하다고 판단되는 내용을 정리하고 있음이 확인된다. 최종적으로 이를 요약함으로써 결론을 내리는 방법으로 글을 마무리하고 있는 것이다.

서두의 내용을 반복하거나 되살려주며 끝맺는 방식

서두에서 제시했던 내용을 반복하거나 되살려 주면 구조적인 안정감을 줄 수도 있다. 뿐만 아니라 강조의 효과를 거둘 수 있는 장점도 발생한다. 단 분량상의 이유로 서두의 내용을 무의미하게 반복하는 것은 지양해야 한다는 점을 기억하자. 이러한 유의점을 지키지 않게 될 경우 글의 전체적인 밀도가 떨어지는 상황이 발생하게 되기 때문이다.

① (도입부) 한국에서 농지정책은 매우 민감한 영역이다. 농지정책의 핵심은 일관성이지만 한국의 경제성장은 너무 빨랐고, 저렴한 농지는 항상 개발압력과 투기유혹에 노출됐다. 농지의 개발과 보전을 둘러싼 사회적 합의는 냉탕과 온탕을 넘나들었으며, 법 제도는 취약해질 수밖에 없었다. 2021년 국민적 공분을 샀던 LH 직원들의 집단적 농지투기 사건은 이런 농지제도의 취약성이 개인적 욕망과 결합해 나타난 현상이었다.

② (종결부) 농지를 단순한 부동산으로 봐서는 농업의 미래가 없다. 식량 공급뿐만 아니라 환경보전, 경관 조성, 농촌사회 유지 등 농지가 갖고 있는 특별한 가치가 지켜지도록 농지 철학은 바로잡고 농지제도는 현실에 맞게 계속 개선하는 것이 우리 농업혁신이 가야 할 길이다.

- 이주량, 「농업 혁신은 농지정책 혁신서 시작된다」, 『중앙일보』, 2023.8.23.

도입부 ①과 종결부 ②의 단락이다. 도입부에서 한국의 농지정책이 매우 민감한 영역이라는 사실과 농지제도의 취약성에 대해 이야기를 시작하고 있다. 해당 정책과 제도와 관련된 구체적인 내용을 본문에서 추가적으로 서술하였다. 끝으로 종결부에서 다시 서두에 언급한 농지제도의 문제를 다시 한번 가져와서 이야기함으로써, 구조적인 안정과 강조의 효과를 거두고 있는 예이다.

요망사항이나 전망을 제시하면서 끝맺는 방식

주로 사회를 비판하는 논설문에서 자주 사용되는 방법이다. 주제와 관련된 특정인이나 사회 일반에 대한 요망사항을 제시하며 끝맺는 방식이 일반적이다. 맥락에 따라 앞으로의 조건이나 상황에 대해 전망하며 끝맺기도 한다. 이러한 방식을 시도하기 위해서는 해당 주제에 대한 심도 있는 조사와 연구가 뒷받침되어야 함을 기억하자.

문학은 그런 눈초리로서 사람들 가슴 속에 살아 있어야 한다. 그 눈초리를 대할 때 의식이 필요 없어야 한다. 의식이 필요 없을 때 비로소 사람들은 신과 친숙해진다. 그것은 공감을 뜻한다. 문학은 작가와 작품과 독자의 공감이 일체화됨으로써 비로소 그 준엄한 사명을 다한다. 그러한 작가, 작품, 독자의 풍요로운 합창으로 이 땅에 문학이 활짝 꽃핀다면 좋겠다.

- 유주현, 「신의 눈초리」

위의 단락은 독자를 향한 요망사항을 제시하며 글을 끝맺는 경우이다. 이때에는 글쓴이가 바람직하다고 생각하는 상황이 이루어지길 기대하는 마음을 글에 담게 된다. 이렇게 글을 끝맺음으로써 자연스럽게 사태의 전환을 촉구하는 것이다. 요망사항을 제시하며 글을 끝맺는 경우에는 너무 권위적인 목소리를 내서 독자들에게 거부감을 주지 않도록 하는 것이 중요하다.

인용을 하면서 끝맺는 방식

지금까지 논의해 왔던 내용을 요약하거나, 자신이 펼친 논지를 증명할 수 있는 남의 말이나 글을 인용하면서 마무리하는 방법이다. 앞의 논의를 요약할 때는 무의미한 요약이 되지 않도록 유의하자. 다음으로 인용하면서 끝맺는 방식을 사용할 때에는, 해당 인용이 본문에서 전개한 내용과 모순되지 않는지 잘 점검한 후에 써야 한다. 자칫하면 본문의 내용을 오히려 해치게 되는 결과를 낳을 수 있다.

완벽히 고립되고 완결된 개인이란 존재할 수 없다는 사실을 소설의 형식만큼 명백하게, 그러나 과장되지 않게 보여줄 수 있는 것이 또 있을까. 이 시대가 정의와 평등에 도달하는 과정에 '공정이라는 게임'을 삽입하기 전에 고려해야할 것은 게임의 규칙, 규칙을 만든 사람, 게임을 주장하는 사람, 심지어는 게임에 참여하지 않겠다고 선언하는 사람의 형편을 '공정하게' 살피는 일이다. 결국 그 모든 형편을 살피게 된다면, 지금 필요한 것은 공정한 게임이 아니라는 결론에 이를 수도 있겠다. 장류진의 「펀펀 페스티벌」에서 공개 합숙 채용 과정 중 찬휘에게 자리를 빼앗긴 지원은 "능력의 차이가 아니라 마음의 차이일 뿐인데, 마음은 돈 드는 것도 아닌데, 왜 내 마음은 대체 이것밖에 안 되는 거야"(89-90쪽)라고 스스로를 탓한다. 그런데 지원과 찬휘가 일종의 게임을 하는 과정을 지켜보다 보면, 문제는 '능력의 차이'도 '마음의 차이'도 아닐 것이라는 생각을 하게 된다. 결국 전적으로 구조의 탓이거나 마음의 탓인 일은 이 세상에 아무것도 없기 때문이다.

- 최선교, 「시대와 마음」, 『문학과사회』, 문학과지성사, 2023 가을호, 272쪽.

위의 글은 마무리 부분에 해당한다. 글쓴이는 소설 속에 나오는 핵심적인 문장을 인용하며 마무리를 짓고 있다. 공정이라는 사회적 담론과 관련하여 소설 속 등장인물의 목소리에 대한 인용은, 글쓴이가 전개해 온 논지의 타당성을 높이는 데 도움을 준다. 인용을 한 후 글쓴이가 강조하고자 하는 바를 정리하며 끝을 맺음으로써 강한 여운을 남기고 있기 때문이다.

정경을 묘사하며 끝맺는 방식

이 방법은 별다른 설명 없이 정경을 묘사하여 여운을 남기며 끝을 맺는 방법이다. 주로 감상문이나 문예적인 글들에서 많이 쓰이지만, 주장을 하는 글이나 논평을 하는 글에서도 사용될 수 있다. 예를 들어 '아침 9시 1교시 수업은 폐지되어야 한다'는 주제로 글을 쓸 때 서두 단락을 '8시 55분의 애지문 풍경을 묘사'하며 시작하고, 1교시 수업이 더 늦춰져야 하는 이유를 본문에서 설명·주장한 후, 종결 단락을 10시 30분 1교시를 시작하기로 한 때의 '10시 20분 애지문 풍경을 묘사' 하는 방식으로 끝맺을 수 있다. 그렇게 하면 왜 1교시 수업 시작 시간이 늦춰져야 하는지 더 강조하는 문장이 없어도 글의 주제가 충분히 강조될 수 있는 것이다.

이윽고 웃을 만큼 웃은 우리는 누가 먼저랄 것도 없이 우리집 쪽으로 걷기 시작했다. 가로등이 사방에 켜져 온 골목이 따뜻한 오렌지색이었고 창문 열린 어느 집에서 저녁 설거지를 하는 소리가 들려오고 있었다. 나는 반 발짝 앞서서 타닥, 타닥 발을 구르며 걸어갔다. 그러다 돌아보면 이상하고 다정한 얼굴들이 내 뒤로 걸어오고 있었고 사실 돌아보지 않아도 알 수 있었다. 그들이 나를 잘 따라오고 있다는 것을.

- 이유리, 「왜가리 클럽」, 『브로콜리 펀치』, 문학과지성사, 2022, 174쪽.

위의 단락 앞에서는 소설 속에 등장하는 다양한 인물간의 소통 및 관계성을 추측할 수 있는 내용이 서술되어 있다. 소설의 제목이기도 한 '왜가리 클럽'의 진짜 방점은 왜가리가 아니다. 왜가리를 함께 보고 있는 마을 사람들로 이루어진 클럽의 구성원들 사이의 조용한 연대에 있다. 정경을 묘사하며 끝맺는 방식을 통해 작가는 직접 자기 생각을 설명하는 대신, 상황을 객관적으로 보여주면서 마무리하고 있다.

이와 같은 방식으로 종결 단락을 쓸 수 있다. 어떤 방식이든 가장 중요한 것은 '주제'이다. 글쓴이는 드러내려고 하는 주제가 무엇인가를 생각하고, 그 주제를 가장 잘 드러낼 수 있는 방식이 무엇인가를 생각한 후 선택해야 할 것이다.

1. 다음 주제들 중 하나를 선택하여 종결 단락을 써 보자.

주제	방식
1) 사계절이 있어 좋은 점	정경을 묘사하면서 끝맺는 방식
2) 가장 인상 깊었던 전시회	논의된 내용을 요약하면서 끝맺는 방식
3) 꼭 봐야 할 추천 영화	서두의 내용을 반복하거나 되살려 주며 끝맺는 방식
4) 서울의 명소	인용을 하면서 끝맺는 방식

주제:

방식:

2. 아래의 ② 부분은 도입과 결말을 뺀 본문의 내용이다. 도입 단락인 ①과 마무리 단락인 ③ 부분을 작성해 보자.

① **도입 단락:**

② 현재 통용되고 있는 탑의 부분 명칭들을 보라. 일반인의 상식으로는 쉽게 이해될 수 있는 단어가 아니다. 왜 '지붕돌'이라고 하면 쉽게 알 수 있는 것을 옥개석(屋蓋石)이라고 하여야만 되는가? 왜 탑의 가장자리에 있는 기둥을 우주(隅柱)라 하고 안쪽에 있는 기둥을 탱주(撐柱)라고 하는가? 예를 들어 '갓기둥', '안기둥'이라고 표현하면 잘못되는 것인가?

이것은 우리말을 굳이 살리기 위하여 한문으로 된 용어, 일본식으로 된 단어들을 쓰지 말자고 하는 것이 아니다. 물론 그것이 불상의 백호(白毫)나 육계(肉髻)처럼 특별한 의미와 내용을 지닌 것이거나, 일반인의 상식으로 쉽게 이해할 수 있는 용어라면 우주도, 탱주도, 옥개도 좋을 것이다. 그러나 옥개도, 탱주도, 우주도 특별한 의미를 지닌 말이 아니다. 오히려 젊은 세대와는 거리가 너무나 먼 용어일 뿐이다.

우리의 상식과 거리가 먼 우리 문화재의 명칭들, 이것이 곧 조상들의 얼이 담긴 문화재로부터 우리들을 멀어지게 하는 가장 큰 요인의 하나가 된다는 것을 알아야 할 것이다. 우리 모두가 상식으로 이해할 수 있는 명칭을 사용하는 것. 그것이 곧 조상들이 남긴 문화 유산을 전승하는 지름길이 된다는 것을 필자는 감히 단언하고 싶다.

문화재를 연구하는 그 어떤 전문가도 혼자만의 희열을 위한 학문의 담장 속에 갇혀 있지는 않을 것이다. 전문가들의 연구는 우리 것에 관심을 기울이는 우리 모두를 위한 것이다. 평범한 사람들이 그것을 원할 때 반드시 그 명칭은 바뀔 수 있다. 우리 모두가 그와 같은 노력을 할 때 조상들의 얼이 담긴 문화재는 우리들 앞으로 쉽게 다가설 것이다. 이것을 우리들의 노력으로 이루어야만 한다.

③ 마무리 단락:

4

초고 쓰기

• • •

4.1. 초고 쓰기의 원칙

초고란 다듬어지지 않은 상태의 원고를 뜻한다. 즉 초고라는 말이 있는 것도 한 편의 글은 고칠 것을 전제로 쓰기 시작한다는 사실을 의미한다. 처음부터 완벽하게 글을 쓰는 사람은 없기 때문이다. 이미 고쳐질 것을 전제로 작성된 글을 다시 다듬으려 하지 않는 것은 글쓰기를 포기하는 일과 다름없다. 초고 쓰기는 작성한 개요를 바탕으로 글의 전반적인 내용을 서술하는 과정이다. 글쓰기 방법, 논리 전개 방법, 서술 방법 등은 글쓴이 또는 글쓰기 대상에 따라 다양하다. 그러나 이치에 맞는 논리적 서술을 통해 표현되어야 한다는 전제는 어떠한 글쓰기의 경우에도 예외일 수 없다. 과학적 증명과 무관한 해석적 평론 형식의 글일지라도 그 나름의 논리를 갖출 때 한 편의 글로 인정될 수 있다.

초고를 쓸 때 우선적으로 살펴봐야 할 부분은 통일성이다. 먼저 하나의 맥락으로 작성하는 원리를 통일성의 원리라고 한다. 한 편의 글은 일정한 맥락에 따라 작성되어야 하기 때문이다. 그러므로 통일성의 원리는 글 전체에 작용한다. 통일성이 깨어지게 되면 글의 논지가 흔들리고 글쓴이가 전달하고자 하는 주제 역시 강화되기 어려워진다. 글을 쓰는 과정에서 중간 중간 논지에서 벗어나고 있지는 않은지 자세하게 살피는 일이 중요하다. 내용이 산만한 글들은 대부분 통일성의 원리가 지켜지지 않았을 가능성이 크다.

다음으로 각 부분의 역할이 적절한가의 여부를 판단하는 원리는 독립성의 원리이다. 주제를 효과적으로 드러내기 위해서는 글의 각 부분이 담당해야 하는 역할도 중요하다. 이에 대한 원리는 서두와 중간 그리고 마무리 부분에 각각 적용된다. 서두-중간-마무리 단계가 3단 구성이라면, 기-승-전-결 단계는 4단 구성, 발단-전개-위기-절정-결말 단계는 5단 구성이라고 볼 수 있다. 이러한 단계에서 글의 각 부분이 독립적으로 역할을 충분하게 담당해야만 구성이 탄탄해지고, 주제와 맥락이 일관되게 유지되어 통일성을 획득할 수 있게 되는 것이다. 글의 각 부분이 담당하는 역할이 부족하거나 넘치지 않게 연결되어야 한다는 점을 의미한다. 초고를 작성한 후 수정하거나 보충해야 할 사항들을 반드시 확인해야 하는 이유가 여기에 있다.

초고 쓰기 점검 사항을 표로 정리하면 다음과 같다.

점검 사항	YES	NO
작성한 개요의 내용을 잘 반영하였는가?		
독립성의 원리를 고려했을 때 각 부분의 역할이 적절한가?		
통일성의 원리를 고려했을 때 하나의 맥락으로 작성되었는가?		
주제가 효과적으로 드러나고 있는가?		
수정하거나 보충해야 할 사항들을 확인했는가?		

연습 문제 1

① 엘리베이터 안에서처럼 생면부지의 사람들과 가까이 서 있어야 하는 경우에 느끼는 당혹감을 우리는 긴장감이라고 부른다. 짐짓 모르는 척하고 있어도 옆 사람의 일거수일투족은 바짝 곤두서 있는 우리 더듬이에 고스란히 포착된다. 그 긴장감은 거리가 가까울수록 더 커진다. 환경 심리를 연구하는 이들이 영역성이라고 일컫는 것이 바로 이 긴장감을 해소하기 위하여 확보해야 할 공간의 트기를 말한다.

② 영역성은 같이 서 있는 사람과의 친밀도에 따라 크기가 달라지기도 한다. 엘리베이터에 모르는 사람과 타게 되면 둘은 대개 각각 사각형의 대각선 구석을 점유하고 선다. 구내식당에서 식사를 할 때 모르는 사람이 같은 식탁에 앉게 되면 서로 가선의 모서리에 앉는 것도 영역을 확보하기 위한 무습이다. 설정되어야 할 영역이 침범되면 김장감을 느끼는 것이다. 미국 프로야구에서 뚱뚱한 감독들이 심판의 코앞에 얼굴을 들이대고 항의하는 것은 영역성을 침범하여 적개심과 도전 의지를 표현하기 위해서다.

③ 물론 사람 사이에서 이 긴장감이 바람직하다고 이야기하기는 어렵다. 그러나 미술이나 음악에서 긴장감은 훌륭한 작품이 만들어지기 위해서는 빠질 수 없는 덕목이다. 건축에서도 긴장감 없는 건물이 좋은 작품이라는 평을 듣기는 대체로 어렵다.

④ 그렇다 보니 기둥을 두 개 세워야 하는 상황이 되면 디자이너들은 두 기둥의 간격을 아주 가까이 붙여놓곤 한다. 독립 기념관 입구에 있는 겨레의 탑을 예로 들어보자. 두 탑의 간격은 키에 비하여 엄청나게 좁다. (중략) 이 탑의 디자인에서는 탑의 모양새보다는 두 탑 사이의 거리가 더 중요한 조형 요소다. 만일 두 탑의 간격이 그 키만큼 떨어져 있다면 탑의 모양에서 지금과 같은 긴장감은 느낄 수 없을 것이다.

⑤ 여의도의 LG 트윈타워를 그만한 크기의 사람이라고 생각해보자. 허리에 살집이 제법 붙은 씨름 선수라고 볼 수도 있다. 금방이라도 샅바를 잡을 듯이 버티고 선 둘 사이의 긴장감을 쉽게 느낄 수 있을 것이다. 우리도 디자인을 하나 해보자. 장승을 세운다고 쳤을 때 천하대장군과 지하여장군 사이의 거리는 어느 정도가 되어야 적당할까?

– 서현, 「과연 무엇을 볼까」

1) 통일성의 관점에서 이 글에서 말하는 '긴장감'이 의미하는 바를 정리해보자.

2) 독립성의 관점에서 ①~⑤의 단락별 핵심 내용을 요약해보자.

단락	핵심 내용
①	
②	
③	
④	
⑤	

4.2. 서두 부분 쓰기

앞서 살펴본 바와 같이 글 전체의 통일성과 각 부분의 독립성을 고려할 때, 한 편의 글에서 가장 중요한 부분은 서두가 될 수밖에 없다. 서두는 글의 방향성을 제시해 주어야 하며, 중간과 마무리로 내용과 주제가 이어질 수 있도록 만들어주는 지침의 역할을 하기 때문이다. 또한 서두는 글쓴이가 현재 이야기하려는 글감에 대해 어떤 생각을 하고 있는가를 포괄적으로 보여줄 수 있는 부분이다. 나아가 글을 어떻게 전개해 나갈 것인가를 제시하는 역할도 담당한다.

서두를 쓰는 일은 모든 일의 첫 출발이 어려운 것과 같이 쉽지 않은 일이다. 서두를 쓰는 다양한 사례들을 통해 자신의 글에 맞는 서두 쓰기의 적절한 방법을 찾아보도록 하자. 글의 서두는 글쓴이와 독자가 처음 만나 소통을 시도하는 장이다. 글쓴이는 서두를 통해 자신의 문제의식을 독자의 관심과 합치시키기 위한 노력을 실행한다. 따라서 좋은 서두를 쓰려면, 먼저 소통의 덕목인 유연함과 참신성을 충족시킬 수 있는 서술 방법을 익힐 필요가 있다. 전문적인 성격의 글을 쓰는가, 그렇지 않은가에 따라 서두를 쓰는 방법은 차이가 생긴다.

예술적인 성격의 글이나 비평적인 성격의 글은 내용을 매력적으로 돋보이게 할 수 있는 서두가 효과적이다. 반면에 설명적인 성격의 글은 설명할 대상의 일반적인 속성에 대해 이해가 쉽도록 서술하는 방법이 필요하다. 문제는 각 글의 독자와 목적에 따라 가장 효과적인 서두를 서술할 필요가 있다는 점이다. 전문적인 성격의 글이 아닌 글을 서술할 때에 서두가 갖추어야 할 덕목은, 독자들이 서두 부분만 읽고 나서도 흥미를 느끼게 할 수 있어야 한다는 점이다. 효과적인 서두를 시작하는 방법에는 어떤 것들이 있을까 살펴보자.

서두의 전개 과정 및 내용과 쓰기 방법은 다음과 같다. 서두의 전개는 크게 도입부를 시작으로 논제 구체화 그리고 논증 전개 목록 제시로 이루어질 수 있다. 서두의 내용은 다음과 같은 몇 가지 유형에서 선택하여 서술하는 것이 바람직하다. 첫째, 글의 대상이 되는 과제를 제기한다. 둘째, 글의 목적을 밝힌다. 셋째, 글의 이론적 배경을 설명한다. 넷째, 글의 주제에 대한 전망을 제시한다.

이러한 내용을 바탕으로 쓰기를 시작할 때는 다음과 같은 방식 중 하나를 선택할 수 있다. 인상적인 일화를 제시하는 방법, 대상의 부분을 통해 전체를 소개하는 방법, 전체에 대한 일반적인 설명을 통해 내용에 대한 관심을 유도하는 방법,

질문을 통해 관심을 유도하는 방법 등이 있다.

도입부 쓰기

서두 부분의 첫 번째 단계는 도입부 쓰기이다. 이 부분은 독자들이 글쓴이의 주요 관심과 관점을 정확히 알 수 있게끔 서술되어야 한다. 독자의 흥미를 끌 수 있다면 더욱 좋다. 그렇다고 해서 과도한 감정 표현이나 지나치게 과장된 서술로 시작하는 것은 적절치 않다. 도입부의 형태는 주제에 따라 다양할 수 있다. 대표적인 몇몇 예를 살펴보면 다음과 같다. 먼저 설명하기 방식은 해당 사안의 배경, 사실 등을 압축하여 설명하는 방식이다. 서술 특징으로는 배경 제시, 시간의 흐름, 인과적 연쇄에 따라 서술되는 양상을 보인다.

논제 구체화

서두 쓰기의 두 번째 단계는 '논제 구체화'이다. 이는 도입부에서 제시한 주제를 구체화하여 이를 논증 또는 설명할 방법에 따라 소개하게 된다. 그 핵심은 주제문을 정당화할 이론적 원리를 논의 대상과 연결 짓는 것이다. 실제 글쓰기 결과와 연결 짓는 경우도 마찬가지이다. 도입부에서 제시한 글의 주제를 실제 글쓰기 과정에서 어떤 이론적 맥락과 방법을 통해 분석해야 효과적인지를 서술한다. 이어서 그에 대한 글쓴이의 견해 혹은 가설을 밝혀야 한다. 그러나 최종적인 결론을 이 부분에서 제시할 필요는 없다.

논증 전개 순서

설정된 문제의식을 구체적으로 해결하기 위해서는 실제 중간 부분에서 다룰 중요 논점들을 순서대로 서술하는 일이 중요하다. 이는 서두 쓰기의 마지막 단계에 해당한다고 할 수 있다. 원칙적으로 중간 부분의 각 절은 이 순서에 따라 배치되어야 그 흐름에 문제가 발생하지 않는다. 이 순서가 어긋나게 되면 논증 과정이 제대로 진행되기 어려워진다. 논증 전개 순서의 일반적인 단계는 다음과 같다. 아래 글의 패턴을 따름으로써 보다 효과적으로 이 과정을 수행될 수 있다.

우리는 인권이 개인의 자유와 공동체의 집단적 이해를 저울질해 균형점을 찾는 것이라는 주장을 반박했다. 그런 주장을 좇다보면, 인권은 평화롭고 안전하게 살아가기 위한 다수의 이해관계에 묻혀서 흔적도 찾아볼 수 없게 된다. 그래서 국제 인권법의 요체는 인권을 제약하려면 사전에 제정된 법에 따라 (국가 안보나 공공질서 등) 정당한 목적을 달성하기 위해 필요 불가결하고 비례적인 조처만 취하라는 것이다. ① 이제 이 공식이 어떻게 작동하는지 좀 더 구체적으로 살펴볼 필요가 있다.

권리들 간에 서로 우선권을 얻기 위해 경쟁이 벌어지는 상황이 있을 수 있는데, 그렇다면 이런 권리들 사이의 저울질이 정당화되는 건 어떤 경우인지 이해하기 위해서다. 앞서 우리는 이와 대조적인 상황들, 즉 고문당하지 않을 권리는 어떻게 해서 절재적인 성격의 권리로 간주되는지, 또한 법의 지배 아래서 자유권은 어째서 다른 사람들의 잠재적 위험을 이유로 완전히 무시돼선 안 되는지를 살펴봤다. ② 이제 다른 이해관계와 충돌했을 때 인권 자체를 양보해야 하는 상황을 생각해보자.

- 앤드류 클래펌, 박용현 옮김, 『인권은 정치적이다』, 한겨레, 2010.

위의 예문에서 ①, ② 부분에서 글쓴이는 본론에서 검토할 주요 항목들을 차례대로 소개하고 있다. 또는 '첫째', '둘째' 등의 순차적으로 표현을 쓰는 방식이나, 각 항목 뒤에 괄호로써 논의될 해당 절을 밝히는 방식도 동일한 맥락으로 이해될 수 있다.

연습 문제 2

①, ② 단락을 중심으로 서두 부분에서 논증 전개 순서를 예고하는 일의 중요성과 이러한 원리가 지켜지지 않을 경우 발생할 문제에 대해서 정리해보자.

지금까지 살펴본 서두 쓰기의 핵심 사항 이외에도 다음과 같은 서술 원리를 숙지해야 한다. 첫째, 글의 주제에 관심을 가져야 할 필요성에 관하여 독자와 공감대를 형성한다. 둘째, 글의 주제와 관련하여 새로운 아이디어를 제공한다. 셋째, 글의 주제에 대한 기존 입장을 정리하고, 이에 대해 문제를 제기하는 방식으로 글의 의의를 부각시킨다. 넷째, 문제 해결 방향을 간략하게 제시하고, 이를 자연스럽게 중간 부분과 연결시킨다.

4.3. 중간 부분 쓰기

중간 부분 쓰기의 핵심은 주제의 통일성과 논지의 일관성을 효과적으로 유지하고 이를 위해 논거들을 체계적으로 배열하는 문제와 연관된다. 중간 부분은 서두에서 명시한 글쓰기 목적과 방법을 구체적으로 실행하는 장이다. 가설 혹은 문제제기를 통해 서두에서 내세운 주장의 타당성을 충분한 근거를 가지고 입증해 가는 과정이 중간 쓰기에 해당한다. 이 과정에서 자신과 다른 의견이나 입장에 대해 반박할 수도 있고, 자료를 분석하고 평가하여 자신의 주장을 강화할 수도 있다.

중간 부분에서 실행해야 할 내용을 정리하면 다음과 같다. 첫째, 서두에서 명시한 글의 목적과 방법을 서술한다. 둘째, 자신이 주장하는 바를 명확하게 제시한다. 셋째, 주장에 대하여 체계적으로 논거를 밝힌다. 넷째, 가능한 해결책을 진술하고, 제안한 해결책에 대한 논증을 펼친다. 다섯째, 자신과 다른 의견이나 입장을 상정하고 그에 대해 반박한다. 여섯째, 관련 자료를 분석하고 평가하여 주장을 강화한다.

① 흔히 리더십은 목표를 달성하기 위해 누군가에게 영향을 미치는 과정으로 묘사되곤 한다. 즉 리더십은 사실상 결과적인 개념이며, 일반적으로 업무상의 가시적인 성과나 생산성 향상 여부를 통해 리더십의 성패가 결정된다.

② 그렇지만 리더십을 논할 때는 결과에 대한 평가뿐만 아니라, '사회적 책임 의식에 기반한 가치판단과 실천 능력'이라는 당위적 성격 역시 결코 좌시되지 않아야 한다. 히틀러나 스탈린 같은 독재자가 집권 초기에 경제와 산업의 영역에서 일정 부분 성과를 거둔 것은 사실이지만, 궁극적으로는 진정한 리더로 평가받을 수 없는 이유이다.

③ 필자가 보기에 특정 조직이나 사회를 이끄는 리더에게 무엇보다 필요한 것은 리더의 스킬이나 테크닉을 의미하는 좁은 의미의 리더십이 아니라, 지도자로서의 올바른 마음가짐과 헌신적인 태도이다. 진정한 리더라면 단지 조직의 경영이나 관리 기술뿐만 아니라, 공동체 전체의 긍정적인 변화와 발전을 견인할 수 있는 태도와 실행력을 갖추고 있어야 한다.

④ 이러한 의미에서 '리더에게 요구되는 정신'(leaderspirit)이란 구성원들이 지금 여기서 가장 필요로 하는 바, 즉 조직과 사회가 추구해야 할 시대정신을 정확히 파악하고 이를 새로운 공유 비전으로 형상화한 후 다시 구성원과 더불어 성취할 수 있는 자세와 실천적 역량으로 규정할 수 있다. 진정한 리더의 모습은 공동체가 지향해야 할 비전을 새롭게 발굴해서 공유하며 함께 도달하기 위해 솔선수범하는 자세에서 발견된다는 것이다. 나폴레옹이 "리더는 희망을 파는 상인"이라고 말한 까닭이기도 하다.

⑤ 그런데 21세기의 리더가 세상에서 꿈과 희망을 파는 모습은 역사 속의 위대하거나 유명했던 리더들의 방식과는 현저히 달라야 한다. 왜 그런가? 현대는 지식과 정보가 가장 중요한 가치로 평가되는 사회인 동시에 민주주의가 제도와 의식 속에서 보편화된 시대이기 때문이다. 이 사실은 한편으로 소수의 지배층만이 아니라 일반인들도 특수한 지식을 수단으로 살아가고 있으며, 따라서 누구나 자신의 분야에서 전문가로 평가받는 세상이 도래했음을 함축한다.

⑥ 다른 한편, 민주사회의 리더는 한 사람의 시민으로서 지배(참여와 봉사)와 피지배(양보와 타협)의 의미를 이해하고 실천할 줄 알아야 한다. 누군가 오늘은 리더의 역할을 행하더라도 내일은 팔로워의 위치에 설 수 있으며, 그 역도 마찬가지이기 때문이다. 결국 리더라면 이끄는 동시에 섬기는 자세를 내면에 확립해야 한다는 것이다.

⑦ 이미 20세기 중반에 미래의 큰 변화를 선구적으로 예측하고, 리더의 역할 역시 확연히 달라져야 함을 역설한 사람은 바로 피터 드러커(1909~2005)이다. 그는 21세기의 사회상을 단적으로 성공적인 오케스트라의 활동에 비유하였다. 개별 단원들은 최고의 능력을 갖춘 분야별 전문가(지식노동자)이고, 악보는 한 사회가 지향하는 공유 비전이며, 지휘자는 구성원의 능력을 조화시킬 뿐만 아니라 상상력을 바탕으로 가시적인 목표 이상의 무언가를 산출하는 리더라는 것이다.

⑧ 특히 21세기의 리더는 급속한 환경 변화에 능동적으로 대응하며, '융합적 지식노동자'로 활동할 수 있는 지성과 실천력을 충분히 갖추어야 한다. 주지하듯이 지식노동자란 드러커가 처음 고안한 개념이다. 지식과 정보라는 새로운 차원의 경제적 자원을 통해 노동하고 부가가치를 창출하는 근로계층을 일컫는다.

⑨ 21세기 이후 20년 이상 지난 시점에서 볼 때, 사회의 유지와 변화를 선도하고 있는 계층은 지식노동자임이 명확해 보인다. 따라서 이제 리더는 자신의 지적 역량을 현실적인 자산으로 확대하고 활용할 수 있는 능력을 충분히 갖추어야 한다. 또한 그는 구성원들의 개별 능력을 서로 연결하고 숨은 잠재력까지 끄집어내어 조직의 생산성을 극대화하는 역량도 지속적으로 계발해야 한다.

⑩ 스스로 노력함으로써 끝없이 발전할 수 있는 자질을 갖춘 인물만이 자긍심과 세상을 보는 안목을 토대로 조직의 매니저 역할을 충실히 수행할 수 있다. 나아가 창의성을 바탕으로 공동체 전체를 위한 그림을 보여줄 수 있기 때문이다.

- 서영식, 「지휘자처럼 능력 연결하고 상인처럼 희망을 팔아라」, 『교수신문』, 2023.1.19.

위의 글 서두 부분에는 리더십에 대한 정의를 통해 독자의 관심을 유발하고 있다. 특히 진정한 리더가 갖추어야할 자질과 요건 등에 대한 구체적인 설명을 서술한다. 지도자로서의 올바른 마음가짐과 헌신적인 태도가 가장 중요한 덕목이라는 것이다. 중간 부분은 새로운 리더십에 대한 사회적 요청의 관점 아래 진정한 리더의 요건 등을 서술한다. 대표적 예시로 나폴레옹을 제시하여 설득력을 높이고 있다. 마무리 부분은 중간 부분의 주장을 다시 한번 강조하는 방식으로 끝맺음을 하고 있다.

연습 문제 3

예문의 중간 부분인 ④ ⑤ ⑥ 단락에 나타난 주장 및 논거를 요약해보자.

지금까지 살펴본 중간 부분 쓰기의 핵심사항 이외에도 다음과 같은 주의사항을 숙지해야 한다. 첫째, 본인이 제기하고자 하는 주장을 중심으로 글을 서술해 간다. 둘째, 주장을 통하여 자신의 쟁점을 분명하게 드러나도록 한다. 셋째, 개괄적인 논의에서 세부적인 논의로 논지를 전개한다. 넷째, 근거 자료를 자신의 논지에 통합시켜 설득력을 확보한다. 다섯째, 다른 사람의 의견차를 명백하게 기술하여 독창적인 견해를 부각시킨다. 여섯째, 가능한 반론을 예상하여 이를 역으로 자신의 주장이 타당함을 입증하는 데 활용한다.

4.4. 마무리 부분 쓰기

마무리 부분에서는 글쓰기의 목적과 주제의 중요성에 대해 다시 한번 강조하게 된다. 그 구체적인 방법으로 본론에서 서술한 주장이나 논지에 대한 요약을 들 수 있다. 이때 앞에서 언급한 말을 그대로 반복하지 말고 변용해서 표현해야 한다. 논점을 종합하고 글쓰기의 의의를 설명하거나 글의 주제 전달로 인한 효용과 기여도 혹은 새롭게 발견된 문제점이나 추후 과제를 제시하는 것도 바람직한 마무리의 핵심이다. 여기서는 본론의 핵심적인 내용을 강조하기 위한 여러 방법들이 동원되기도 하고 동시에 새로운 과제나 대안이 제시되기도 한다. 논제 환기 및 주제 요약, 문제 해결 방향과 대안의 제시, 주제의 강조를 위한 인용이나 사례 제시 등이 결론 구성 방식의 대표적인 사례라고 볼 수 있다.

앞서 서두 쓰기에서 한 편의 글이 주제를 효과적으로 드러내기 위해서는 글 전체의 통일성과 각 부분의 독립성이 중요하다고 강조한 바 있다. 마무리에서는 이 두 요소가 충족되면서 글이 완성되어야 하기 때문에 성급하게 글을 끝맺으면 안 된다. 완성도가 낮은 마무리 부분은 그동안의 글쓰기 과정을 무화시켜 버리고 만다. 차분하게 생각을 정리하면서 안정적인 결론이 구성될 수 있도록 끝까지 집중력을 유지해야 한다. 독자들은 결론을 읽고 난 후 글 전체의 핵심을 다시 한번 환기하고 그 의미를 반추하고 확정하게 된다. 그러므로 독자가 결론을 읽은 후에 주제를 더욱 선명하게 각인하게 된다면 훌륭한 글이라고 평가될 가능성이 높다. 제목의 완성 역시 글쓰기의 과정 중 집필하기의 마지막 단계에 해당한다.

지금까지 살펴본 중간 부분 쓰기의 핵심사항 이외에도 다음과 같은 주의사항을 숙지해야 한다. 첫째, 글을 통하여 자신이 궁극적으로 말하고자 하는 바가 잘 반영되었는지 점검한다. 둘째, 서두와 중간 부분에서 설정한 논점을 잘 유지하였는지 고려하면서 마무리한다. 셋째, 막연한 낙관론이나 비관론을 피한다. 넷째, 본론으로부터 추론될 수 없는 논리적 비약이 있는지 확인한다. 다섯째, 대안을 제시한다. 여섯째, 본론을 요약하는 방식이 일반적이지만 유일한 결론 쓰기 방식으로 이해하는 것은 바람직하지 않다. 주제에 따라 구체적인 대안이 있을 시에만 선택하는 것이 맞다.

이번 칼럼에는 아주 식상한 이야기를 쓰기로 했다. 또 '기후위기'다. 누군가는 '지겹다'는 생각부터 할지 모르겠다. 쓰는 나부터 그렇다. 그래도 또 써야겠다.

얼마 전 환경담당 기자가 쓴 기후위기 관련 기사를 보면서 '공포'를 느꼈다. 무력감도 따라왔다. 담당기자에게 물었다. "○○씨, 어떻게 쓰는 기사마다 다 호러물(공포물)이야. 아주 무서워 죽겠어." 담당 기자가 대답했다. "그러게요. 저도 무서워요. 그런데 다음 기사는 더 무서워요."

소셜미디어(SNS)에서 본 어떤 '예언'도 떠오른다. "당신이 지금 겪고 있는 여름은, 앞으로 당신에게 남은 여름 중 가장 시원한 여름일 것이다." 어떤가. 이 정도면 아무리 지겹더라도 기후위기에 관해, 그 대책에 관해 진지하게 생각해 볼 이유가 되지 않을까.

(중략)

온실가스를 지금처럼 계속 배출하면 한국의 '극한 열 스트레스'가 연간 90일 이상으로 늘어날 것이란 연구결과가 나왔다. 현재 기후에서 극한 열 스트레스는 '아직' 8일 정도이니 앞으로 지금보다 12배가량으로 증가하는 셈이다. 현재 기후에서 연간 7.6일 정도 발생하는 '극한 열 스트레스 일'은 온실가스 초고배출 시나리오에서는 94.2일로 늘어난다. 극한 열 스트레스가 연속으로 발생하는 기간도 현재 3.5일에서 대폭 늘어난다. (온실가스) 초고배출 시나리오에서는 요즘 같은 무더위가 6월15일쯤 시작해 9월21일까지 이어질 수 있다.

① 이제 우리가 기후위기에, 온실가스 배출에, 재생에너지 확대에 더 큰 관심을 기울여야 할 이유는 충분해 보인다. 이렇게까지 했는데도 '이미 산업화가 진행된 상태에서는 되돌릴 길이 없다'고 말하는 사람이 있을지 모르겠다. 어차피 늦었으니 그냥 살 수밖에 없다고 손을 드는 사람도 있다. 그렇다고 포기할 수는 없다. 일론 머스크가 화성 이주를 추진하고 있다고 하지만 아직 인류가 살 곳은 지구뿐이다. 많은 사람이 알고 있는 명작만화 <슬램덩크>에서 북산고의 안 감독님은 말씀하셨다. <u>"포기하면 그 순간이 바로 시합 종료예요."</u> 기후위기 막기를 포기하는 순간, 대책을 마련하려는 노력을 멈추는 순간, 인류의 삶은 끝이 난다.

- 홍진수, 「지겨워도 또 해야 하는 이야기」, 『경향신문』, 2023.8.6.

위의 글 서두 부분에서 필자는 식상한 내용을 쓰기로 했음을 밝히며 기후 위기에 대한 문제 제기를 시도하였다. 중략된 중간 부분은 지금 우리가 당면한 기후위기가 상상 이상이라는 것과 그에 대한 보도 자료를 제시하고 있다. ①에 해당하는 마무리 부분은 기후위기, 온실가스 배출, 재생에너지 확대에 더 큰 관심을 기울여야 할 이유를 강조하는 방식으로 끝맺었다.

연습 문제 4

예문의 마무리 부분인 ①단락에서 밑줄 표기된 인용 부분이 함의하거나 강조하는 바에 대해 서술해 보자.

4.5. 제목 붙이기

제목의 역할

글을 쓰기 전에 글감을 정한다. 자료를 찾고 주제를 좁혀나간다. 주제 문장을 확정한 다음에 글의 얼개를 만든다. 얼개를 놓고 간략한 밑그림을 그려본다. 초고다. 초고를 단락별로 확장하면서 글의 전개방식을 결정한다. 앞장까지 살펴본 절차적 글쓰기에서 글이 처음 완성되는 단계는 바로 이 단계다. 원고를 다 썼다고 여겨지는 순간이다. 이제 퇴고만 남았다. 대부분 이때 제목을 붙인다. 퇴고를 하고, 원하는 목적에 맞게 글을 발표하고, 피드백을 받은 다음에 갈무리를 해놓으면 글쓰기의 모든 과정이 끝난다. 그렇다면 우리가 맨 처음 부여받은 글감과 핵심 주제들은 왜 곧장 제목이 될 수 없는 것일까?

글감은 대개 아이디어의 수준에서 출발한다. 아이디어가 명료한 문장으로 표현된 주제로 확정되기 위해서는 자료를 찾고 갈무리를 하는 과정을 거쳐야 된다. 자료를 해석하면서 얻은 생각들을 본인의 방식으로 배치하면서 하나의 시각이 빛을 발한다는 말이다. 글감에 담긴 아이디어는 해석적인 시각을 내장한 주제라기보다는 두루뭉술한 직관에 가까운 것이 사실이다. 때문에 확정되지 않은 아이디어를 '암호어(code word)'라고 말하는 학자도 있다. 절차적인 글쓰기의 과정은 보다 많은 생각과 풍부한 아이디어를 글 한 편에 쏟아 부으려는 욕심을 줄여나가는 과정인 셈이다. 때문에 절차적인 글쓰기의 과정은 문제 해결 방식의 글쓰기다. 해결해야할 과제를 부여하고 그것에 대한 답을 찾아가는 과정이기 때문이다. 이 과정에서 많은 의미를 담은 글감을 그대로 주제로 옮기고 나면 독자의 입장에서는 글쓴이가 의도했던 의미가 무엇인지 알아채기 힘들어진다. 글을 통해서 해결하고자 했던 과제는 더 큰 문제가 된다. 주제 전달력이 현저하게 떨어진다는 말이다.

제목은 글의 내용, 전개 방식과 무관하게 글 전체에 대한 인상을 결정지을 수 있다. 독자로 하여금 함께 읽고 따라갈 만한 주제가 녹아든 글이라는 생각을 하게 만든다. 제목은 글 전체의 정보가치와 사용가치를 드러낸다.

연습 문제 1

아래 제목들 중에서 가장 흥미롭다고 생각되는 제목을 선택한 후, 책의 내용이나 주제를 추측하여 서술해보자.

번호	저자	제목
1	김현수	『사춘기 마음을 번역해 드리겠습니다』
2	김정희원	『공정이후의 세계』
3	김지혜	『가족 각본』
4	백승욱	『연결된 위기』
5	김미영	『차별어의 발견』
6	자미라 엘 우아실, 프리데만 카릭	『세상은 이야기로 만들어졌다 – 신화 거짓말 유토피아』
7	도나 J. 해러웨이	『영장류, 사이보그 그리고 여자』
8	슐로모 산드	『만들어진 유대인』
9	유발 하라리	『호모 데우스』
10	기욤 피트롱	『'좋아요'는 어떻게 지구를 파괴하는가』

제목을 정하는 절차

최종적으로 주제를 정하기까지의 과정에서 나오는 모든 생각이나 자료들이 글감이 될 수 있다. 글을 쓰기 전에 먼저 무엇을 글로 쓸 것인가를 결정해야 한다. 글의 목적을 분명히 설정하고, 목적에 따라서 독자를 한정하는 작업이 뒤따른다. 글감은 아이디어의 덩어리라고 볼 수 있다. 아이디어는 직관과 통찰의 깊이와 너비를 반영한다. 때문에 아무리 좋은 아이디어라도 한 편의 글에 억지로 욱여넣기는 힘들다. 같은 주제에 대한 다른 사람들의 접근법을 두루 살펴본 다음에 본인만의 접근지점을 찾아내야 한다.

주제는 한정적이고 구체적일수록 좋다. 구체적이고 명확한 범위를 갖춘 생각의 틀을 담아낸 문장으로 주제를 잡았다면, 다음에는 글의 전개방식을 결정해야 한다. 단일한 주제를 보다 명확하게 전달하기 위해 논거들을 배치하는 방식이 전개방식과 구조화의 문제이다. 인과, 시간, 공간, 비교, 대조, 예시, 분류, 정의와 지정 등의 범주화 방식이 전개의 기술이다. 이것은 단락을 나누고 잇대는 방식과 연결

된다. 글감에 아이디어와 직관을 담아서 가주제를 잡고, 자료를 정리하면서 본인만의 관점을 만들고, 범위를 좁힌 아이디어를 문장 형태의 주제로 잡고, 논의를 이끌어가기 위해서 효과적인 단락 전개방식을 결정한다. 이러한 일련의 과정은 생각의 틀을 한정하고 단일하게 만들어서 독자에게 보다 효과적으로 본인의 사유를 전달하기 위한 과정이라고 보아도 무방할 것이다.

초록(Abstract)

이 글은 고대가요와 고려가요를 대상으로 고전시가 속에 나타난 새를 문학주제학의 측면에서 살펴본 것이다. 새의 관점에서 볼 때 드러나는 새로운 의미의 포착에 논의의 중점을 두었다.

<황조가>에서는 유리왕의 '유리'가 꾀꼬리의 별칭임을 밝혀, 그가 곧 '꾀꼬리왕'임과 두 왕비를 꿩과 매의 관계로 파악하여, 새로운 관점을 제시했다.『화랑세기』에 실린 <청조가>는 새의 속성과 후대 파랑새 노래와의 유사성을 들어, 이 노래가 위작(僞作)일 가능성을 제시했다.

고려가요 <만전춘별사>에 나오는 비오리는 남자가 아니라 자신에게서 님을 빼앗아간 여자로 보는 시각을 한시와의 관련 아래 검토하였다. <동동>의 분디나무에 대한 해석도 분디새, 즉 할미새의 해석에 힘입어 백년해로(百年偕老)의 소망으로 읽었다. <정과정>의 접동새는 소쩍새와 두견이의 이미지가 겹쳐져 있음을 지적했고, 소악부 속의 닭과 참새를 통해서는 당시인들이 즐겨쓰던 수사법을 살펴보았다.

이렇듯 우리 옛 노래를 새와 관련하여 검토한 결과 작품 읽기에서 몇 가지 진전을 거두었다고 생각한다.

- 주제어 : 새, 황조가, 유리왕, 화랑세기, 청조가, 접동새, 고려가요, 소악부

위의 글은 소논문의 앞머리에 붙는 요약글로 논문의 초록 또는 요지문이다. 논문을 완성한 다음 내용을 요약한 글인 셈이다. 글의 말미에는 여덟 개의 주제어가 붙어 있다. 자세히 살펴보면 글에 사용된 문장이 모두 여덟 개라는 사실을 알 수가 있다. 논문 전체를 몇 개의 주제 문장으로 요약해서 요지를 썼다. 요지에서 핵심어들을 추출해서 주제어들을 뽑았다. 이제 제목이 남았다. 이 글이 실린 논문의 기획은

'한국 고전시가의 주제사적 탐구'이다. 주제어들로 미루어보건대, 고전시가 가운데서도 '새'라는 주제어에 집중한 논문이라는 사실을 금세 알 수가 있다. 이 글은 정민 선생님의 「새를 통해 본 고전시가의 몇 국면」이라는 논문 들머리에 붙은 초록이다.

제목을 정할 때는 이러한 일련의 과정을 역순으로 되짚어보아야 한다. 주제를 강조하기 위해서 사용한 단락 전개 방식을 다시 떠올려야 한다. 주제는 문장으로 표현할 수 있고, 문장 안에는 다시 주제어(key word)가 있다. 퀸틸리아누스는 수사학에서 글의 힘은 동사에 있다고 말하면서 이해시키지 못하는 수사는 쓸모가 없다고 덧붙였다. 주제를 완결된 문장으로 표현했다면 그것을 효과적으로 전달할 수 있는 방안을 찾지 못할 때, 독자의 공감을 얻을 수 없다는 말이다. 주제에서 추출한 핵심어구를 글 전체의 전개 방식을 고려해서 다시 배치하면 제목이 된다. 기행, 설명, 리뷰 등의 글에서는 글의 전개 방식이나 글을 쓴 목적이 도드라지는 제목을 쓸 수 있다. 논설, 칼럼, 보고서 등의 글에서는 글의 주제를 곧장 드러내는 핵심어가 제목이 될 수도 있다.

제목을 정하는 절차를 정리해보자.

글감 (확장) → 아이디어 (한정) → 주제 (구조화) → 개요 및 초고
→ 글쓰기 과정 → 주제 확정 → 주제어 추출 (구조화) → 제목 확정

제목을 정하는 방법

앞장에 언급된 글쓴이의 책 예를 하나 더 들어보자. 18~19세기에 어떤 분야에 '미친 듯이' 매진해서 일가를 이룬 문인과 처사(處士), 방외인(方外人)을 평전 형식으로 엮어서 다룬 책의 제목은 『미쳐야 미친다』이다. 무언가에 몰입하고 자신을 잃을 정도로 빠져들어야 다른 이들은 이를 수 없는 경지에 이른다는 뜻인 '불광불급(不狂不及)'을 풀어서 쓴 제목이다. 이 제목에는 하나의 단어가 다른 뜻을 품고 있다는 점에 착안한 말놀이가 들어가 있고, 제목에 리듬과 운율까지 넣고 있다. 상식을 깨면서도 내용을 궁금하게 만든다.

제목에 담겨야 할 효과들을 생각해 볼 수 있다. 첫째, 제목은 무엇에 관한 글인지를 확실하게 알려야 한다. 같은 주제에 관한 글일 경우 누구의 글보다도 절실한 문제의식을 담고 있다는 것을 효과적으로 드러낼 수 있어야 한다. 더불어 글의 전개 방식에 대한 궁금증을 불러일으켜야 한다. 둘째, 흥미를 일으킬 수 있어야 한다. 독자가 흥미를 가진다는 것은 '왜 읽어야 하는지?'에서 독자의 목적과 글쓴이의 주제가 일치한다는 말로 풀어 쓸 수도 있을 것이다. 셋째, 읽는 순간 고개를 끄덕일 수 있도록 유도해야 한다. 제목만으로 내용을 짐작할 수 있게 하는 수도 있고, 반대로 기대와 상식을 뒤엎는 파격으로 독자를 집중시키는 수도 있다. 요약하자면, 제목은 주제와 목적, 흥미와 기대감, 관심과 집중을 이끌어낼수록 좋다.

제목을 정할 때 참조할 수 있는 몇 가지 방법을 살펴보자.

주제어나 주제 문장을 제목으로 쓴다

주제어나 주제문장을 제목으로 쓰면 같은 분야에 관심을 가진 사람이면 누구나 집중할 수 있는 강렬함을 불러올 수 있다. 「죽고 싶지만 떡볶이는 먹고 싶어」, 「기분이 태도가 되지 않도록」, 「생각에 관한 생각」, 「시대예보: 핵개인의 시대」 등의 제목은 표현 형식은 다르지만 자체로 글의 주제를 함축하고 있다.

비유적인 표현을 사용한다

주제 문장은 되도록 명징한 단문으로 해야 하지만, 글의 제목의 경우 비유적인 표현을 사용해서 주목을 끌 수도 있다. 시적인 표현을 쓴다거나, 모순이나 반어를 제목으로 선택하는 경우 등을 생각해 볼 수 있다. 「에덴의 동쪽」과 같은 제목은 성서의 카인과 아벨의 알레고리에서 가져온 제목이다.

제목의 길이는 중요하지 않다

아주 긴 제목들을 생각해 볼 수 있다. 예를 들면, 「아무것도 하지 않으면 아무 일도 일어나지 않는다」와 같은 제목들은 길지만 강렬한 인상을 남긴다. 「말이 힘이다 삶이 문화다」처럼 대구를 맞추어 두 문장을 쓴 경우가 있는가 하면, 「도시에서 살며 사랑하며 배우며」처럼 종결되지 않은 긴 이어진 문형이 제목이 되는 경우도 있다. 그런가 하면 어떤 출판사에서 발행된 건축학 관련 총서는 「벽」, 「계단」, 「문」과 같이 다루려고 하는 글감을 제목으로 쓰기도 했다.

인용구를 제목으로 쓸 수도 있다

고전, 속담, 시나 수필, 경전 등에서 따온 문구 등을 제목으로 쓸 수도 있다. 「밤이 선생이다」는 프랑스의 속담이 제목이 된 경우다. 내밀한 공간에서 피어나는 내밀한 성찰이 책의 내용일 것이라고 지레 짐작할 수 있다. 이육사의 시 「절정」의 마지막 구절은 '겨울은 강철로 된 무지개인가 보다'는 최인석의 소설에서 「강철 무지개」라는 제목으로 변주되기도 했다.

글의 난이도, 매체에 따라 제목은 달라질 수 있다

예를 들면, 「제대로 한국사」와 「초등학생을 위한 맨처음 한국사」라는 제목의 책을 생각할 수 있겠다. 물론 뒤의 제목은 책의 독자를 한정하고 있고, 당연히 같은 내용이 쉽게 쓰였을 것이다. 같은 글이라 해도, 논문으로 발표할 때, 비평 에세이로 저널에 발표할 때, 신문과 같은 문자 매체에 발표할 때, 인터넷 게시판에 올릴 때는 제목이 달라질 것이다.

연습 문제 2

아래의 글을 읽고 주제어를 간추린 다음, 제목을 붙여보자.

탈휴머니즘을 지향하는 포스트휴먼 담론은 기술 변형 시대의 인간이나 혼종적 생명 형태, 인공지능과 같은 기술적 인공물들, 즉 인간-생명-기술이 결합하여 빚어내는 다양한 포스트휴먼 현상들을 적절히 이해하고 그에 대응하는 방안을 찾기 위한 시도이다.

— 신상규 외 지음, 『포스트휴먼이 몰려온다』

주제어	
제목	

생성형 AI로 인한 충격은 한국보다는 실제로 AI가 일자리를 위협하고 있는 영어권 국가에서 더 심각하게 다가오고 있다. 일례로 지난 6월부터 2007년 이후 15년 만에 미국의 방송 작가 조합이 창작에서의 생성형 AI 이용에 관해 반발하며 시위에 나섰다. 실제로 넷플릭스 같은 OTT에 콘텐츠 납품을 하는 기업 내의 작가들의 수가 확 줄었다.

— 김덕진 외, 『인간이 지워진다—AI 시대, 인간의 미래』

주제어	
제목	

시간을 '허비하다'나 신경을 '쓰다'처럼 우리가 책임을 피할 수 없는 동사들에 주목하자. 현대 언어, 특히 영어에는 경제 전문 용어가 너무 많아서 이런 단어가 자연스러워 보이고 의미가 통하는 것처럼 느껴진다. 하지만 우리의 시간과 관심은 이 단어들이 시사하는 것보다 훨씬 소중하다. 시간과 관심은 다시 채울 수 있는 게 아니다. 그건 우리의 삶 그 자체다. 우리가 시간과 관심을 제공할 때는 단순히 그걸 허비하거나 쓰는 게 아니다. 자신의 삶을 바치는 것이다.

– 로버트 월딩거 외, 『세상에서 가장 긴 행복 탐구 보고서』

주제어	
제목	

좋은 제목의 요건

글감과 주제를 바탕으로 해서 제목을 알맞게 붙여야 한다. 제목은 글의 첫인상을 결정짓는 중요한 요소이다. 서점에서 책을 고를 때 제목이 눈에 띄는 책에 먼저 손이 가고, 신문 하나를 읽을 때도 제목이 눈길을 끌어야 읽을 가능성이 높아진다.

하지만 독자에게 흥미를 불러일으키기 위해 지나치게 선정적이고 자극적인 제목을 쓰는 것은 바람직하지 않다. 글의 주제나 내용과 일치하지 않는 제목 붙이는 것도 바람직하지 않다. 글은 다수의 독자를 대상으로 한 것이므로 사회에 미칠 영향 등을 고려한 책임 있는 태도가 필요한 탓이다.

연습 문제 3

아래의 표에 자신이 최근에 읽은 글이나 책의 글감, 주제/목적 그리고 제목을 정리하여 항목들 사이의 관계를 살펴보고, 그 글이나 책을 좀 더 나은 제목으로 바꾸면 어떤 것이 좋을 것인지를 생각해 보자.

글감	
주제/목적	
원 제목	
지은 제목	

우리는 글의 제목을 통하여 그 글이 다루는 주제나 내용이 무엇인지를 어느 정도 가늠할 수 있다. 또한 제목이 주는 재미에 이끌려 어떤 글을 읽게 되기도 한다. 제목의 기능은 크게 두 가지로 나누어 볼 수 있다. 첫째는 글의 목적, 주제, 내용 등을 함축적으로 보여주는 일이다. 둘째는 독자의 흥미를 끌어 글의 내용을 보고 싶게 하는 일이다.

이상적으로는 이 두 가지 기능을 동시에 효과적으로 수행하는 제목이 바람직하지만, 상황에 따라 어느 한쪽에 초점을 맞추어 제목을 붙이는 방식도 무방하다. 일반적으로 일반 대중을 상대로 한 글에서는 독자의 흥미를 끄는 제목 붙이기 방식이 효과적이다. 일반 대중들은 글쓴이와는 달리 그 문제에 관심이 없거나 잘 모르는 경우가 많으므로, 글에 대한 관심을 유도하기 위해서는 제목에서 독자의 흥미를 끄는 것이 좋다. 신문 기사의 제목들이 대표적인 예들이 될 것이다.

전문 영역의 글쓰기에서는(글에서는) 글의 목적, 주제, 내용 등을 함축적으로 보여주는 제목 붙이기 방식이 무난하다. 전문 영역의 글을 찾는 독자들은 필요에 의해 그 내용을 알려는 의지를 지닌 경우가 많고, 또한 전문적인 식견을 갖춘 경우가 많으므로 글의 핵심 주제나 내용을 제시해주는 제목 붙이기가 오히려 효과적이다. 다만, 전문 영역의 글이어도 일반 대중을 염두에 둔 글의 경우에는 독자의 흥미를 불러일으킬 수 있는 제목 붙이기 방식이 필요하다.

제목은 독자의 시선을 끄는 역할을 수행한다. 그러나 독자의 시선을 글에 오래 머무르게 하는 힘은 결국 글의 내용에 있다. 좋은 내용을 바탕으로 한 글에 맞춤한 제목이 붙어야 애초에 노렸던 글의 목적과 기대효과를 얻을 수 있을 것이다.

5

고쳐쓰기

• • •

무엇에 대해 쓸 것인가를 생각하고 전체 구조를 맞추어 처음부터 끝까지 쓰는 초고를 완성하면 다시는 그 글을 읽지 않는 사람들이 있다. 또는 한 번 쭉 읽어보고 맞춤법이 안 맞거나, 무슨 말인지 모를 정도의 문장 한두 개 고치고는 다 썼다고 하는 이들도 많다. 하지만 초고는 초고일 뿐 완성된 원고가 아니다. 반드시 여러 번의 고쳐쓰기가 필요하다.

5.1. 고쳐쓰기의 원칙

고쳐쓰기는 여러 번 반복한다

초고 다듬는 과정을 다양한 용어로 부른다. 다듬어쓰기나 고쳐쓰기라고도 하고 퇴고라고도 한다. 다 같은 의미이다. 어떤 용어로 부르든 고쳐쓰기에서 중요한 원칙의 하나는 여러 번 반복해야 한다는 것이다.

고쳐쓰기를 퇴고라고도 부른다고 했는데, 이 퇴고라는 용어가 나오게 된 일화 자체가 우리에게 중요한 것을 일깨워준다. '퇴고'라는 것을 말 그대로 풀면 '미느냐[퇴(推)] 두드리느냐[고(敲)] 라는 고민'이라는 의미이다. 고쳐쓰기를 퇴고라고 부르게 된 일화가 있다. 당나라 사람 가도(賈島)가 "새는 연못가 나무에서 잠들고, 스님은 달빛 아래 문을 두드리네(鳥宿池邊樹 僧敲月下門)."라는 시구를 1차로 썼다. 그러고는 '퇴(推)' 즉 '민다'로 하는 게 더 좋을까 아니면 '고(敲)' 즉 '두드린다'로 하는 게 더 나을까 고심하며 걷다가 한퇴지의 수레를 미처 보지 못하고 부딪쳤다. 시구를 들은 한퇴지는 함께 고심하다가 "'두드리네'가 더 낫겠군." 하였다. 이런 일화 때문에, 글을 다듬는 일을 '퇴고'라 부르게 되었다. 글을 한 번 써 놓고 다시 돌아보지 않는 것이 아니라 한 글자 한 글자 돌아보며 더 나은 글을 만들기 위한 노력을 반복하여야 한다는 것을 이 일화로 볼 수 있다.

송나라의 문호 구양수는 글을 지으면 반드시 먼저 벽에 붙여 놓고 수정하기를 반복하였는데, 나중에는 초고 중 한 글자도 남지 않은 경우도 있었다 한다. 소동파가 「적벽부」를 짓고 난 뒤 버린 초고만도 수레로 하나가 되었다는 일화도 전해진다. 러시아의 유명한 작가 고리키도 체홉과 톨스토이에게서 문장이 거칠다는 비평을 받고는 누구보다 열심히 고쳐썼다. 보다 못한 그의 친구는 "그렇게 자꾸 고치고 줄이다가는 '어떤 사람이 태어났다, 사랑했다, 결혼했다, 죽었다'의 네 마디만 남지 않겠나?"라고 말했을 정도였다.

이 모든 일화는 훌륭한 문장 뒤에는 수많은 고쳐쓰기의 노력이 깃들여져 있음을 보여준다. 아무리 글솜씨가 좋은 사람이라도 처음부터 흠 없이 완벽한 글을 쓸 수 없다.

초고를 작성하고 일정 시간 후에 고쳐쓴다

글을 검토할 때는 초고가 완성된 뒤 얼마간의 간격을 두었다가 하는 것이 좋다. 그렇게 하면 전에 보이지 않던 것들도 보이면서 글을 객관적으로 검토할 수 있는 여유가 생긴다. 러시아의 작가 뚜르게네프는 작품을 완성하고 나면 바로 발표하지 않고 책상 서랍에 넣어 두고 석 달에 한 번씩 꺼내어 고쳤다고 한다. 여러 번 고친 것도 배울 만하고, 시간을 두고 고친 것도 배울 만한 태도이다.

그러니 글을 완성해야 하는 기한이 있다면, 약간의 여유를 둔 후 초고를 고쳐 쓸 시간까지 계산하여 글쓰기 계획을 세우는 것이 필요하다.

초고는 초고일 뿐 완성된 원고가 아니다. 고쳐쓰기 과정이야말로 좋은 글을 완성하는 필수 과정이다. 그렇다면 어떻게 고쳐쓰기를 할 것인가?

단계별 순서를 지켜서 고쳐쓴다

고쳐쓰기에서 중요한 것은 순서이다. 고쳐쓰기는 큰 것에서 작은 것 순서로 한다. 한 편의 글은 여러 문단으로 구성되고 문단은 여러 문장으로 구성되며 각 문장은 여러 단어로 구성된다. 그러므로 고쳐쓰기를 할 때는 전체 글 수준에서 검토한 후, 각 문단 수준에서 검토하고, 그 다음에 각 문단을 이루는 문장을 검토한 후, 마지막으로 각 문장을 이루는 단어의 적절성을 검토해야 한다.

중요한 것은 앞 순서에서 고칠 것을 마치고서야 다음으로 가야 한다는 것이다. 집을 짓는 것으로 생각해 보자. 한 건축가가 2층의 멋진 한옥집을 지어 달라는 주문을 받았는데, 자기 생각에 유럽 고딕 양식의 2층 집이 더 좋을 것 같아서 그런 집을 지었다고 하자. 이 건축가가 아무리 멋진 고딕 양식의 현관을 만들었더라도, 천장 마감재를 얼마나 고급 자재로 했더라도, 벽지나 타일을 신중하게 골랐더라도 아무 소용이 없다. 주문한 대로 한옥을 지은 것이 아니니 지은 건물을 헐고 다시 지어야 하므로, 유럽 고딕 양식 집 내부를 신경 써서 꾸민 것이 아무 소용이 없다. 이때 '2층 한옥집'이라는 조건이 곧 '글 전체의 주제'이다. 2층 한옥집이라는 조건에 맞는 집을 짓고 나서야 그 집 내부의 구조나 방 개수 등을 따질 수 있다. 그러므로 글 전체적인 수준에서 수정하기에서 본래 쓰려고 했던 그 주제가 제시되었는지 등을 검토한다. 제대로 되지 않았다면 그렇게 되도록 다 고쳐 쓴 후에야 다음 단계인 단락수준에서 수정하기로 넘어가야 한다. 그렇지 않고 단락 수정이나 문장 수정을 먼저 해 놓았다면 주제에 맞게 다시 써야 할 상황이 올 때 이전 수정 작업이 아무 보람없이 사라지게 될 것이다. 마치 주문에 맞추려고 '유럽 고딕 양식의 2층집'을 헐 경우, 이전의 세부 인터리어 작업은 흔적도 없이 사라지게 되는 것과 같은 이치이다.

5.2. 고쳐쓰기의 과정

고쳐쓰기는 단계별로 나누어 하되 각 단계별로 살펴야 할 것이 무엇인지를 바로 알고 그것을 한 후 다음 단계로 가야 한다. 각 단계에서 검토하고 고칠 것들은 다음과 같다.

글 전체 수준에서 고쳐쓰기

전체적인 수준에서 고쳐쓰기를 할 때 제일 중요한 것은, 본래 그 글에서 표현하고자 했던 내용, 즉 주제를 잘 드러내었는지, 그 글을 쓰려했던 목적에 부합하는 글이 되었는지 살피는 일이다.

본래 계획했던 주제나 목적에 맞는 글이 되었다면, 글의 짜임새를 검토하는 것도 글 전체적인 수준에서 수정할 내용이다. 이때 각 단락의 내용과 그 단락의 배치를 살펴보아야 한다. 단락 수준에서 수정하기는 각 단락별로 그 단락 하나의 완성도를 집중적으로 살펴보는 과정인 반면, 전체적인 수준에서는 주제와 각 단락의 관계를 살펴보는 데 집중한다. 주제를 타당한 하위 범주로 구분하여 조리있게 전개했는가, 각 단락이 전체 주제를 집중적이고도 직접적으로 떠받들고 있는가 하는 점들을 일일이 따져 보아야 한다. 만약 적절치 못한 부분이 발견되면 범주 구분을 다시 조정하고 각 부분의 전개 순서나 접속 관계를 적절히 고쳐 주제에 집중될 수 있도록 만들어야 한다.

주제 서술의 깊이와 글의 분량도 함께 검토해야 한다. 글의 분량은 주제의 깊이에 따라 결정되므로 주제를 전개하는 데 글 전체의 길이가 적절한지를 살펴보아야 한다. 만약 주제가 상당한 비중을 가지는 것인데도 그것을 너무 짧게 서술하였다면 주제를 충분하게 다루지 못하여 미흡한 글이 될 수밖에 없다. 반대로 간단하고 쉬운 주제를 장황하게 늘어놓으면 지루하고 군더더기가 많은 글이 되어 좋지 않다. 이런 문제를 다시 한번 생각해 보고 주제와 내용에 합당하도록 서술 분량을 조정하여야 한다.

제목이 적절한지도 전체적인 수준에서 수정하기 단계에서 검토하는 것이 좋다. 제목이 전체 주제를 잘 드러내고 있는지 그중 일부에만 해당하는 내용인지, 글의 내용과 달리 비약하는 제목은 아닌지 검토하여 조절하는 것이 좋다.

이러한 방식으로 글 전체의 내용과 짜임새를 검토하여 손질하였는데도, 본래 쓰려고 했던 주제를 충분히 드러내거나 글을 쓰려고 했던 목적을 충족시키지 못할 초고라면 처음부터 다시 써야 한다. 고쳐쓰는 것이 다시 쓰는 것보다 더 어려운 경우도 많다. 특히 글짓기의 경험이 적은 사람이라면 새로 쓰는 수고를 아껴서는 안 된다. 이 과정을 제대로 하는 것이 결국 머잖은 때에 나를 글 잘 쓰는 사람으로 만들어 줄 것이다.

단락 수준에서 고쳐쓰기

글 전체적인 수준에서 수정하기가 끝났으면 이제 각 단락별로 단락 수준에서 수정하기를 해야 한다. 단락이 어떤 역할을 하고 어떤 구성요소를 갖추어야 하는지는 이미 앞에서 자세히 살펴보았다. 이제 그 장의 내용을 다시 상기한 후에 그것들을 다 지켰는지 살피고 수정하자. 여기에서는 간단히만 살핀다.

글을 시작하고 끝맺는 특수 단락은 다음과 같은 것들을 검토한다. 글을 시작하는 특수 단락은 독자의 흥미를 끌어 본문 나머지 부분까지 글을 읽게 만드는 역할을 한다. 또 본문에서 다룰 내용을 큰 범위에서나마 알게 해 주어 이후 본문에 대한 안내 역할도 한다. 그러므로 수정하기 단계에서 각각 이 두 가지 역할을 잘했는지 검토한다. 그렇지 않으면 그 역할을 할 수 있도록 내용을 넣거나 뺀다. 또, 본문에서 설명해야 할 내용까지 설명하느라 지나치게 길게 서술한 것은 아닌지도 살펴서 필요할 경우 본문의 어느 곳으로 옮기도록 한다.

글을 마치는 특수 단락은, 글을 잘 마무리하면서 독자에게 강렬한 인상을 남기는 역할을 한다. 그러므로 본문 내용과 어긋나는 내용을 담고 있지는 않은지, 본문에 쓰지 않는 새로운 내용을 전개하고 있지 않은지 살펴야 한다. 흔히 글을 서둘러 끝마치고 싶은 마음에 전체 글에 비해 지나치게 짧게 종결 단락을 끝내버린 경우도 많은데 이것도 점검하여 수정해야 한다. 독자에게 마지막 인상을 남기는 것은 글을 마치는 특수 단락이기 때문이다.

일반 단락의 경우, 각 단락별로 하나의 소주제문을 갖추고 있는지 재검토해야 한다. 소주제문이 없거나 둘 이상이 되지는 않는지 검토해야 한다. 그럴 경우 하나의 소주제를 드러내도록 단락을 고친다. 또 소주제문으로 보이는 문장이 둘이면 둘 중 하나만 남기고 하나는 삭제하거나 뒷받침문장으로 보이도록 고쳐 쓰도록 한다.

또 일반 단락은 통일성, 연결성, 강조성을 지켜야 한다고 했다. 각 단락이 이 세 가지를 잘 지키고 있는지 살펴야 한다. 각 단락의 뒷받침문장들이 소주제문을 직접적으로 설명하고 있는지, 충분히 그 소주제를 드러낼 수 있도록 여러 방식으로 서술하고 있는지, 각 뒷받침문장 사이에 모순은 없는지 등을 살펴 수정해야 한다.

마지막으로 각 단락별 분량을 검토하여야 한다. 어느 한 단락이 지나치게 길거나 짧지 않도록 조절해야 한다.

문장 수준에서 고쳐쓰기

단락 수준에서 수정하기가 끝나면 이제 단락을 이루는 각 문장 수준에서 수정하기 단계이다. 각 문장별로 하나하나 살피면서 잘못된 문장, 어색한 문장, 뜻이 모호한 문장을 찾아서 보다 낫고 바른 표현으로 바로잡아야 한다.

첫째, 각 문장의 구성이 문법적으로 잘못되지 않았는가를 살핀다. 어색하게 느껴지는 문장은 대체로 어법에 맞지 않아서 생긴다. 주어나 서술어, 목적어 등 문장을 이루는 핵심 구성성분 중 빠진 것이 있는지 살펴보고 채워 넣어야 한다. 어미가 통일되어 있는지, 적절한 조사를 사용했는지, 접속 형태는 자연스러운지 차례로 살펴보고 바르게 고쳐야 한다.

둘째, 뜻이 모호한 문장이 없는가를 살핀다. 뜻이 모호한 문장이란 이렇게도 저렇게도 풀이될 수 있는 문장을 말한다. 특히 수식어의 위치가 잘못 놓여 문장의 뜻이 모호해지는 경우가 많은데, 그런 문장은 뜻이 명료하게 드러날 수 있도록 손질을 해야 한다.

셋째, 길고 복잡한 문장이 있는지 살펴본다. 문장이 너무 길면 독자가 이해하기 어렵고, 주술 관계 등에서 오류를 범하기가 쉽다. 각 문장별로 주어와 서술어만 찾아서 연결해서 읽어보자. 그렇게 했을 때 적절한지 살피면서 잘못된 것을 수정하자. 복잡하여 주술 관계, 의미 관계가 명확하지 않은 문장은 두 개 이상으로 나누는 것이 전달력을 높이는 데 좋다.

넷째, 불필요한 수식어는 모두 걷어내는 것이 오히려 더 좋은 글을 만든다. 수식어가 많으면 읽기도 어렵고 초점이 흐려지게 된다. 내 글의 분량이 줄어드는 것을 두려워할 것이 아니라 불필요한 단어가 내 글을 좀먹는 것을 두려워하자.

올바른 문장 쓰기에 대해서는 보다 많은 예를 통해 설명하는 것이 필요하므로 3부 1장에서 따로 추가 설명한 것을 참고 바란다.

글자 수준에서 고쳐쓰기

마지막으로 글자 수준에서 고쳐쓴다. 각 단어 자체의 적절성을 살펴 교체할 것은 없는지, 맞춤법 표준어 규정에 어긋나는 것은 없는지 등을 꼼꼼히 살핀다.

먼저, 같은 단어를 과도하게 반복하고 있지 않은지 살핀다. 같은 단어의 반복은 독자의 글읽기를 방해한다. 지루한 느낌을 줄 뿐만 아니라, 주제가 아닌 다른 엉뚱한 것에 신경 쓰게 만들 수도 있다. 주제나 소재에 해당하는 단어라 해도 의미상 명확할 경우 같은 뜻을 지닌 다른 단어나 지시사로 바꾸는 것이 더 좋은 글을 만든다.

또, 문장에 쓰인 각 낱말 가운데 부적절한 것을 가려서 고치거나 바꾼다. 뜻이 불분명한 말이거나 흔히 쓰이지 않는 말은 분명하고 보편적인 말로 바꾸어야 한다. 특히 부자연스러운 한자식 어투와 점잖지 않은 비속어, 그리고 외국어나 외래어 등은 되도록 어감이 좋은 낱말이나 쉽고 친근한 우리말로 고쳐 쓰는 것이 좋다.

구두점과 띄어쓰기, 맞춤법이 제대로 되었는지 살핀다. 이런 사소해 보이는 부분도 짜임새 있는 글을 쓰기 위해서는 소홀히 해서는 안 된다. 내용이 아무리 훌륭해도 구두점이나 맞춤법이 틀리면 읽는 사람에게 실망감을 주어 글 전체의 신뢰도를 떨어뜨린다. 그래서 이 사소한 것이 가장 중요한 것이 되기도 한다. 이 부분에 대해서도 보다 많은 예를 통해 자세히 설명하는 것이 필요하므로 3부 1장에서 따로 설명한 것을 참고 바란다.

1. 다음에 초고 고쳐쓰기 할 때 사용할 평가표(루브릭) 두 종류를 제시하였다. 글의 종류에 따라 적절한 것을 선택하여 초고를 평가해 보자.

주제 에세이 초고 고쳐쓰기 루브릭 Rubric (글쓴이:)

	뛰어남	적절함	개선이 필요함	초보적임
주제와 내용	• 다루는 주제가 가치 있고, 세계에 대해 깊이 성찰하게 한다.	• 글에서 다루는 주제가 분명하고, 내용에 설득력이 있어, 동조할 수 있다.	• 주제가 뚜렷하지만 단순하고 단조로워 설득되지 않는다.	• 무엇을 말하려는지 명확하지 않거나 글에 특별한 가치를 못 느낀다.
논리	• 논리가 합리적이고 설득력이 있어 필자의 주장에 동조할 수 있다. 또는 동조하지 않지만 논리의 합리성은 인정할 수 있다.	• 글의 논리가 명확하고 논리의 의도를 이해할 수 있다.	• 글의 논리가 부분적으로 드러나지만, 때로 주관적이라서 납득할 수 없는 측면도 있다.	• 글이 전혀 논리적이지 않고, 매우 주관적이다.
구성과 문단	• 문단을 적절히 나누어 서두, 본문, 종결단락이 균형을 이룬다. • 서두에서 본문으로의 연결이 매끄럽고, 글을 읽고 싶게 한다. • 본문 내용이 종결단락에서 인상적으로 정리되었다. • 하나의 문단이나, 각 문단의 흐름이 매우 자연스럽고, 논리적이다.	• 문단을 적절하게 나누었다. • 서두가 본문의 내용으로 잘 연결되었다. • 종결단락이 분명하여, 글이 마무리되는 느낌을 확실하게 준다. • 하나의 문단이나, 각 문단 내용이 논리적으로 연결되었다.	• 문단을 나누었지만 충분치 않다. • 서두가 있지만 본문과 연결이 잘 안된다. • 종결단락이 글을 마무리하는 느낌을 주지 못한다. • 하나의 문단이나, 각 문단 내용에 논리적으로 어색한 부분이 있다.	• 문단을 나누지 않았다. • 서두가 없다. • 종결단락이 없다. • 내용 간에 논리적으로 연결이 잘 안 된다
전개 방식	• 에피소드나 비유, 비교, 대조, 묘사, 인용 등이 적절하게 사용되어 글을 더욱 흥미롭게 만든다.	• 에피소드나 비유, 비교, 대조, 묘사, 인용 등이 적절하게 사용되었다.	• 에피소드나 비유, 비교, 대조, 묘사, 인용 등이 사용되나 충분하지 않고, 글의 내용에 부합하지 않는 부분도 있다.	• 에피소드나 비유, 비교, 대조, 묘사, 인용 등을 글에 전혀 사용하지 않았다.

제목	• 제목이 글의 내용을 돋보이게 하며 글에 흥미를 느끼게 한다.	• 제목이 글의 내용을 짐작하게 만들며, 제목의 의도가 분명하다.	• 제목이 있지만, 그 의도가 불분명해서 공감하기 어렵다.	• 제목이 없다.
문장과 표현	• 문장이 정확하고, 매우 잘 읽히고, 문법적으로 어색한 문장이 없으며, 재미있고 인상적인 표현이 많다.	• 대부분의 문장이 정확하고, 잘 읽히고, 문법적으로 어색한 문장이 거의 없다.	• 문장이 대체로 잘 읽히지만 어색한 표현이 있고, 문법적으로 이상한 문장이 보인다.	• 대부분의 문장이 부정확하며, 무슨 뜻인지 이해하기 어려운 부분이 많다.
논증	• 논증이 매우 치밀하고 완결성이 있다.(주장–전제–이유–근거의 유기적 연계성) 또한 반론을 미리 예상하여 재반론의 논리까지 설득력 있게 펼치고 있다.	• 논증에 필요한 요소들을 모두 갖추고 있으며(주장–전제–이유–근거) 반론까지 예상하여 재반론을 펼치고 있다.	• 논증에 필요한 요소들을 대략 갖추었지만(주장–전제–이유–근거) 예상반론과 재반론을 펼치지 않았거나 논리가 치밀하지 않다.	• 논증이 필요한 요소들을 누락하고 있다.(주장–전제–이유–근거–반론에 대한 재반론)

서평 에세이 초고 고쳐쓰기 루브릭 (글쓴이:)

	뛰어남	적절함	개선이 필요함	초보적임
작품에 대한 관점	• 작품에 대한 글쓴이의 평가(관점)에 공감하며(합리적 견해라 인정), 견해가 매우 독창적이면서도 인상적이다.	• 작품에 대한 글쓴이의 평가(관점)가 분명하고 논증(이유)도 합리적이라서 공감이 간다.	• 작품에 대한 글쓴이의 평가(관점)가 있기는 하지만, 충분하지 않으며, 그에 대한 논증(이유)이 명확하지 않다.	• 작품에 대한 정보 위주의 글로, 글쓴이의 평가(관점)가 분명히 드러나지 않는다.
구성과 문단	• 문단을 적절하게 나누어 서두, 본문, 종결단락이 균형을 잘 이룬다. • 서두가 본문의 내용으로 잘 연결되며, 글을 읽고 싶은 흥미를 만든다. • 본문의 내용이 종결단락에서 인상적으로 잘 정리되었다. • 하나의 문단이나, 각각의 문단의 흐름이 매우 자연스럽고, 논리적이다.	• 문단을 적절하게 나누었다. • 서두가 본문의 내용으로 잘 연결되었다. • 종결단락이 분명하여, 글이 마무리되는 느낌을 확실하게 준다. • 하나의 문단이나, 각각의 문단 내용이 논리적으로 연결되었다.	• 문단을 나누었지만 하나의 초점으로 집중되지 않거나 잘못 나눈 느낌이 드는 부분도 있다. • 서두가 있지만 본문과 연결이 잘 안 된다. • 종결단락이 글을 마무리하는 느낌을 주지 못한다. • 하나 이상의 문단에 논리적으로 어색한 부분이 있다. 또 내용이 산만하여 정리가 안 된 부분이 있다.	• 문단을 나누지 않았다. • 서두가 없다. • 종결단락이 없다. • 내용 간에 논리적으로 연결이 잘 안 된다.
전개 방식	• 에피소드나 비유, 비교, 대조, 묘사, 인용 등이 적절하게 사용되어 글을 더욱 흥미롭게 만든다.	• 에피소드나 비유, 비교, 대조, 묘사, 인용 등이 적절하게 사용되었다.	• 에피소드나 비유, 비교, 대조, 묘사, 인용 등이 사용되나 충분하지 않고, 글의 내용에 부합하지 않는 부분도 있다.	• 에피소드나 비유, 비교, 대조, 묘사, 인용 등을 글에 전혀 사용하지 않았다.
제목	• 제목이 글의 내용을 돋보이게 하며 글에 흥미를 느끼게 한다.	• 제목이 글의 내용을 짐작할 수 있게 하며, 제목의 의도가 분명하다.	• 제목이 있지만, 그 의도가 불분명해서 공감하기 어렵다.	• 제목이 없다.
문장과 표현	• 문장이 정확하고, 매우 잘 읽히고, 문법적으로 어색한 문장이 없으며, 재미있고 인상적인 표현이 많다.	• 대부분의 문장이 정확하고, 잘 읽히고, 문법적으로 어색한 문장이 거의 없다.	• 문장이 대체로 잘 읽히지만 어색한 표현이 있고, 문법적으로 이상한 문장이 보인다.	• 대부분의 문장이 부정확하며, 무슨 뜻인지 이해하기 어려운 부분이 많다.

2. 자신의 글은 객관적으로 보지 못할 수 있으므로 서로 글을 바꾸어서 읽어보고 수정할 방향에 대한 의견을 주도록 하자. 다음 동료 피드백 루브릭에 따라 친구의 글에 대해 의견을 제시해 주자.

동료 피드백 (글쓴이: 점검자:)

<table>
<tr><th colspan="2">점검사항</th><th>동료의 점검내용</th></tr>
<tr><td rowspan="2">주제</td><td colspan="2">이 글의 주제는 무엇인가?</td></tr>
<tr><td>• 주제가 명확하게 제시되어 있는가?
• 주제로 적합한가?(지나치게 주관적이지는 않는가? 가치있는 내용인가?)</td><td>•
•</td></tr>
<tr><td rowspan="2">구성과 논리</td><td colspan="2">글의 논리를 전개하기 위해 사용하고 있는 소재나 논증에 대한 느낌</td></tr>
<tr><td>• 글은 전체적으로 논리적인가?
• 논리가 어색한 부분은 없는가?
• 논리적 증거가 부족한 부분은 없는가?
• 불필요하거나 모순되는 논리나 논거는 없는가?
• 논리의 순서를 바꾸는 게 더 좋은 부분은 없는가?</td><td></td></tr>
<tr><td rowspan="2">서두와 종결</td><td>• 서두에서 제시하는 화제가 흥미를 끌 만한가?
• 서두와 본문이 자연스럽게 이어지는가?
• 서두의 분량이 적절한가?</td><td></td></tr>
<tr><td>• 종결단락의 역할을 제대로 하고 있는가?
• 종결단락에서 글이 인상적으로 마무리되고 있는가?</td><td></td></tr>
<tr><td rowspan="2">총론</td><td colspan="2">글은 재미있는가? 읽을 만한 가치가 있다고 생각하는가? 새로운 사고의 방향을 제시해 주는가? 이러한 기준으로 총론을 써보자.</td></tr>
<tr><td colspan="2"></td></tr>
</table>

3. 이제 학생 자신이 쓴 초고를 보면서 각 단계에 따른 고쳐쓰기를 진행해 보자.

제3부

글쓰기의 세부

2부에서 글쓰기의 일반적인 절차와 요소를 다뤘다면 3부에서는 특정 장르의 특성을 강화하거나, 글에 특별한 매력을 더하기 위한 요소를 서술하였다.

기존의 글쓰기 책들은 일반적으로 보고서, 논문, 칼럼, 감상적 에세이, 리뷰 등 장르별 쓰기로 구분되어 있다. 바로 장르에 필요한 요소들을 하나하나 설명하기 위해서이다. 가령 보고서나 논문과도 같은 학술적 글을 쓴다면 전문용어에 대해 명확하게 설명하고, 내용을 보다 체계적으로 분류하며, 객관 타당하게 분석해야 한다. 감상 에세이를 쓴다면 경험을 실감나게 전달하고, 느낌을 감각적으로 묘사하는 역량이 필요하다. 주제 에세이는 논리를 합리적으로 펼치기 위한 논증의 기술이 요구된다. 하지만 특정 장르의 글에 필수적으로 요구되는 사항이 있다고 해서 다른 요소들이 필요 없는 것은 아니다. 주제 에세이에도 상황을 보다 생생하게 전달하기 위해 비유가 적절하게 사용될 수 있고, 감상 에세이에도 서술의 논리적 배열이 효과적일 때가 있다.

3부는 이런 점을 고려하여 구성하였다. 설명하기, 논증하기, 자료 찾기와 인용하기는 모든 글에 필수적으로 필요한 요소들이 아니다. 감상 에세이에 논증하기가 반드시 들어가야 하는 것은 아니며, 주제 에세이에 비유와 묘사가 필수적으로 요구되지도 않는다. 비유와 묘사, 서사, 예시, 분류, 분석의 세부적 글쓰기 방법들은 글에 완성도를 부여하며, 흥미와 신뢰감을 높이는 데 매우 유용하다. 하지만 아무리 글에 매혹과 설득을 높인다고 해도 모든 방법이 적용되면 혼란스러운 글이 된다. 글을 가장 돋보이게 할 방법과 기술을 적용해야 효과적이다. 그러므로 소비자가 원하는 재료를 스스로 선택하고 조립하는 DIY(Do It Yourself)처럼 여기 서술된 방법 중 필요한 것을 주체적으로 택하여, 글에 활용하기 바란다.

한 가지 덧붙이고 싶은 점은 장르와 무관하게 글을 매력적으로 만드는 요소는 문장이라는 사실이다. 글에 생동감과 개성을 주는 것이 바로 문장이다. 어떤 단어를 사용하고, 부사나 어미를 어떻게 사용하느냐에 따라 글은 힘이 넘치기도 하고, 유쾌해지기도 한다. 때론 독자를 신중함으로 이끌기도 한다. 글쓰기는 문장에서 시작해서 문장으로 끝난다고 해도 과언이 아니다. 하지만 자신만의 문체를 구사하기 위해서는 무엇보다 바른 문장을 써야 한다. 정확한 문장과 간명한 의미의 전달이 가능해진 뒤에 비로소 자기만의 개성 있는 문장을 시도해야 독자들을 매혹시킬 수 있다.

'3부 글쓰기의 세부'를 통해 글에 필요한 요소를 주체적으로 선택하고, 글의 매력을 높이는 역량을 키우기를 바란다.

1

문장 강화하기

• • •

글을 쓸 때 내용만 신경 쓰는 경우가 많은데, 사실 글은 문장과 단어로 구현된다. 문장과 단어는 내용을 구현하는 도구에 불과한 것이 아니다. 신선한 재료가 음식 맛을 좌우한다. 재료가 좋으면 별다른 조리나 조미를 하지 않아도 맛이 있다. 그래서 재료가 요리의 전부라고 말하기도 한다. 문장과 단어는 글쓰기의 도구이자 재료이기도 하고, 그 자체로 글쓰기의 완성을 좌우하는 핵심이기도 하다. 어떻게 표현하고, 무슨 단어로 말했는가가 주제의 전달력을 결정하고, 글 전체의 인상을 좌우하기도 한다. 그래서 문장이나 단어는 형식이기도 하고 내용이기도 하다.

본격적인 내용을 살피기 전에 아래 연습 문제를 풀면서 자신의 현재 문장 쓰기 실력을 점검해 보자. 잘못되거나 틀린 것이 있을 수도 없을 수도 있다.

연습 문제 1

1	빠진 문장 성분 찾기	당장 갚아야 할 대출금이며 병원비를 생각하면 그 제안을 받아들여야 했지만, 한 번 돈을 받고 비리를 눈감아주면 계속 요구할 것이라서 애써 떨쳐내려 노력했다.
2	잘못된 것 찾기	나는 아침에 지각하지 않으려고 서둘러 바지와 안경과 모자를 쓰고 지하철까지 뛰었다.
3	잘못된 것 찾기	위대한 결단을 내린 유권자들께 존경과 감사를 드린다.
4	잘못된 것 찾기	김박사는 그 회사를 일으키는 데에 큰 공헌을 세웠다.
5	잘못된 것 찾기	나의 모든 축구에 관한 지식을 이 책에 기록하였다.
6	보다 좋은 문장으로 바꾸기	갑작스레 내린 비가 우리를 그곳에 머물게 했다.
7	보다 좋은 문장으로 바꾸기	이때부터 내 삶에 대한 고민을 했던 것 같다.
8	보다 좋은 문장으로 바꾸기	내가 그를 좋아한다고 생각했다.
9	잘못된 것 찾기	이순신 장군! 우리나라 바다 전쟁 역사에서 반드시 기억해야 할 이름이십니다.
10	잘못된 것 찾기	판다가 얼마나 귀엽든지 그 모습을 잊을 수가 없다.
11	바른 것 고르기	반드시 고칠 테니 저한테 (며칠 □ / 몇일 □)만 시간을 주세요.
12	바른 것 고르기	지하철에서 이어폰 없이 음악을 듣는 일은 (삼가 □ / 삼가해 □) 주십시오.
13	띄어쓰기 살피기	믿을 것은 오직 함께 하는 동기 뿐이다.
14	띄어쓰기 살피기	이상하게 내가 가는데마다 냉면이 품절이네.
15	띄어쓰기 살피기	책상에 연필, 달력, 태블릿, 탁상시계등이 있다.

어떤 문제에서 옳은 것을 고르기에 주저했는가? 나의 맞춤법 표준어 규정 지식, 나의 표현 수준은 어떤가? 정답은 다음 내용을 공부해 가면서 알 수 있다.

나의 글을 한편의 좋은 글로 완성하기 위해서 문장을 바르게 쓰고, 적절한 단어를 사용하는 능력을 키워야 한다. 여기에 띄어쓰기와 문장부호까지 바르게 붙일 수 있다면 하나의 글은 훌륭하게 완성될 수 있다. 이것들을 차례로 살펴보자.

1.1. 바른 문장 쓰기

사람마다 자기의 특성을 담아 자유롭게 문장을 써서 한 편의 글을 완성한다. 어떤 내용을 어떻게 표현할지는 자유이지만 사용하는 언어마다 반드시 지켜야 할 규칙, 즉 어법이 있다. 어법을 지키는 일은 최소한의 필수사항이고 그런 바탕 위에 자유롭게 표현할 자유가 있는 것이다. 시나 소설처럼 함축과 다의성을 의도하여 글을 쓰는 것이 아니라면 모든 문장은 문법에 맞게 써야 하고, 모호하지 않고 명확하게 써야 한다. 다음과 같은 사항들을 점검해 보자.

1.1.1. 문장의 기본 구조와 필수 성분 점검하기

문장을 정확하게 쓰기 위해 할 수 있는 가장 좋은 방법은 주술 관계를 점검하는 것이다. 그렇게 하기 위하여 두 가지를 먼저 기억하자.

첫째, 문장은 어떻게 구성되어 있는가? 어절, 구, 절로 구성되어 있다. 어절은 문장을 구성하는 각각의 마디로 띄어쓰기의 단위가 된다. 구는 둘 이상의 단어가 모여 문장의 일부분을 이루는 토막을 말한다. 명사구, 동사구, 형용사구, 부사구 등이 있다. 절은 주어와 서술어를 갖추었으나 독립하여 쓰이지 못하고 다른 문장의 한 성분으로 쓰이는 단위이다.

아래에 각각 세 개와 다섯 개의 어절을 지닌 문장이 있다. 이것을 절이나 구로 나누어 보면 다음과 같다.

① 염소는 고집이 세다.

→ 염소는 / 고집이 세다.

→ 주어(염소는) / 서술절: 주어(고집이) + 서술어(세다.)

② 동생에 대한 기억이 전혀 없다.

→ 동생에 대한 기억이 / 전혀 없다.

→ **명사구**(동생에 대한 기억이) + **동사구**(전혀 없다.)

이와 같이 문장 안에 절이나 구가 들어 있다는 사실을 기억하면, 문장의 구조를 파악하기 쉽고 그 문장에서 어떤 것이 주어인지 어떤 것이 서술어인지 이해할 수 있다. 절이나 구를 이해하고 나면 ①의 주어를 '고집이'라고 하거나 ②의 주어를 '동생'이라고 하는 사람은 없을 것이다.

둘째, 우리말 문장에는 주어, 목적어, 보어, 서술어 등의 문장 성분이 있고, 이것들이 '주어+(목적어 또는 보어)+서술어'와 같은 형식과 순서로 구성된다.

서술어가 무엇이냐에 따라 주어만 있어도 되는 문장이 있고, 주어와 목적어가 있어야 하는 문장이 있고, 주어와 보어가 있어야 하는 문장이 있다. 이런 형식의 문장이 하나만 있을 수도 있고, 둘 이상 이어질 수도 있다. 이것이 우리말의 어순이다. 여기에 접속사나 부사 등이 덧붙어 문장이 만들어진다.

① 날씨가 따뜻하다.

② 다니엘은 한국 대중가요(K-pop)를 좋아한다.

③ 서후는 과학자가 되었다.

④ 하늘은 높고 바람은 선선하다.

①에서 '따뜻하다'는 목적어나 보어가 없어도 완벽한 문장을 이룰 수 있다. ②에서 '좋아한다'는 좋아하는 목적어가 반드시 있어야 한다. ③에서 '되었다'는 보어가 있어야 하는 서술어이다. 이처럼 서술어가 무엇이냐에 따라 주어만 있어도 되기도 하고, 주어와 목적어가 있어야 되기도 하고, 주어와 보어가 있어야 되기도 하다. ④에 있는 '높다'와 '선선하다'는 각각 주어만 있어도 되는 서술어이다. '주어+서술어, 주어+서술어' 형식으로 문장 두 개가 이어졌을 뿐, 문장 형식으로 볼 때 ①과 같다. ②나 ③도 두 개 이상 이어질 수 있다. 하나만 있어도 둘 이상 이어져도 문장의 형식은 위와 같은 것에서 벗어나지 않는다.

이런 기본 형식에 수식어나 접속어 등의 부수적인 것들이 덧붙어 문장이 된다. 부수적인 것은 없어도 되지만 '주어+(목적어나 보어)+서술어'라는 기본 형식은 제대로 갖추어야 한다. 굳이 주어를 쓰지 않아도 그 문장의 주어를 알 수 있을 때 생략하기도 하지만 대체로는 주어, 목적어나 보어 등이 모두 있어야 한다. 각 문장을 살필 때 이처럼 기본 형식상 필요한 성분이 다 들어 있는가를 점검해야 한다.

문장의 성분과 문장의 기본구조를 파악하였다면, 이제 본격적으로 글 속 문장들을 점검할 차례이다. 문장을 정확하고도 적절하게 쓰는 가장 기본적이고도 편리한 방식은 주어와 서술어의 관계를 점검하는 일이다. 주어를 읽은 후 중간에 들어가는 목적어나 보어, 수식어 등 모든 것을 건너뛴 채 바로 서술어를 읽어보라. 아니면 서술어를 읽고 그것의 주어를 찾아서 둘이 잘 호응되게 썼는지 찾아보아도 된다. 구나 절의 관계에 유의하여 주어나 서술어의 호응 여부를 잘 살펴 보도록 하자. 주어와 서술어는 구별하기 쉽도록 줄을 그으며 읽어보자. 그렇게 해서 주어와 서술어가 잘 맞는지 살펴보자.

> '외계인의 눈'으로 지구라는 행성과 그 속의 생명체를 관찰해 보면 식물의 중요성이 보일 것이고, 곤충이 새롭게 보일 것이며, 세균이 위대해 보일 것입니다. 가령 세균은 언제 어디서나 존재해왔으며 지금도 가장 많지요. 여러분들의 얼굴에도 1000종이나 서식하고 있으니까요. 물론 인간도 이 지구를 한꺼번에 좌지우지할 수 있는 지배 종이기에 눈여겨봐야 하는 존재일 것입니다. 하지만 이 책의 독자들은 지구 리그의 주전 선수를 하나 더 보강해야 할 것입니다. 외계인의 시선에서 보면, 지구는 바이러스가 접수한 행성일지 모릅니다.
>
> \- 장대익, 『다윈의 서재』, 바다출판사, 2016, 247쪽.

주어와 서술어만 읽어 보면 고쳐야 할 문장인가 아닌가를 구별할 수 있을 것이다. '세균은- 존재해왔으며, 많지요', '인간도-존재일 것입니다' 등과 같이 주어와 서술어를 연결해서 읽어보고 그 적절성을 따지면 보다 명확한 문장으로 만들 수 있다.

서술어를 명확히 찾았으면 그것에 따라 기본 성분 중 빠진 것이 있는지 살펴서, 그런 것이 있다면 보충해 주어야 한다. 주어만 있어도 충분한지, 목적어나 서술어가 있어야 하는지를 생각하며 문장을 읽어야 한다. 예를 들어 '많지요'라는 단어는 주어에 해당하는 '세균은'만 있어도 충분하지만, '보강해야 할 것입니다'라는 서술어의 경우 주어(독자들은)만 있으면 안 된다. '목적어 '선수를'이 있어야 완전한 문장이 있다. 주어는, 생략해도 명확할 경우와 모든 사람에 해당하는 일반 주어일 경우 생략해도 된다. 첫 번째 문장의 경우 일반 사람을 나타내기 때문에 주어를 생략한 경우다.

다음 문장에서 보강해야 할 성분이 있는지 살펴보자.

① 자기 속 이야기를 잘 하지 않을 것 같다는 우리의 예측과는 달리 생각보다 쉽게 마음의 문을 열어주었다.

② 당장 갚아야 할 대출금이며 병원비를 생각하면 그 제안을 받아들여야 했지만, 한 번 돈을 받고 비리를 눈감아주면 계속 요구할 것이라서 애써 떨쳐내려 노력했다.

①에서는 서술어인 '열어주었다'는 '누가, 무엇을'이라는 성분이 필요하다. '마음의 문을'이라는 목적어는 있지만 주어는 없다. 그러니 '우리의 예측과는 달리 ○○는 생각보다 쉽게'와 같이 주어를 채워 넣어야 한다.

②의 서술어인 '떨쳐내려 노력했다'도 '누가, 무엇을'이라는 성분이 필요하다. 주어는 '나'인데, 나의 이야기를 하는 도중에 나온 문장이라면 생략할 수도 있다. 하지만 목적어는 꼭 필요하다. 그래서 '애써 ○○을 떨쳐내려 노력했다'라는 식으로 목적어를 적어주어야 한다.

1.1.2. 간결한 구조로 문장 쓰기

주어와 서술어를 곧장 연결해서 살피다 보면 둘의 관계가 명확하지 않은 경우도 있고, 주어와 서술어의 관계는 맞지만 내용이 부각되지 않은 경우도 있다. 그러니 보다 좋은 문장 표현을 위해 더 힘써야 한다. 아래와 같은 것들에 집중하자.

간결한 구조로 문장을 써라. 무조건 짧게 쓰라는 말이 아니다. 한 편의 글은 짧은 문장과 긴 문장이 적절히 조화되어 나와야 좋다. 너무 짧은 문장만 이어지면 숨 가쁘고, 너무 긴 문장만 이어지면 숨 막힌다.

문장의 길이가 중요한 것이 아니다. 구조가 간결한 것이 중요하다. 간결한 구조로 쓰라는 말은 명사구, 동사구, 주절, 서술절 등이 복잡하게 얽혀 있는 문장을 쓰지 말고 하나의 문장에 하나의 내용만 전달하는 문장을 쓰라는 말이다.

하지만 건지섬 주민들은 힘든 4년을 보내게 되었고, 엘리자베스는 몇몇 주민들을 초대해 간신히 숨겨 놓았던 돼지, 아끼는 식재료들로 성대하지는 않지만 웃음을 되찾을 수 있는 저녁 만찬을 즐겼던 것이다.

↓

하지만 건지섬 주민들은 힘든 4년을 보냈다. 엘리자베스는 숨겨 놓았던 돼지와 아끼던 식재료들로 만찬을 준비했다. 몇몇 주민을 초대해 성대하지는 않지만 웃음을 되찾은 저녁 시간을 즐겼다.

위에 쓴 문장은 수식어가 많고, 주어인 '엘리자베스'와 서술어인 '즐겼던 것이다' 사이에 호응이 자연스럽지 못하다. 하나의 문장이 하나의 내용만 전달하도록 고치는 것이 필요하다. 그렇게 하기 위해서 필요한 경우 문장을 나누어 쓰는 것이 필요하다. 그렇게 쓴 것이 위의 예문 중 아래 내용이다.

문장 구조를 간결하게 만들 때는 말하고자 하는 핵심이 중심이 되도록 하는 것이 필요하다.

야구를 계속 텔레비전 화면 속에서만 봤던 나는 야구장에 처음 들어갔을 때 그 거대한 경기장과 꽉 차 있는 관중들을 보면서 온몸에 소름이 돋는 것을 느꼈다.

이 문장은 복잡한 구조를 가지고 있어서 내용이 강조되지 않는다. 몇 개의 문장으로 나누어 보면 무엇을 말하고 있는지 보다 명확하게 된다.

나는 야구를 계속 텔레비전 화면 속에서만 봤다.
야구장에 처음 들어갔다.
그 거대한 경기장과 꽉 차 있는 관중들을 보았다.
온몸에 소름이 돋았다.

이렇게 문장을 나누어서 살펴보면, '처음'이라는 것과 '소름이 돋았다'는 내용이 핵심인 것을 파악할 수 있다. 핵심 내용을 파악하였으면 그것이 드러나도록 문장을 쓰자. 그러면 이렇게 된다.

야구장을 처음 보았을 때 온몸에 소름이 돋았다. 거대한 경기장과 꽉 찬 관중은 소름 그 자체였다.

처음 썼던 문장과 다시 쓴 문장을 비교해 보자. 구조가 단순해졌을 뿐만 아니라 전달하려고 하는 핵심이 더 잘 드러났다.

모든 문장들을 이렇게 단계별로 구별해 볼 수는 없겠지만, 복잡한 구조를 가진 문장을 여러 개로 나누어 보는 것, 그래서 구조를 간략히 하는 것, 전달하고자 하는 핵심이 드러나도록 문장을 쓰는 것을 기억하자. 그러면 이전보다 훨씬 좋은 문장으로 만들 수 있다.

1.1.3. 호응 관계 맞추기

호응이란 부름에 응답한다는 뜻이다. 글쓰기로 보자면, 둘 이상의 단어를 반드시 같이 사용하거나, 둘 이상의 단어를 반드시 서로 맞게 결합해야 한다는 의미이다. 앞에서 살핀 대로, 주어와 서술어가 맞아야 한다는 것도 호응 관계 중 하나이다. 글쓰기에는 다양한 층위에서 다양한 것들이 호응 관계를 이루고 있다. 이런 호응 관계를 잘 살피고 잘 맞추는 것이 좋은 글을 쓰는 방법 중 하나이다.

첫째, 주어-서술어 간 호응뿐만 아니라 목적어-서술어 간 호응도 살펴야 한다. 여러 개의 목적어 각각에 서술어를 써야 할 때도 있다. 다음 문장을 호응 관계를 중심으로 살펴보고 고쳐보자.

나는 아침에 지각하지 않으려고 서둘러 바지와 안경과 모자를 쓰고 지하철까지 뛰었다.

→ ____

____

문장 전체의 주어와 서술어만 살펴서 '나는-쓰고 뛰었다'라고만 보면 바른 문장 같지만 사실 그렇지 않다. 각 명사별로 호응을 이루는 동사가 따로 있기 때문이다. 우리가 한 단어를 선택하는 순간 그것에 호응하는 서술어도 선택한 것과 같다. 바지나 안경이나 모자는 모두 사람의 몸에 부착하는 물건이라는 공통점이 있지만, 바지는 '입다, 벗다'와 짝을 이루고 안경이나 모자는 '쓰다, 벗다'와 짝을 이룬다. 그러므로 안경과 모자는 '쓰고'라는 한 서술어와 연결할 수 있지만, '바지'는 '쓰고'와 연결할 수 없다. 그렇다면 이렇게 된다. '나는 아침에 지각하지 않으려고 서둘러 바지를 입고 안경과 모자를 쓰고 지하철까지 뛰었다.' 이와 같이 각기 따로 서술어를 맞추어 써 주어야 한다.

둘째, 한 문장 내 구문에서 호응 관계를 맞추는 것도 중요하다. 앞에서 '~하기도 하고'라고 썼으면 뒤에도 '~하기도 한다'라고 써야 한다. '~가 있는가 하면'이라고 썼으면 뒤에도 '~도 있다'라고 써야 한다. '~하는 수도 있고'라고 앞에 썼으면 뒤에도 이에 호응되도록 '~하는 수도 있다'라고 해야 한다.

한 문장에서 여러 가지를 나열할 때도 호응 관계를 맞추어야 한다. 앞에서 '피수식어+수식어(명사)'로 표현했으면 뒤에 나오는 것도 그에 맞추어 '피수식어+수식어' 형식으로 써야 한다. 앞에서와 달리 뒤에서 '명사+동사' 형식으로 풀어 버리면 안 된다. 다음 예를 보자.

① 연말이 되면 우리는 못다한 일을 마저 하겠다고 결심을 하기도 하고 곧 다가올 새해 설계에 시간을 쏟아 붓는다.

② 권 코치는 마무리 투수의 첫째 조건으로 강인한 정신력과 노력을 끊임없이 하는 것으로 꼽았다.

③ 위대한 결단을 내린 유권자들께 존경과 감사를 드린다.

①의 앞부분에서 '결심을 하기도 하고'라고 했으므로 뒷부분도 호응 관계를 맞추어서 '쏟아 붓기도 한다'라고 써야 한다. ②에서는, 조건 두 가지를 나란히 쓰고 있다. 이 경우에도 둘의 관계를 맞추어야 한다. 앞에서 '강인한 정신력'이라고 썼으면 뒤에도 '끊임없는 노력'이라고 써야 한다. 혹은 '정신력이 강인하고' '노력을 끊임없이 하는'이라고 하여 둘을 맞추어야 한다. ③에서 '존경'과 '감사'라는 두 단어를 모두 '드린다'와 결합하였으나 그럴 수 없다. '~를 존경하고, ~께 감사를 드린다'라고 따로따로 써 주어야 한다.

어휘 면에서도 호응을 잘 갖추어야 한다. 사람에게만 쓸 수 있는 어휘, 의미상 특정 서술어와만 결합되는 어휘가 있다. 다음 예문에서 밑줄 그은 부분을 자세히 살펴보고, 그 적절성 여부를 따져보자.

① 관측을 통해 토성도 목성만큼 대기의 활동이 매우 심하다는 사실을 알게 되었다.

② 우리 가족은 모두 식성이 틀려서 외식할 때 식당 정하기가 힘들다.

③ 김 박사는 그 회사를 일으키는 데에 큰 공헌을 세웠다.

'대기 활동'이라는 어휘는 '활발하다'와, '식성'은 '다르다'와, '공헌'은 '하다'와 결합해야 바른 문장이라 할 수 있다. 이와 같이 의미 관계에 따라 각각의 말들이 잘 결합될 수 있도록 해야 한다.

1.1.4. 하나의 뜻을 갖도록 수식어 배치하기

한 문장은 한 가지 뜻을 표현해야 한다. 한 문장이 두 가지 이상으로 해석되는 것은 대부분 수식어의 위치가 잘못되었기 때문이다. 꾸며주는 말인 수식어를 꾸밈을 받는 말인 피수식어 바로 앞에 두어야 문장의 의미가 명확해진다. 다음 문장의 순서를 바르게 고쳐 보자.

① 여기서 우리는 자발적 어떤 행위도 할 수 없다.

→ ______________________________

② 나의 모든 축구에 관한 지식을 이 책에 기록하였다.

→ ______________________________

③ 그 일에 관련된 직접 당사자가 그 자리에 없었다.

→ ______________________________

④ 그 그룹은 끝없는 음악에 대한 열정으로 가득차 있다.

→ ______________________________

수식하는 말은 수식을 받는 말 바로 앞에 와야 의미가 명확하다. 각 단어가 어떤 단어를 꾸미고 있는지 살핀 후에 그것의 위치를 옮겨보자. '어떤 자발적 행위도', '축구에 관한 모든 지식', '직접 관련된 당사자', '음악에 대한 끝없는 열정'으로 써야 명확해진다.

1.2. 더 나은 문장 쓰기

앞 장에서 설명한 내용은 글쓰기에서 반드시 지켜야 할 원칙이다. 지키지 않으면 우리말 문법상 잘못된 문장이 된다. 이 절에서는, 지키지 않으면 안되는 원칙은 아니지만 주의해서 사용할 때 더 멋진 문장, 더 좋은 문장이 되는 몇 가지 원리를 살펴보자.

1.2.1. 내가 주체가 되는 문장 쓰기

글 쓰는 사람이 자기 자신의 생각이나 감정을 쓰면서도 자기를 대상화하는 경우가 많다. 또 사물을 주어로 삼으면서 사람을 대상으로 만드는 경우도 많다. 좋은 글이란 글 쓰는 사람의 감정이나 생각이 명확하게 드러나며, 그 사람 고유의 개성이 드러나는 글이다. 그러니 자기를 대상화하는 습관, 사물주어를 쓰는 이런 문장쓰기 습관을 고치면 보다 명확하고 좋은 글을 쓸 수 있게 될 것이다.

① 나는 온몸에 소름이 돋는 것을 느꼈다. → 온몸에 소름이 돋았다.
② 나는 외로움을 느꼈다. →
③ 그의 생각이 옳다고 깨달았다. →
④ 내가 주로 집에 있다는 사실을 깨달았다. →
⑤ 모든 사람들에게 아내가 필요하다고 생각한다. →
⑥ 몇 해 전과 비교할 때 내 힘은 훨씬 강한 것 같다. →
⑦ 나는 사흘에 한 번 그 식당을 이용하고 있는 것 같다. →
⑧ 내가 그를 좋아한다고 생각했다. →
⑨ 갑작스레 내린 비가 우리를 그곳에 머물게 했다. →

왼쪽 문장처럼 글을 써 놓고도 문제의식을 못 느끼는 경우가 많다. 내가 느끼고, 내가 생각하고, 내가 판단하는데도 자기를 대상화한 글이다. 이런 글은 힘을 떨어뜨린다. ②'외로웠다', ③'옳았다', ④'있음을 깨달았다' 등으로 쓰면 충분하다.

⑤-⑧도 수정해 보자. 그리고 고치기 전과 고친 후 문장을 비교해 보자. 훨씬 정확해진 것을 알 수 있을 것이다. ⑨는 '비'가 주어이다. 사람을 주어로 바꾸어 '갑작스레 내린 비 때문에 우리는 그곳에 머물렀다.'로 고친 것이 보다 자연스러운 우리말이다.

내 글은 나를 표현하는 글이고, 내가 주체인 글이다. 단어 하나하나도 나를 솔직히 드러내며 나답게 쓰자. 한 편의 글은 단어 하나만 봐도 글을 쓴 사람이 10대인지, 20인지 아니면 40대나 50대인지 알 수 있을 정도이다. 내 생각이 잘 드러나고, 나만의 특성이 잘 드러나는 글이 좋은 글이다. 그렇다면 단어 표현부터 내가 아는 단어 표현으로 쓰자. 예를 들어 다음과 같은 문장이 있다.

어쩌면 히말라야로의 첫 발길에서 언감생심 고산식물의 정수를 만나기를 기대했던 것은 과욕이며 무지함의 소치였을지 모른다.

(다시 써 보기)

→ ____

____

이 글은 식물학자 이유미 씨가 『한국일보』에 기고한 「이유미의 히말라야에서 만난 식물들(4)」이라는 글에 나오는 표현이다. 1960년대 초반에 태어나 현재 60대에 접어든 분의 글이라 '언감생심', '과욕', '소치' 등의 표현이 자연스레 나왔다. 20대 대학생들은 이들 단어가 무슨 뜻인지 안다고 하더라도, 일상생활에서 자기만의 생각을 표현하면서 이런 단어를 사용하지 않을 것이다. "히말라야에 처음 간 내가 고산식물의 대표인 그것을 보기를 기대한 것은 욕심이었을 것이다. 또는 몰라서 기대했던 것이다." 정도로 표현해도 내용은 충분히 전달된다. 어려운 단어를 많이 쓴다고 좋은 글이 아니다. 내 나이대와 내 생각에 맞는 단어, 내가 아는 단어를 내 표현으로 쓰는 것이 좋은 글이다. 내 글의 주체는 바로 나이다.

'-같다'를 과도하게 사용하는 경향도 같은 맥락에서 접근할 문제이다. '-같다'는 동사와 결합하여 어떤 사실에 대한 추측을 표현하는 단어이다. 젖은 땅을 근거로 '비가 온 것 같아'라고 하며 과거의 사실을 추측하거나, 먹구름과 바람을 근거로 '비가 올 것 같아'라고 하며 미래의 일을 추측할 때 사용한다. 그런데 현대인들은 과도하게 '-같다'를 사용한다. 물론 자기 의견을 너무 강하거나 단정적으로 말하지 않고 부드럽게 에둘러 말하기 위해 '것 같다'를 사용할 수 있다. 하지만 명확한 것까지 모두 '것 같다'를 사용하다 보면 자기 주관이 없고 자기 의견도 정확히 말하지 못하는 사람으로 비칠 수 있다. '것 같다'가 많이 나오는 글만큼 힘 빠지는 글도 없다. 감정 표현도, 판단도, 글도 내가 주체적인 주인이 되어야 한다.

① 이 떡볶이는 너무 매운 것 같아요. → ______________________

② 이때부터 내 삶에 대한 고민을 했던 것 같다. → ______________________

③ 입학하여 자취하다가 아팠는데, 간호해 줄 사람이 없다는 것 때문에 좀 막막했던 것 같다. → ______________________

근거를 가지고 하는 추측일 때, 확신할 수 없는 사실 표현일 때는 '것 같다'를 쓸 수 있지만, 위와 같은 경우는 모두 내 생각, 내 느낌을 표현하는 것이다. '것 같다'를 쓸 이유가 전혀 없다. ①'너무 매워요', ②'고민했다', ③'막막했다'로 쓰면 충분하고 훨씬 더 좋다. 추측은 추측으로, 내 표현은 내 표현으로 명확히 해야 좋은 글이 된다.

1.2.2. 잘못 쓰거나 남용하는 표현 고치기

우리말에는 높임법이라는 아름다운 어법이 있다. 하지만 높일 대상을 높이고, 일반화할 대상은 일반화하여 써야 한다. 잘못 쓰면 높이지 않은 것만 못하다. 현대 우리나라에서 가장 문제가 되는 것은 사물을 높이는 표현법이다. 사람은 높이되 사물은 높여서는 안 된다. 다음 예를 보자.

① 주문하신 음식 나오셨습니다.
② 이순신 장군! 우리나라 바다 전쟁 역사에서 반드시 기억해야 할 이름이십니다.

각 문장은 누구를, 혹은 무엇을 높였는지 살펴보자. ①에서 높여 쓴 단어는 두 개다. '주문하신'과 '나오셨습니다'이다. 주문한 고객은 사람이니 높일 수 있다.

하지만 음식은 높일 수 없다. 그러니 '주문하신 음식 나왔습니다'라고 써야 한다. ②에서도 마찬가지이다. '이름'은 사람이 아니니 높일 수 없다. '이름입니다'라고 써야 한다.

문법적으로 잘못되지 않았지만, 하나의 어구나 단어를 반복해서 쓰는 경우가 있다. 이런 것들을 빼거나 사용 빈도를 줄이면 글이 훨씬 좋아진다.

예를 들어 '것'은 필요 이상으로 자주 쓰는 단어이다. 특별히 강조하고자 할 때 사용하면 효과적이지만 남용하면 글을 오히려 망친다. 다음 예에서 살펴보자.

① 꿈이라는 것을 갖는 것보다 더 중요하다고 느껴진 것이 입시이기 때문이다.
→ 꿈을 갖는 것보다 입시가 더 중요하다고 생각했기 때문이다.

② 진정한 친구를 만드는 것이 내 삶에서 제일 중요한 것이다.
→ 진정한 친구를 만드는 일이 내 삶에서 제일 중요하다.

③ 그것이 바로 그 사람의 능력이다.
→ 그것이 바로 그 사람의 능력인 것이다. (강조)

①은 한양대 1학년 학생이 쓴 문장이다. '것'을 남용하고 있는 것이 잘 드러난다. 문장을 조금 바꾸면 '것'을 저렇게 많이 사용하지 않고도 더 좋은 문장을 쓸 수 있다. 또 '것'을 다른 단어로 표현할 수도 있다. '꿈을 갖는 일보다'로 말이다. 나머지 ②도 '것' 없이 좋은 문장을 쓸 수 있다는 것을 보여준다. '것'은 ③번 문장에서 보여주는 것처럼, 강조하려고 할 때 사용할 수 있다. 이렇게 특정한 경우만 쓰고 나머지는 쓰지 않거나 '것' 이외 다른 표현으로 바꾸어 쓸 때 더 좋은 글이 될 수 있다.

-적, -의, -들 등을 자주 쓰는 사람도 많다. 하지만 이런 단어들은 생략해도 괜찮다. 오히려 생략하면 문장이 더 좋아지는 경우가 많다. 생략하기 어려우면 문장을 풀어쓰는 것도 좋은 방법이다. 다음 예에서 살펴 보자.

① 그것은 인간 세상을 넘어서는 도덕적 원리이다.

② 이제는 모든 것을 혼자의 힘으로 해내야 한다.

③ 조선 후기의 사회정치적 환경에서는 성공할 수 없었다.

④ 모든 아이들이 손에 꽃들을 들고 자신들의 부모들을 향해 뛰어갔다.

⑤ 주인된 의식은 참여의 의지를 불러온다.

①~③에 있는 '적'이나 '의'는 생략해도 전혀 의미 변화가 없고 오히려 문장이 깔끔해진다. ④는 '들'이 남용된 사례이다. '모든', '수많은'으로도 이미 다수라는 것을 표현했다. 나머지 부분에도 '들'을 쓸 필요가 없다. 쓰지 않아도 의미가 명확하다. '모든 아이가 손에 꽃을 들고 자기 부모를 향해 뛰어갔다'라고 쓰면 '들'을 전혀 쓰지 않았어도 의미가 명확하고 문장도 더 깔끔하다. ⑤에서 '의'를 없애기 위해 문장을 풀어 써서 '주인 의식은 참여하려는 의지를 일깨울 수 있다'로 쓴다면 '의'를 남용하지 않고도 뜻을 전달할 수 있다.

글을 쓸 때 이와 같은 단어들을 불필요하게 사용하는 습관이 있다면 고쳐보자. 글이 훨씬 더 좋아진다.

1.2.3. 빼서 더 좋은 글 만들기

글은 어떤 생각, 즉 주제를 표현하기 위해 쓴다. 글의 구조도, 문장도, 단어도 모두 그것을 위해 있다. 좋은 글을 쓰고 싶다면 주제를 강조하기 위해 나머지 것들을 과감하게 줄이는 것이 필요하다. 그 문장만 보았을 때 멋진 표현일지라도 전체 주제와 관련이 적으면 삭제하는 것이 글의 완성도를 높이는 데 효과적이다. 어떤 구나 절, 단어라도 삭제했을 때 의미 차이가 없다면 그 모두를 빼는 것이 오히려 글을 더 명확하게 만든다. 과도한 접속사, 불필요한 수식어, 주제와 직접적으로 연관되지 않은 설명 등 이 모든 군더더기를 뺄수록 더 좋은 글이 된다.

다음 글에서 군더더기라고 생각하는 것에 밑줄을 그어보자.

군더더기를 빼고 글을 완성해 나갈 때에는 두 단계를 거치는 것이 효과적이다. 첫 단계는 불필요한 수식어, 접속어, 주제를 드러내는 데 불필요한 예시나 문장을 빼는 단계이다. 다음 글에서 그러한 군더더기를 빼 보자.

처음 글: 지상 위의 모든 존재론자들이 겪는 한결같은 갈등은, 일회적이며 따라서 덧없는 삶에 대한 가치 부여의 어려움에서 비롯된다. 산이나 강, 해, 달, 돌 등 불변하는 자연물에 대한 인간들의 뿌리 깊은 동경은, 삶의 유한성을 극복하고 영원성을

획득하려는 열망에서 촉발된 것이다. 이러한 노력은 시간적으로 삶이 시작된 최초의 지점으로의 회귀를 꿈꾸는데, 그것은 어떤 노력으로도 인간의 생존은 결코 진흙탕 속의 몸부림을 벗어날 수 없다는 비극적 인식의 결과라는 점에서 부조리하며, 또 현실의 물리적 시간 속에서가 아닌 상상력의 힘을 빌어 자연적 시간의 흐름을 거슬러 오를 때만이 가능하다는 점에서 신화적이다.

1차로 군더더기를 제거하면 다음과 같이 된다.

1차 수정 글: 모든 존재론자들이 겪는 갈등은 덧없는 삶에 대한 가치 부여의 어려움에서 비롯된다. 불변하는 자연물에 대한 인간들의 동경은, 삶의 유한성을 극복하고 영원성을 획득하려는 열망에서 촉발된 것이다. 이러한 노력은 시간적으로 삶이 시작된 최초의 지점으로의 회귀를 꿈꾸는데, 인간의 생존은 결코 몸부림을 벗어날 수 없다는 비극적 인식의 결과라는 점에서 부조리하며, 또 상상력의 힘을 빌려 자연적 시간의 흐름을 거슬러 오를 때만이 가능하다는 점에서 신화적이다.

처음 글과 비교할 때 여러 단어를 없앴음에도 내용이 훨씬 더 잘 읽히는 것을 볼 수 있다. 이렇게 군더더기를 없앴으면, 다음 2단계에서 할 일은, 현재 남아 있는 어려운 단어나 복잡한 표현을 좀 더 쉬운 단어나 간결한 문장으로 바꾸는 일이다. 1차 수정을 통해 완성한 글에서 이 단계를 거치면 다음과 같이 된다.

2차 수정 글: 대부분의 인간은 현재의 삶을 매우 덧없는 것으로 생각한다. 거기에 특별한 가치를 부여하기 어렵기 때문이다. 삶의 유한성에 대한 이러한 회의는 흔히 자연물에 대한 동경과 열망으로 나타난다. 그러한 노력은 시간적으로는 삶이 시작된 최초의 지점, 공간적으로는 태초의 낙원을 향한 회귀 욕구로 표현된다. 그러나 이러한 회귀 욕구는 삶에 대한 비극적 인식에서 비롯된 부조리한 것이며, 상상력을 통해서만 도달할 수 있는 신화적인 것이다.

세 글을 비교해서 읽어보면 처음 글보다는 1차 수정 글이 더 잘 읽히고, 2차 수정 글이 훨씬 쉽게 이해되는 것을 알 수 있다. 좋은 문장은 군더더기를 없애고, 쉬운 말로 풀어 쓰는 작업을 통해 완성된다. 또 군더더기를 제거하는 일과 쉬운 표현으로 바꾸는 일은 반복해서 해야 하는 것이다. 시간을 두고 여러 번 하면 없앨 수 있는 더 많은 것들이 보일 수 있다.

1.3. 맞춤법과 띄어쓰기 적용하기

글을 구성하는 가장 작은 단위이지만 무시할 수 없는 것이 단어이다. 한 편의 글을 읽어나가다가 한 장에서 잘못 쓴 단어를 2-3개 연거푸 발견하고 나면 그 글 내용 전체를 신뢰하기 어렵거나, 글 쓴 사람의 성의를 의심하게 된다. 문장을 구성하는 단어를 어떻게 쓰느냐가 전체 글의 인상을 좌우하기도 한다. 그러니 단어를 점검하는 일이 글의 마지막 완성이다.

1.3.1. 비슷하지만 구별해야 할 어미나 접사

비슷하지만 전혀 다른 의미라 구별해서 써야 할 것들이 많다. 그중에 자주 쓰는 몇 가지는 꼭 구별해서 알아두는 것이 좋겠다. 다음 예문을 보고 각각 어떤 의미로 사용하는지 생각해 보자.

① 조장으로서 할 일을 했을 뿐이다.
①´말로(써) 천 냥 빚을 갚는다.
② 나는 한 번도 지각한 적이 없으므로 칭찬을 받았다.
②´가지고 있던 차까지 내줌으로(써) 부채를 청산했다.
③ 걷든지 뛰든지 제시간에만 오면 된다.
③´판다가 얼마나 귀엽던지 그 모습을 잊을 수가 없다.
④ 이게 웬 떡이냐?
④´가을이 오니 왠지 쓸쓸해.
⑤ 내가 길이요 진리요 생명이다.
⑤´바닥에 물기가 있으니 주의해 주십시오.
⑥ 땜장이는 요즘 보기 드물지만 그래도 꼭 필요한 기술자이다.
⑥´나는 어려서부터 유명한 개구쟁이였다.

정리해 보자면 이렇다.

- '로서 / 로(써)'

  '로서'는 자격을 나타낼 때, '로써'는 도구나 수단을 나타낼 때 쓴다. (한글 맞춤법 제 57항)
- '으므로 / 음으로(써)'

  '으므로'는 앞문장이 뒷문장의 이유가 될 때 사용한다. '그러므로'라는 의미로 기억하면 쉽다. 반면 '음으로(써)'는 앞문장이 수단이 되어 뒷문장의 내용을 할 때 쓰다.
- '든지 / 던지'

  선택의 의미일 때는 '든지'를, 과거 일을 말할 때는 '던지'를 쓴다.
- '웬 / 왠(지)'

  '웬'은 '예상하지 못한 때에 갑자기', '왠(지)'는 '이유를 알 수 없이' 라는 의미로 구별해서 사용하면 된다.
- '(이)요 / (이)오'

  '-요'는 어떤 사물이나 사실을 열거할 때 쓰는 연결 어미이고, '-오'는 설명이나 의문이나 명령을 표현하는 문장을 마칠 때 쓰는 종결어미이다.
- '장이 / 쟁이'

  관련된 기술을 가진 사람을 뜻하는 경우 '장이'를 쓰고, 그러한 속성을 가진 사람을 뜻하는 경우는 '쟁이'를 쓴다.

수학에서도 기본적인 공식은 외우듯, 이러한 어미들은 그 용례와 의미를 외워두는 것이 좋겠다. 많이 쓰는 표현이기 때문이다.

1.3.2. 한글맞춤법 규정 적용의 몇 가지 예들

단어는 국립국어원에서 정하는 우리나라 한글맞춤법과 표준어 규정에 따라 정확하게 쓰면 된다. 우선 전체를 관통하는 큰 원리를 기억하자.

한글맞춤법 제1장 총칙 제1항 : 한글맞춤법은 표준어를 소리대로 적되, 어법에 맞도록 함을 원칙으로 한다.

표준어 규정 제1장 총칙 제1항 : 표준어는 교양있는 사람들이 두루 쓰는 현대 서울 말로 정함을 원칙으로 한다.

'소리대로 적되'는 무슨 말일까? '일군'과 '일꾼'을 예로 생각해 보자. 어느 쪽으로 쓸까? 소리나는 대로 적으니 '일꾼'으로 쓴다. 하지만 '소리대로 적는' 원칙과 함께 '어법에 맞도록' 한다는 원칙도 동시에 지켜야 한다. '어법에 맞도록' 한다는 원칙은 어떻게 이해하면 좋을까? 뜻을 파악하기 쉽도록 각 형태소의 모양을 살려서 적는다는 말이다. 형태소라는 말이 어려우면, 어떤 한 단어의 원형을 고려하여 적는 것으로 이해하면 된다. '꽃'에 '이, 을, 도, 만' 등을 결합해 보자.

소리나는 대로 적기 → 꼬치, 꼬츨, 꼬또, 꼰만
소리나는 대로 적되 원형을 고려하며 적기 → 꽃이, 꽃을, 꽃도, 꽃만

소리나는 대로만 한다면 모양과 의미가 유사한 말들을 구별할 수 없게 된다. 원형을 고려할 때 비로소 정확히 적을 수 있다.

어법에 맞게 하는 것, 즉 원형을 고려한다는 것은 어렵지 않다. 한 가지만 기억하면 된다. '기본형'으로 돌아가라. 그런 후에 여러 어미나 조사를 붙이면 된다. 다음 문장에서 어느 것을 써야 할지 골라보자.

생명보다 돈을 우선하는 인간은 (돼지/되지) **마라.**
나의 (바람/바램)**은 어느 상황에서나 희망을 볼 수 있는 사람이 되는 거야.**

'돼지'를 쓸지 '되지'를 쓸지를 고민할 때 기본형을 기억하자. 기본형은 '되다'이다. 여기에 '-지'라는 어미가 붙는 것이다. '되+지'와 같이 연결되는 것을 기억하고 나면 '생명보다 돈을 우선하는 인간은 되지 마라'와 같이 쓸 것이다.

'바람'을 쓸지 '바램'을 쓸지를 고민할 때 마찬가지로 기본형을 생각하자. '바라다'가 기본형이라는 것을 떠올리면 '바라-'에 명사형 어미 'ㅁ'을 붙인다는 사실을 알 수 있어서 '나의 바람은 어느 상황에서나 희망을 볼 수 있는 사람이 되는 거야'라고 쓸 수 있다.

이런 큰 원리를 기억하면 많은 경우 한글맞춤법과 표준어 규정에 맞는 표기를 할 수 있다. 그 규정을 모두 외우거나 설명할 수는 없으므로 예시 문장들을 통해 살펴보기로 한다.

표기의 원칙을 생각하면서 다음 중에서 어떤 것이 옳은지 찾아보자. 상황에 맞도록 적절한 어휘를 써야 하는 경우도 신경써 보자.

① 새로 시작할 사업에 대한 생각이 (번득 / 번뜩) 떠올랐다.

② 신당동에는 특이한 가게가 많아 멋진 것 (같아 / 같애).

③ (거친 / 거칠은) 피부를 위해 피부 관리를 해야겠다.

④ 후속 작품이 나왔다는 소문이 (금새 / 금세) 퍼졌다.

⑤ 이집트는 (일찌기 / 일찍이) 문명을 꽃피운 나라이다.

⑥ 반드시 고칠 테니 저한테 (며칠 / 몇일)만 시간을 주세요.

⑦ 연이은 사업 실패로 자가 아파트에서 (전셋집 / 전세집)으로, 다시 (월셋집 / 월세집)으로, 마지막에는 쪽방으로까지 밀려났다.

⑧ 너는 저렇게 인정머리 없는 사람은 (돼지 / 되지) 마라.

⑨ 내가 이번 시험에 모든 문제를 다 (맞췄어 / 맞혔어).

⑩ 젊어서부터 안정적인 투자를 하여 자기 재산을 (늘리다 / 늘이다).

⑪ 다시는 폭식과 폭음을 (안 / 않) 하겠다.

⑫ (시청율 / 시청률)을 너무 의식하다 보면, 프로그램의 질이 떨어집니다.

⑬ 아랫마을 / 아래마을, 깻잎 / 깨잎, 훗일 / 후일, 귓병 / 귀병, 제삿날 / 제사날, 횟수 / 회수, 욧점 / 요점

①에서 '번득'은 대부분의 화자들이 '번뜩'이라고 소리내어 읽는다. 그 발음에 따라 구분해서 적어야 하기 때문에 '번뜩'이 맞다. (한글 맞춤법 제5항)

②에서 '같아'는 어간 '같-'에 어미 '아'가 결합된 것이므로 '가태'로 발음하는 것은 잘못이다. '같아'로 쓰고 '가타'로 발음해야 한다. (한글 맞춤법 제15항)

③은 'ㄹ'받침을 가진 용언에 관형형 어미가 연결되면 'ㄹ'이 탈락되는 것이 원칙이다. '거칠은''날으는''녹슬은'이 아니라 '거친''나는''녹슨'으로 적어야 한다. (한글 맞춤법 제18항)

④에서 '금세'는 '금시(今時)+에'가 줄어든 말이므로 '금세'로 적어야 한다. '어느새, 요새, 밤새'의 '새'는 '사이'가 줄어든 것이다.

⑤은 부사에 '-이'가 붙어서 역시 부사가 되는 경우 그 원형을 밝혀 적는다. '일찍이''더욱이''오뚝이'는 '일찍''더욱''오뚝'과의 관련성을 고려하여 '일찌기''더우기''오뚜기'로 적지 않는다. (한글맞춤법 제25항)

⑥은 한글맞춤법 제 27항에서 "둘 이상의 단어가 어울리거나 접두사가 붙어서 이루어진 말은 각각 그 원형을 밝히어 적는다."라는 규정을 근거로 삼는다면 '몇+일'은 '몇일'로 적어야 할 것이다. 하지만 같은 항 〈붙임〉항목에 "어원이 분명하지 않은 것은 원형을 밝히어 적지 않는다."라는 예로 '골병, 골탕, 며칠' 등을 들고 있다. 이와 같이 한글맞춤법은 그 어원이 분명하지 않은 것은 원형을 밝혀 적지 않고 소리 나는 대로 적을 것을 명시하고 있다. '며칠'은 현대국어에서 그 어원을 밝힐 수 없는 것이므로 소리나는 대로 '며칠'이라고 적게 되는 것이다. (한글맞춤법 제27항)

⑦은 단어와 단어가 결합할 때 들어가는 사이시옷 규정에 관한 예문이다. 순우리말 또는 순우리말과 한자어로 된 합성어 중에서 앞말이 모음으로 끝날 때 뒷말의 첫소리가 된소리로 나면 단어와 단어 사이에 사이이옷을 적어준다. 또 뒷말의 첫소리가 된소리로 날 때, 뒷말의 첫소리 'ㄴ, ㅁ' 앞에서 'ㄴ' 소리가 덧날 때, 뒷말의 첫소리 모음 앞에서 'ㄴㄴ' 소리가 덧날 때 사이시옷을 쓴다. 전세, 월세는 한자이지만 집은 순우리말이다. 둘이 결합하면 한자어와 순우리말로 된 합성어이므로 '전셋집', '월셋집'이 정답이다.

⑧에서 '되라'와 '돼라'의 차이는 전자는 '되-+-(으)라'이고 후자는 '되-+-어라'라는 점이다. '되-'에 '어'로 시작하는 어미가 연결되어 줄어드는 경우는 '돼'가 된다. '되다'의 활용형 '되어'가 '돼'로 줄어드는 것은 '하다'의 활용형 '하여'가 '해'로 줄어드는 것과 똑같은 환경이다. (한글맞춤법 제35항)

⑨에서는 '맞추다/맞히다'를 적절하게 써야 하는 원칙을 말하고 있다. '맞추다'는 '기준이나 다른 것에 비교하다'라는 의미를 가지고 있고, '맞히다'는 '맞다'의 사동사로 '적중하다'의 의미를 지닌다. (한글맞춤법 제55항, 57항)

⑩에서 '늘이다'는 '힘을 가해서 본디의 길이보다 더 길어지게 하다'는 의미이고, '늘리다'는 '늘게 하다'는 의미로 '고무줄을 늘이다', '용수철을 늘이다'와 '재산을 늘리다', '실력을 늘리다'와 같이 쓰인다. (한글맞춤법 제57항)

⑪에서 '안'은 '아니'의 준말로 부사이고, '않-'은 '아니하-'의 준말로 '않다', '않았다', '않겠다'와 같이 활용하는 용언이다. 즉 '안'은 다른 용언을 수식하는 부사로

쓰이고, '않-'은 문장의 서술어로 "내가 하지 않았다"처럼 '-지 않-'의 구성으로 주로 쓰인다.

⑫에서 '률'을 쓸 것인가 '율'을 쓸 것인가에서 제일 중요한 것은 기본형이 무엇인지 안 후에 예외 규정을 아는 것이다. 기본은 '률'이다. 모든 단어는 '률'을 쓴다. 다만 모음으로 끝나는 말이나 'ㄴ'받침 뒤에 올 때만 '율'로 적는다. 기본형이 무엇인지 헷갈리면 예외를 알아도 소용없다. 기본형을 꼭 알아두자. '시청'은 받침 'ㅇ'이 있는 글자이므로 예외에 속하지 않는다. 그러므로 기본형으로 써서 '시청률'로 쓴다.

⑬은 사이시옷을 써야 하는가 아닌가의 문제이다. ⑦에서 설명한 내용을 참조하기 바란다. 이것에 따르면 각 표현의 적절성은 이렇게 구분된다.

순우리말로 된 합성어인 앞의 두 경우는 '아랫마을, 깻잎'으로 쓴다. '후'는 한자이지만 '일'은 우리말이다. 우리말이 포함되어 우리말과 한자어가 합성된 합성어도 사이시옷을 써서 '훗일'이 된다. 다음 두 경우는 뒷말의 첫소리 'ㄴ, ㅁ' 앞에서 'ㄴ' 소리가 덧나는 경우로 '귓병, 제삿날'로 쓴다. 한자어로 된 합성어는 사이시옷을 쓰지 않는다. 단, 두 음절로 된 한자어 중 총 6개의 한자음(곳간, 셋방, 숫자, 찻간, 툇간, 횟수)만은 예외로 하여 사잇시옷을 쓴다. 그러므로 6개에 속하는 단어는 '횟수', 여기에 속하지 않는 단어는 '요점'이라고 써야 한다(제4장 제3항).

한글맞춤법 표준어 규정을 완벽하게 하나하나 다 외우는 사람은 드물다. 다만 큰 원리를 기억하고, 자주 사용하는 사례를 중심으로 정확히 사용하려 노력하는 것이 중요하다.

1.3.3. 띄어쓰기 대원칙과 몇 가지 예들

한글맞춤법 규정 중에 모두가 어려워하는 것이 띄어쓰기이다. 이것 역시 완벽하게 알기는 어렵지만, 큰 원칙을 중심으로 알아두면 큰 문제 없이 좋은 글을 쓸 수 있다. 두 가지 원리를 기억하자.

띄어쓰기의 대원칙

첫 번째, 한글맞춤법 제1장 총칙 제2항에 '문장의 각 단어는 띄어 씀을 원칙으로 한다.'라고 하였다. 두 번째, 조사와 어미는 붙여 쓴다. 조사나 어미는 독립된 개념을 갖지 않고 문법상의 기능만 하므로 체언이나 용언의 어근과 같이 실질적인 개념을 가진 단어에 붙여 쓴다. 그러니 기본적으로 조사와 어미를 제외한 모든 단어는 띄어 써야 한다.

높임을 나타내는 어미 '-시-', 과거 시제를 나타내는 '-었-', 연결어미 '-으니' 등이 모두 어미이다. 조사에는 격조사와 보조사가 있다. 체언 뒤에 붙어 앞의 말이 다른 말에 대하여 갖는 일정한 자격을 나타내는 단어인 '이/가/을/를/(이)다' 등이 격조사이다. 보조사는 체언, 부사, 활용 어미 뒤에 붙어서 특별한 의미를 더해주는 기능을 하는 '은/는/도/만/까지/조차/부터' 등이 있다.

이런 어미와 조사는 붙여 쓰고 나머지 모든 단어는 띄어 쓰는 것이 띄어쓰기의 대원칙이다. 대원칙을 기억하면서 몇 가지 주의할 사항을 알아두면 띄어쓰기의 문제를 대부분 해결할 수 있다.

띄어쓰기 적용의 몇 가지 예들

어미와 조사만 붙여 쓰면 된다는 원리는 한마디로 간단하지만 실제로 글을 쓰다 보면, 그것이 조사인지 아닌지 판단하기 어려운 경우가 있다.

조사에는 격조사와 보조사가 있다. '이/가/을/를' 같은 격조사는 구별하기 쉽다. 보조사는 체언이나 활용 어미 등에 붙어서 특별한 의미를 더해 주는 조사로, '은/는/도/만/까지/마저/조차' 등이 있다. 그런데 보조사와 형태는 같은데 보조사가 아니라 의존명사인 단어가 몇 가지 있어서 어렵다.

의존명사는 한 글자일지라도 명사이므로 띄어 쓴다. 의존 명사는 다른 말 아래에 기대어 쓰는 명사로, '수', '것', '따름', '뿐', '데', '식' 등이 있다.

① 여기는 너무 좁아서 작업을 할 수 없으니, 다른 데 찾아봐.

② 그렇게 농담 식으로 고백하지 마.

③ 믿을 것은 오직 함께 하는 동료뿐이다.

④ 너뿐 아니라 나도 가야 한다.

⑤ 가족은 서로 사랑할 뿐 아니라 미워하기도 한다.

⑥ 저는 단지 잘 살폈을 뿐입니다.

①과 ②에 있는 수, 데, 식은 모두 의존명사이다. 그러므로 띄어 쓴다. ③~⑥에 있는 '뿐'은 조사로도 쓰이고 의존명사로도 쓰이는 단어다. 형태가 같지만 기능은

다르다. 앞에 있는 말이 명사, 대명사, 수사 등의 체언이면 뒤에 붙는 '뿐'은 조사이다. 그러므로 붙여 쓴다. 앞에 있는 말이 동사, 형용사 등의 용언이면 그 뒤에 있는 '뿐'은 의존명사이다. 조사가 아니므로 띄어 쓴다. 그러므로 ③과 ④에 쓴 '뿐'은 '동료'와 '너'라는 체언 뒤에 붙은 조사이므로 붙여 쓴다. ⑤와 ⑥에서 '사랑할'과 '살폈을'은 용언의 관형사형이고 그 뒤에 있는 '뿐'은 의존 명사이므로 띄어 쓴다.

'대로', '만큼', '차' 등도 보조사로도 의존명사로도 쓰이는 단어이다. '간식은 간식대로, 달라는 대로, 전봇대만큼, 애쓴 만큼, 인사차, 가려던 차' 등과 같이, 앞 단락에서 설명한 원리를 기억하며 띄어 쓸지 말지 구분하면 된다.

원리상 어미는 붙여 쓰면 되지만, 같은 모양의 글자가 어미로도 쓰이고 명사로도 쓰이는 경우가 있어서 판단하기 어려운 경우도 있다.

① 학교에 가는데 갑자기 소나기가 쏟아졌다.

② 이상하게 내가 가는 데마다 품절이라네.

③ 머리 (아픈 데 / 아픈데) 먹는 약이다.

④ 그 기계를 (고치는 데 / 고치는데) 거기서 이상한 소리가 들렸다.

의존명사 '데'도 있지만, 연결어미 'ㄴ데'도 있다. 모양이 같아 혼동될 수 있다. 구별하기 어려우면 다음과 같이 구분하다. '데' 뒤에 '에'와 같은 조사를 결합시킬 수 있다면 명사이고 그럴 수 없으면 어미이다. 또 '데' 대신 다른 말로 바꾸어 쓸 수 있으면 명사이고 그럴 수 없으면 어미이다. '학교에 가는데에'라고 쓰면 어색하다. '데'가 어미이기 때문이다. '내가 가는 데'를 '내가 가는 곳'으로 고쳐 쓸 수 있다. 명사이기 때문이다. 같은 방식으로 접근하면 ③의 '데'는 명사이니 띄어 쓰면, ④의 '데'는 어미이니 붙여 쓴다.

두 단어를 나란히 쓰면 당연히 각각의 단어를 띄어 쓴다. 하지만 그 '두' 단어가 하나의 단어로 굳어져 공인되면 붙여 쓴다. 예를 들어 '우리'와 '나라'는 각각 다른 단어이지만 '우리나라'는 대한민국이라는 한 의미를 갖는 단어로 굳어졌으므로 붙여 쓴다. '내 아버지의 형'을 '큰아버지'라고 부른다. '큰'과 '아버지'가 각각 다른 단어이지만 '큰아버지'는 하나의 개념으로 굳어졌으므로 붙여 쓴다.

단위를 나타내는 명사도 당연히 한 단어이므로 띄어 쓴다. 다만 아라비아 숫자 뒤에 붙을 경우에는 붙여 쓴다. 예컨대 '볼펜 열 자루'라고 쓰고, '볼펜 10자루'

라고 쓰는 것이다.

성과 이름은 붙여쓴다. 성이 두 자이거나 이름이 외자인 경우만 혼동을 피하기 위해 예외적으로 띄어 쓸 수 있지만 기본은 다 붙여 쓰는 것이다. 김성수, 박서우, 이광수, 허웅 또는 허 웅, 남궁민 또는 남궁 민… 이런 식으로 쓴다.

성과 이름은 붙여 쓰지만 여기에 덧붙는 호칭어나 관직명은 띄어쓴다. 김미현 씨, 최치원 선생, 정석원 박사, 충무공 이순신 장군 등과 같이 쓴다.

띄어쓰기를 완벽하게 이해하고 잘하는 사람은 사실 국어학자들 중에도 별로 없다. 그러니 몇 군데 잘못 했다고 크게 상심할 필요는 없다. 몇 가지 원리를 떠올리면서 띄어 쓰고, 표준국어대사전 등에서 검색해 보면서 글을 쓰고 고치다 보면 맞춤법이든 띄어쓰기든 물의 없이 잘해 나갈 수 있을 것이다.

연습 문제 2

1. 다음 중 한글맞춤법과 표준어 규정에 맞는 것을 고르시오.

1) 어서 어른이 (돼서 / 되서) 마음껏 여행해야지.
2) 교실에 들어서는데 갑자기 (우레 / 우뢰)와 같은 박수 소리가 들렸다.
3) 지하철에서 이어폰 없이 음악을 듣는 일은 (삼가 / 삼가해) 주십시오.
4) 정민이 아버지는 (미쟁이 / 미장이) 일을 하신다.
5) 네가 (오든지 말든지 / 오던지 말던지) 상관 없지만, 예약을 위해서 미리 알려주기 바란다.
6) 칼이 잘 들지 않아 (가는 / 갈으는) 중이다.
7) (밤새 / 밤세) 잠이 오지 않아 뒤척였다.
8) (더욱이 / 더우기) 안타까운 점은 인생은 짧은데, 사람들은 서로 미워하느라 정신이 없다는 것입니다.
9) 농구하다 다리를 다쳐서 병원에 (몇일 / 며칠) 동안 입원했다.
10) 휴대폰만 보고 걷다가 전봇대와 부딪쳐 (아래입술 / 아랫입술)이 터졌다.

2. 한글맞춤법과 띄어쓰기 원칙에 주의하여 잘못된 것을 모두 찾아 바르게 고치시오.

1) 오늘 점심으로 떡볶기 어때?
2) 판다는 소리에 민감하니 관람객들은 모두 조용이 해 주십시오.
3) 제사날 제삿상에 올릴 음식은 더욱 정성스럽게 준비해야 한다.

4) 눈이 나빠졌는지 안경의 촛점이 않 맞는다.

5) 입사 기념으로 정장 한벌과 구두 두켤레를 샀다.

6) 열두 시 삼십 분 쯤 고속도로에서 교통사고가 났다.

7) 길이 막혀서 약속시간에 늦을수 밖에 없었다.

8) 친구랑 영화를 보는 데 휴대폰이 울려 민망했다.

9) 나의 소원은 우리 가족 모두의 건강 뿐이다.

10) 내 책상에는 책, 연필, 달력, 테블릿, 탁상시계등이 있다.

▶ 정답은 부록(225쪽)에 있습니다.

2

설명하기

• • •

어떤 전개 방식을 사용하면 좀 더 효과적으로 주제를 전달할 수 있을까? 이를 고민하면서 여러 방식을 적절하게 사용하면, 글을 보완하는 데에 도움이 될 수 있다. 글을 전개하는 방식은 크게 설명, 묘사, 서사, 논증으로 구분될 수 있는데, 이 장에서는 **설명**에 대해 중점적으로 알아보기로 하자. 여기에서 설명에 더 비중을 두는 이유는 보고서, 저널, 논문 등 앞으로 자주 쓰게 될 대학 글쓰기에서 설명의 방식이 갖는 중요성 때문이다.

본격적으로 설명에 대해 알아보기 전에 묘사와 서사를 간단하게 살펴보면 다음과 같다. **묘사**는 대상에 대한 판단을 배제하고, 대상으로부터 받은 인상을 있는 그대로 옮김으로써, 마치 눈앞에 마주하고 있는 것처럼 독자가 느낄 수 있도록, 생생하게 대상을 재현하는 방식이다. 사물을 추상적 개념으로 풀이하는 것이 아니라, 그 겉모양이나 빛깔 또는 외형적 특징을 구체적으로 그려 보여준다는 점에서, 묘사는 그림과 매우 유사하다. 다음 예문을 보자.

① 그 여자의 머리는 검고 윤기가 자르르했다. 산발로 늘어뜨린 검은 머리채는 얼굴을 거의 감싸고 있었다. 비둘기 알을 오똑하게 세워 놓은 듯한 하얗고 갸름한 얼굴의 위쪽에는 숱이 많지도 않은 눈썹이 그려 붙인 듯하였다. 그 아래에는 은

은히 반짝이는 눈동자가 자리를 잡고 있었다. 빚어 붙인 듯한 코는 전체 얼굴 모습의 균형을 깨뜨리지 않으려는 듯 조심스럽게 뻗어 있었다. 가볍게 닫은 두 입술은 엷은 핑크빛을 띠었는데 그 사이로 가끔 하얀 이가 쪽 곧게 드러나 보였다.

② 그 여자의 얼굴은 매우 아름답고 매력적이었다. 더구나 그 아름다움과 매력이 전형적인 동양미의 극치를 이룬다고 할 만하였다. 산발로 길게 늘어뜨린 검고 윤이 자르르한 머리, 비둘기 알을 오똑이 세워 놓은 듯한 하얗고 갸름한 얼굴은 은근한 동양적 아름다움과 매혹을 자아내게 한다. 숱이 적지도 않고 많지도 않은, 그려 붙인 듯한 눈썹과 그 아래 은은히 반짝이는 검은 눈동자도 동양미의 요소임은 말할 것도 없다. 핑크빛을 띤 앵두 같은 입술 하며 그 사이로 드러나는 하얀 이들도 그런 멋을 한층 더하였다.

①에서는 그 여자의 모습이 있는 그대로 그려져 있을 뿐, 글쓴이의 판단이나 설명은 끼어들지 않고 있다. ①과 동일한 대상을 두고 설명의 방식으로 전개하면 ②와 같은 예문이 된다. ①과 달리 ②에서는 거의 모든 내용에 필자 나름의 주관적인 판단과 해석이 들어 있다. 두 예문을 주의 깊게 살펴보면 묘사와 설명의 차이를 알 수 있을 것이다.

서사는 시간의 경과에 따라 펼쳐지는 행동이나 사건을 글로 엮어 나타내는 전개 방식이다. 묘사가 사물의 모습을 있는 그대로 그려 보여주는 것이라면, 서사는 하나의 상황에서 다른 상황으로 움직이는 과정, 특히 인과관계에 따른 내적 필연성을 지닌 인간의 행위를 중심으로 사건의 전개 과정을 보여준다. 그래서 서사에서는 행위의 주체와 대상, 동기와 목적, 행위가 이루어진 시간과 장소가 드러나야 한다. 흔히 육하원칙이라고 말하는 '누가, 언제, 어디서, 무엇을, 어떻게, 왜'의 6가지 요소는 효과적인 서사를 위해 기본적으로 요구되는 사항이다.

묘사나 서사와 달리, **설명**은 특정 사건이나 대상에 대하여 자신이 아는 내용을 상대방에게 쉽게 이해할 수 있도록 서술하는 전개 방식이다. 특정 사건이나 대상에 대해 자신이 아는 내용을 어떻게 하면 상대방이 쉽게 이해할 수 있게 할 것인지에 대해 고민한다면, 설명 중에서도 **정의**, **비교**, **대조**, **유추**, **분류**, **분석**, **인용**, **예시**의 방식을 적용해보자.

2.1. 정의

정의는 도입 단락에서 많이 사용되는 설명 방법으로, 앞으로 설명하려고 하는 대상에 대해 정확한 뜻매김을 함으로써 논의의 실마리를 풀어나가려고 할 때, 주제와 관련된 낱말이나 어구에 대해 개념을 분명히 해야 할 때, 익숙한 말이라 할지라도 필자 나름의 독특한 개념을 제시할 때 사용된다. 정의를 내린다는 것은 대상의 범위와 경계를 설정하고, 가장 기본적인 특징을 서술하는 것이다. 사전, 교과서, 학술 논문, 백과사전, 조사 보고서, 잡지의 기사문 등에서 많이 나타나는 서술 방식이 정의이다. 다만, 너무 남용하면 교과서처럼 딱딱한 느낌을 줄 수 있다.

또한, 글을 쓸 때 사전적 정의에 머무르지 않는 것에 유의해야 한다. 개념 정의가 중요하다는 것을 알고 이로부터 글쓰기를 시작하는 경우가 적지 않은데, 문제는 그것이 사전적 정의의 수준에서 그친다는 데 있다. 사전적 정의에서 출발하여 실제 글쓰기에서 다루는 내용에 입각한 맥락적 정의의 차원으로까지 나아가는 것이 필요하다.

> 환유나 제유에서와는 달리 은유에서 의미의 전이는 어디까지나 서로 다른 두 개념 영역 또는 의미 영역 안에서 일어난다. 은유는 같은 개념이나 의미 층위에서는 좀처럼 일어날 수 없고 오직 서로 다른 층위에서만 생겨난다. 좀 더 자세한 논의가 필요하지만 은유란 일단 서로 다른 두 대상이나 개념 사이에서 유사성이나 차별성을 찾아내는 비유법이라고 할 수 있다. 그런데 유사성이나 차별성을 찾아내기 위해서는 그 대상이나 개념이 서로 다르지 않으면 안 된다. 어떤 두 대상이 서로 닮았다거나 차이가 난다는 것은 곧 다른 종류에 속한다는 것을 뜻한다. 서로 다르지 않고서는 유사성이나 차별성을 찾아낼 수 없을 것이다.
>
> - 김욱동,『은유와 환유』, 민음사, 1999, 111-112쪽.

단락의 소주제나 그와 관련된 주요 낱말을 정의하는 것이 글의 내용을 전개하는 하나의 기본 방식이 될 수 있기 때문에, 정의는 단독으로 또는 다른 설명과 어울려서 단락을 이룰 수 있다. 위의 예문은 정의로 단락을 이룬 경우로, 은유에서 의미의 전이가 어떻게 이루어지는가에 대해 설명하고 있다.

2.2. 비교와 대조

비교와 대조는 설명하려는 사항을 그것과 유사하거나 서로 다른 것을 이용하여 설명하는 방식이다. 비교가 공통점을 토대로 두 사물을 견주면서 설명하는 방법이라면, 대조는 두 사물의 다른 점을 지적하여 설명하려는 사항을 드러내는 설명 방법이다. 실제 글쓰기에서 비교와 대조는 거의 동시에 활용되는 경우가 많은데, 비교와 대조의 방법을 적절하게 사용한다면 설명의 효과를 높일 수 있다.

> 최북과 반 고흐는 둘 다 '미치광이 화가'라는 소리를 들었다. 반 고흐는 "새로운 화가를 세상은 광인 취급한다. 내가 돌아버릴수록 더욱 진정한 예술가로 거듭나는 줄 모르고……"라고 했다. 칠칠이 최북도 자신을 미친 사람 취급하는 사람에게 손가락질하기는 마찬가지였다. 돈 보따리 싸들고 와 거드름 피우는 고관에게는 엉터리 그림을 던져줘 희롱하고 득의작을 몰라주면 그 자리에서 박박 찢었다. 두 화가는 자신의 미친 짓이 곧 "지독하도록 말짱한 세상 때문"이라 했다. (중략)
>
> 반 고흐의 풍경화는 오렌지색과 자주색, 불타는 진노란색과 아찔한 녹색으로 사람의 넋을 흔든다. 그는 밀레의 더럽고 가난한 농부 그림을 본받으면서 "예쁜 초상화나 세련된 풍경화는 내 것이 아니니 거칠더라도 영혼이 있는 인생을 그리겠다"고 했다. 최북은 담홍색과 청색 그리고 짙고 옅은 먹색의 꾸밈없는 붓놀림을 즐겼다. 농 삼아 부른 별호가 '최메추리'일 만큼 그는 중국산 꿩보다 토종 메추리 그리기를 좋아했다. 또 "중국과 조선이 다른데도 조선인은 중국의 산수만 좋아한다. 조선인이라면 조선의 산수를 그려야 한다"고 목청을 높였다. (중략)
>
> 그러나 권총자살한 반 고흐는 지금도 살아 있다. 유행가 <빈센트>에 실려서, 그리고 영화 <반 고흐>에 옮겨지며 매번 환생한다. 최북은 열흘을 굶다 그림 한 폭 팔아 술을 사 마신 날 겨울 성곽의 삼장설에 쓰러져 죽었다. 그러고는 교과서에서조차 찾기 어렵다.
>
> \- 손철주, 『그림 아는 만큼 보인다』, 오픈하우스, 2011, 21-24쪽.

위의 예문은 서양화가 중 한 명인 반 고흐와 우리나라 조선의 화가 중 한 명인 최북을 비교한 글이다. 두 사람은 손가락질하고 알아주지 않는 세상에 대해 광기 어린 행동을 보였다는 점에서 공통되고, 또 남을 흉내 내지 않고 자신만의 예술성을 드러내었다는 점 등에서 공통된다. 둘 다 훌륭한 예술가였다는 것이 비교를 통해서 잘 드러난다. 마지막 단락에서 두 사람이 갈리지만 앞서 제시한 유사점 때문에 마지막 단락에 쓴 두 사람의 차이가 더 안타깝게 드러난다. 이처럼 대상들의 유사점을 찾아, 그것을 비교함으로써 주제를 선명하게 부각할 수 있다.

> 사람이 추구하는 가치가 셋 있는데 하나는 자연이요, 하나는 신이요, 하나는 사람이다. 서양 철학사에서 보면 고대 천년은 자연을 사랑하는 때요, 중세 천년은 신을 사랑하는 때요, 근대 천년은 사람을 사랑하는 때다.
>
> 서양 사람의 관심은 사람에 있고, 중동 사람의 관심은 신에 있고, 동양 사람의 관심은 자연에 있는 것 같다. 서양 사람이 가장 아름답다고 생각하는 것은 사람이다. 그들은 신들도 사람으로 표현하고, 자연도 사람으로 표현하고, 사람도 사람으로 표현한다. 그러나 동양 사람들이 제일 좋아하는 것은 자연이다. 신도 자연이요, 사람도 자연이요, 자연도 자연이다. 서양 사람들이 아름다움을 표시하는 조각이나 그림은 거의 다 사람이다. 반면에 동양 사람의 그림은 거의 다 자연이다. 모나리자의 얼굴 뒤에는 산과 들이 희미하게 보이는 데 비하여 동양의 산수화는 높은 산 넓은 물에 배 한 척이 떠 있고 그 배에 탄 사람은 점 하나에 불과하다.
>
> 서양 사람은 신도 인간이다. 왕이 신이 되기도 하고, 영웅이 신이 되기도 한다. 그러나 동양 사람의 신은 산이요, 물이다. 동양에도 신이란 말이 없는 것은 아니다. 그러나 신보다 훨씬 높은 것이 자연이요, 천지다. 그래서 동양 사람들은 천지신명이라고 한다. 우선 천지가 있고 그 다음이 신이다. 이런 의미에서 동양 사람이 말하는 신은 아니마(anima)요, 신이 아니다. 신이라면 신난다는 신이지 천지를 창조한 신은 아니다.
>
> - 김흥호, 『푸른 바위에 새긴 글』, 솔, 1999, 5-6쪽.

위의 예문은 자연과 신과 사람에 대한 관심이 동양과 서양에서 어떻게 달리 나타나는가를 대조적으로 설명함으로써 동양과 서양의 문화가 지닌 차이점을 잘 보여주고 있다. 이러한 대조는 동양과 서양의 차이를 일방적으로 설명하는 것보다 강렬하고도 분명한 느낌을 줄 수 있다.

2.3. 유추

유추는 두 사물의 유사성을 바탕으로, 한쪽의 사물이 어떤 성질이나 관계를 가질 경우, 다른 사물도 그와 같은 성질 또는 관계를 가질 것이라고 추리하는 것으로, 유비추리(類比推理)라고도 한다. 하나의 유(類)에 속하는 종(種)이나 개체(個體)에 적용할 수 있는 명제(命題)는 같은 유에 속하는 다른 종이나 개체에도 적용할 수 있다는 것이 유추, 즉 '유에 의한 추론(推論)'의 내용이다. 이미 알고 있는 사항과 아직 모르고 있는 사항 사이의 유사성을 검토하여 새로운 사실을 추정하는 글을 쓴다면, 그것도 유추에 바탕을 둔 서술이다. 요컨대, 유추는 복수(複數) 성질의 상관관계에 관한 추리라고 할 수 있다.

> 내게는 여섯 살 난 아들이 있다. 이름은 진규다. 아들은 나에게 의존하여 생활하고 있지만, 스스로 생활비를 벌 충분한 능력이 있다. 나는 아들의 의식주 비용과 교육 및 의료 비용을 지불하고 있지만, 내 아들 또래의 아이들 수백만 명은 벌써부터 일을 하고 있다. 18세기에 살았던 대니얼 디포는 아이들은 네 살부터 생활비를 벌 수 있다고 생각했다.
>
> 그뿐인가. 일을 하면 진규의 인성 개발에도 많은 도움이 될 것이다. 아이는 지금 온실 속에서 살고 있기에 돈이 중요한 줄 모르고 지낸다. 아이는 자기 엄마와 내가 저를 위해 노력하는 것에 대해, 자신의 한가로운 생활을 보조하고 자신을 가혹한 현실로부터 보호해 주는 것에 대해 전혀 고마움을 모른다. 아이는 과잉보호를 받고 있으니 좀 더 생산적인 인간이 될 수 있도록 경쟁에 노출시켜야 한다. 아이가 경쟁에 더 많이, 그리고 더 빨리 노출될수록 미래에 아이의 발전에는 더 많은 도움이 될 것이고, 아이는 힘든 일을 감당할 수 있는 정신력을 갖추게 될 것이다. 나는 아이를 학교에 보내지 말고 일을 하게 해야 한다. 아이에게 더 많은 직업 선택의 기회를 주기 위해서 아동 노동이 합법적이거나 최소한 묵인이라도 되는 나라로 이주를 생각할 수도 있는 노릇이다.
>
> 내 귀에는 여러분이 나를 보고 미친 사람이라고 욕하는 소리가 들린다. 생각이 짧다고. 매몰찬 사람이라고. 여러분은 나에게 아이를 보호하고 양육해야 한다고 말할 것이다. (중략)
>
> 나의 이런 터무니없는 주장은 개발도상국에는 급속하고 대대적인 무역 자유화

가 필요하다는 자유무역주의 경제학자들의 주장과 근본적으로 논지가 일치한다. 이들은 개발도상국의 생산자들이 생존을 위해 자기의 생산성을 끌어올리려는 동기를 가질 수 있도록 지금 당장 가능한 한 경쟁에 많이 노출시켜야 한다고 주장한다. 보호는 안이함과 나태함만 유발할 뿐이므로, 경쟁에 노출되는 것이 빠르면 빠를수록 경제 발전에 더 많은 도움이 된다는 것이다.

- 장하준, 이순희 옮김, 『나쁜 사마리아인들』, 부키, 2023, 123-124쪽.

위의 예문에서는 "자유 무역 정책이 경제 성장에 도움이 되는 것은 아니다"라는 논지를 펼치기 위해 다소 어렵고 생소한 개념을 저자 주변의 친숙한 대상과의 유사성을 바탕으로 서술하여 논지에 대한 이해도와 설득력을 높이고 있다. 이렇게 유추를 통해 어려운 내용은 친숙한 대상(혹은 상황)으로 이해하기 쉽게 서술할 수 있다.

2.4. 분류

분류는 낱낱이 흩어져 있는 사물의 유사점으로 묶어 유형화하거나, 무질서한 대상에 질서를 부여하여 체계적으로 설명하는 방법이다. 신문 지면을 섹션별로 나누거나, 도서관이나 서점에서 책을 정리하는 방식 따위가 분류를 통해 이루어지는데, 실제 우리 주변에서 다양한 분류가 이루어지고 있음을 알 수 있다.

분류는 분석과 혼동되기도 하는데, 둘 사이에는 기본적인 차이점이 있다. 분석이 하나의 대상 혹은 개념을 차이점에 따라 부분으로 나누는 것이라면, 분류는 많은 대상을 유사점으로 묶어 주는 것이다. 다시 말해 분석의 대상이 단수라면, 분류는 복수를 대상으로 한다.

분류를 위해서는 반드시 고려해야 할 사항들이 있다. 첫째, 분류된 항목들은 반드시 유사점이 있어야만 한다. 둘째, 한 가지의 분류 기준만을 적용해야 한다. 셋째, 유형들의 경계는 명확해야 한다. 다시 말하면, 구분이 애매해서 그 적용에 중복되는 항목이 있어서는 안 된다. 넷째, 유형들은 대상 전체를 포괄할 수 있어야 한다. 즉, 어느 유형에도 포함되지 않는 항목이 생겨서는 안 된다.

> 문학의 갈래 구분은 일반적으로 서정(抒情), 서사(敍事), 극(劇), 교술(敎述)로 나누는 방식을 취한다. 이것은 사건이나 체험을 전달하는 방식인 노래하기, 이야기하기, 보여주기, 알려주기에 각각 해당한다. 이는 장르가 어느 시대, 어느 민족의 문학에도 나타난다고 보는 이른바 장르류(유개념(類槪念), Gattung)에 따른 것이다. 물론 장르는 이처럼 하위 장르들을 포괄하는 상위개념으로 쓰이기도 하지만, 역사적이고 관습적인 개별적 차원에서도 쓰인다. 이것을 장르종(종개념(種槪念), Art)이라 한다. 이른바 고대시가, 향가, 고려가요, 현대시, 설화(신화, 전설, 민담), 고전소설, 현대소설 등이 여기에 속한다.
>
> 물론 장르는 문학의 존재 양식, 구조(형식), 관습 등에 따라 다양하게 정의되지만, 기본적으로 작품들의 유사성을 토대로 작품을 분류한다. 운문(韻文, verse)과 산문(散文, prose)이라는 2분법은 형식을 기준으로 나눈다. 그러나 이같은 구분은 가령 고대 서사 장르가 율격을 지니고 있기 때문에 문제점이 있다. 또한 보편적인 분류 체계인 서정, 서사, 극의 3분 체계로 나누기도 한다. 그러나 이것도 수필과 같은 것이 제외되는 문제가 있다. 그래서 서정, 서사, 극, 교술과 같은 4분 체계가 성립된 것이다. 어쨌든 문학을 장르로 구분하는 일은 분류의 편의에도 있지만, 보다 근본적으로는 문학 작품이 어떻게 창작되고 존재하고 향유되는가 하는 문제를 천착하는 데에 중요한 의의가 있다.
>
> - 류수열 외,『문학교육개론II: 실제 편』, 역락, 2018, 122쪽.

위의 예문에서는 문학을 장르라는 기준으로 서정, 서사, 극, 교술로 구분하였다. 이러한 예에서 보듯이, 분류는 무질서하거나 잡다한 대상에 질서를 부여하여 설명하는 방법이다. 따라서 복잡하고 산만해 보이는 대상일 경우에 분류의 방법을 사용하면, 보다 체계적으로 설명할 수 있다.

2.5. 분석

분석은 사물의 구조를 성분에 따라 나누어 밝히는 것으로, 어떤 복합 개념을 작은 요소들로 나누어 설명하는 방식이다. 다시 말해 전체를 각각의 부분으로 나누어 체계적으로 해체하는 과정이 바로 분석이다. 분석은 어떤 경치나 건물의 구조, 그림이나 사진 설명, 논쟁이 될 만한 철학적 문제, 한 편의 영화, 일상생활에서 벌어지는 여러 사건에 대한 깊이 있는 이해에 큰 도움을 준다.

어떤 대상을 효과적으로 분석하려면 몇 가지 사항을 유념해야 한다. 첫째, 자신이 분석하려는 주제가 어떤 성격의 것인지를 명확히 인식해야 한다. 과학적 사실에 대한 분석인지, 정치나 시사 문제에 대한 분석인지, 아니면 구체적 사건이나 예술 작품에 대한 분석인지에 따라 분석의 태도가 달라지기 때문이다. 둘째, 자신이 특정 주제를 가지고 글을 쓰려고 할 때 봉착하게 될 문제점이 무엇인지를 충분히 예상하고 분석에 필요한 생각들을 정리해 두어야 한다. 그러기 위해 무엇보다 자신이 분석을 통해 얻으려는 목표가 뚜렷해야 한다.

사진이 어떤 영향을 가져오는지 설명하는 두 가지 잘 알려진 사고방식을 살펴보자(이 두 가지 사고방식은 오늘날 급속히 진부해져 가고 있다.) 사진을 다룬 내 에세이(30여 년 전에 쓴 최초의 에세이)에서 이 두 가지 사고방식을 정식화한 이래로, 나는 그 사고방식에, 이의를 제기하고픈 유혹을 견딜 수 없었다.

첫 번째 사고방식은 대중매체(좀 더 명확히 말하면 이미지)가 주목하는 것들을 대중들도 주목한다는 사고방식이다. 예를 들어서, 사진에 찍혀야만 그 전쟁이 '현실적'이 되는 식이다. 그렇다면 베트남 전쟁 반대 운동을 일으킨 것도 이미지라는 말이 된다. 보스니아 전쟁에 관해서 뭔가를 해야 한다는 정서도 언론인들이 그 전쟁에 주목했기 때문에, 그러니까 거의 3년 동안 매일 밤마다 포위 상태에 놓인 사라예보의 이미지를 수십억 인구의 거실 텔레비전에 비춰줬기 때문에 생겨났다는 것이다(어떤 사람들은 이것을 일컬어 'CNN 효과'라고 말하기도 했다). 이런 사례들은 어떤 재앙과 어떤 여론에 사람들의 온 이목이 쏠리는가, 사람들이 무엇을 걱정하게 되는가, 그리고 궁극적으로 사람들이 어떤 갈등을 어떻게 평가하게 되는가 등이 결정되는 데 사진이 얼마나 결정적인 영향을 끼치는지 잘 보여준다.

두 번째 사고방식은 방금 묘사했던 사고방식을 거꾸로 뒤집어 놓은 듯한 사고방식으로서, 이미지로 뒤덮인 세계에서는, 아니 그것도 사방팔방이 모조리 이미지로 뒤덮인 세계에서는 우리에게 중요할 수밖에 없는 그 무엇인가의 영향력이 점점 떨어져 간다는 사고방식이다. 예컨대 우리는 완전히 무감각해져 버리는 셈이다. 결국 우리의 양심을 콕콕 찔러대는 이미지는 뭔가를 느낄 수 있는 능력을 우리에게서 서서히 앗아갈 뿐이라는 것이다.

여섯 편의 에세이가 실린 『사진에 관하여』(1977)의 앞부분에서, 나는 다음과 같은 지적을 한 바 있다. 사진으로 찍혀 보여진 바가 전혀 없는 사건보다는 사진을 통하여 널리 알려진 사건이 훨씬 더 현실적인 것처럼 보일지는 모르겠으나, 사진에 찍힌 사건도 반복적으로 노출되다 보면 결국 점점 덜 현실적인 것처럼 보일 수밖에 없다고 말이다. 그리고 사람들의 연민을 더 많이 자아내면 자아낼수록, 사진은 연민 자체를 점점 더 사그라지게 만든다고 쓰기도 했다.

- 수전 손택, 이재원 옮김, 『타인의 고통』, 이후, 2004, 155~156쪽.

위의 예문에서, 저자는 사진이 어떤 영향을 가져오는지에 대해 분석하고 있다. 즉, 오늘날 기술의 발달로 일상 공간에서 전 세계에서 벌어지는 재앙의 이미지를 속속들이 볼 수 있게 되었는데, 재앙의 이미지를 보는 것은 타인의 괴로움에 대한 공감의 능력이 커졌다는 것과 무관하다고 말한다. 그래서 저자는 이미지 과잉의 시대에 살고 있는 우리에게 '재현'된 현실이 아니라 그 너머에 있는 실제 현실을 직시하는 이성적 힘과 타인의 고통에 대한 공감 능력을 촉구한다.

2.6. 인용

인용은 짤막한 이야기, 일화, 명언, 남의 말, 대화 또는 과거에 일어났던 일을 글에 끌어와 설명하는 방식이다. 흔히 인용은 주제를 뒷받침하는 재료로 쓰이나, 때로는 인용문 자체가 그 글의 주제가 되기도 한다. 실제 글에서는 인용만으로 단락을 구성하는 일은 드물고 다른 설명의 방식과 결합하여 쓰이는 것이 보통이다.

프랑스의 유명한 수학자 푸앵카레는 이렇게 말했다. "창조란 머쉬룸(mushroom)과 같은 것이다." 머쉬룸이란 버섯의 일종이다. 버섯이라 하면 일본 사람인 나는 우선 송이버섯을 연상하게 되므로 푸앵카레의 말은 "송이버섯과 같은 것이 창조다"라고도 할 수 있다.

송이버섯은 잘 알다시피 땅밑에 균근(菌根)이라고 하는 뿌리를 갖고 있다. 이 뿌리는 조건이 좋아지면 점차 원형으로 퍼지면서 자란다. 그런데 이런 좋은 조건이 한없이 계속되면 뿌리만 발달하게 되어 버섯을 만들지 못하고 결국 노화해서 죽어 버린다. 놀랍게도 5백 년에 걸쳐서 뿌리만 발달하고 고사(枯死)한 송이버섯도 있다고 한다.

그렇다면 버섯은 어떻게 해야 생기는가? 어떤 시점에서 뿌리의 성장을 방해하는 조건이 주어지면 된다. 예를 들면 계절 변화에 의한 온도의 상승 또는 하강과 같은 외부적 조건이나, 송진이나 산성물질 등의 물질적 조건이다. 이런 방해에 부딪히면 뿌리는 포자(胞子)라는 형태로 종자를 만들어 계속 발전해 나가려고 하며 그래서 송이버섯이 만들어지게 된다.

푸앵카레의 말을 나는 다음과 같이 해석한다. 창조에는 먼저 송이버섯처럼 땅밑에서 뿌리를 뻗어가는 축적의 단계가 있어야 한다. 그러나 언제까지나 축적만 하고 있어서는 송이버섯이 버섯을 만들지 않고 고사해 버리는 것처럼 창조 없이 인생의 막을 내리게 된다.

- 히로나카 헤이스케, 방승양 옮김, 『학문의 즐거움』, 김영사, 2013, 144-145쪽.

위의 예문은 프랑스의 수학자 푸앵카레의 말을 인용, 창조적인 삶을 버섯에 비유하여 설명한 글이다. 이 글은 전체적으로 비유에 의한 전개라 할 수 있는데, 이 경우 푸앵카레의 인용문은 곧바로 위 예문의 소주제문이기도 하다. 글을 전개할 때, 적절한 인용문을 사용하는 것은 설명의 효과를 높일 뿐만 아니라, 독자의 흥미를 불러일으키는 데도 매우 효과적인 방법이 된다.

2.7. 예시

예시는 실제 목격한 일, 역사적 사실, 다른 사람에게 들은 이야기, 신문, 잡지, 도서에서 읽은 사건 등 구체적인 사례를 제시하여 주제나 소주제를 실증적으로 설명하는 방식이다. 인용이 원문을 그대로 따오는 것이라면, 예시는 그것을 필자 나름대로 다시 엮거나 해석을 덧붙여서 쓰는 것이다. 예시는 정보 전달이나 설득을 목적으로 하는 글에서 많이 볼 수 있는데, 일반적인 원리나 주장 혹은 법안 등에서 막연하고 애매한 부분은 예시를 통해 명료하게 설명할 수 있다. 이처럼 추상적인 사항을 구체적으로 풀이할 수 있는 방식이 바로 예시이다.

나는 또한 동물들도 간혹 속임수를 쓸 줄 안다는 것을 보여주는 다음 사례를 어디선가 읽은 기억이 있다. 어떤 방의 천장 한가운데에 바나나 하나를 실로 매달아 두고 침팬지를 대상으로 실험을 하였다. 바나나는 너무 높이 매달려 있어서 그냥은 닿을 수가 없었다. 침팬지와 실험을 하는 사람과 바나나와 실, 그리고 크기가 서로 다른 서너 개의 나무상자를 제외하고는 실험실 안에는 아무것도 없었다. 실험의 목적은 침팬지가 상자를 포개어 발판을 만들고 그 위에 올라가 바나나를 잡을 수 있을 만큼 지능이 있는지를 알아보자는 것이었다. 그런데 실제로는 엉뚱하게도 다음과 같은 일이 벌어졌다. 실험을 하는 사람이 방 한구석에서 침팬지가 어떻게 하는지를 유심히 관찰하고 있었는데 침팬지가 그의 곁으로 와서는 필사적으로 소맷자락을 잡아당기면서 자기를 따라오라는 신호를 보내는 것이었다. 그가 할 수 없이 천천히 침팬지의 뒤를 따라 방 한가운데쯤 갔을 때, 침팬지가 잽싸게 실험자의 어깨 위로 뛰어올라가 바나나를 낚아챘다는 것이다.

- 레이먼드 스멀리언, 이종권·박만엽 옮김,

『퍼즐과 함께하는 즐거운 논리』, 문예출판사, 2021, 17쪽.

위의 예문은 '동물들도 속임수를 쓸 줄 안다'라는 소주제를 입증하기 위하여 침팬지의 사례를 예시하여 설명하였다. 침팬지를 실험하려던 사람이 오히려 침팬지에게 속고 만 이야기는 독자들에게 매우 깊은 인상을 남겨 소주제를 효과적으로 강조하고 있다.

자신이 쓴 글을 읽고, 어떤 전개 방식을 사용하면 좀 더 효과적으로 주제를 전달할 수 있는가 하는 점을 고민하면서 글을 보완해보자.

3

논증하기

• • •

3.1. 논증의 힘과 필요성

유발 하라리의 『사피엔스』에 언어의 힘을 알려주는 재미있는 내용이 나온다. 여러 인류들 중에서 사피엔스가 현생인류가 된 요인이 바로 뒷담화를 하는 습성 덕분이라고 한다.(유발 하라리, 조현욱 옮김,『사피엔스』, 김영사, 2015, 46-47쪽.) 특별한 목적 없이 모여 소문을 나누고, 수다를 떠는 과정을 통해 사람들은 하나가 될 수 있었고, 그 덕분에 협력관계를 만들 수 있었다는 것이다. 그의 주장대로 대화를 나누는 가운데 정보가 모이고 다른 인류와 경쟁하여 살아남을 수 있었다. 하지만 수다나 대화가 그대로 특별한 정보가 될 수 없다. 어떤 말은 정보가 되어 세계를 이끌지만, 대부분의 말들은 흥밋거리로 소비된다. 말이 중요한 정보로 선택되는 데에는 정보 자체의 가치가 무엇보다 중요하다. 하지만 한편으로 말의 중요성이 사람들에게 전해져야만 설득력을 발휘할 수 있다. 주장을 뒷받침하는 말들로 신뢰감이 커지기도 하고, 말하는 과정 그 자체의 합리성으로 말에 힘이 생기기도 한다. 바로 '논리'가 신뢰를 구축하는 것이다.

그렇다면 논리는 무엇인가? 읽는 이가 글쓴이의 생각이 이치에 맞다고 느끼게 만드는 과정이나 원리다. 논리를 합리적으로 구축하게 되면 말과 글은 신뢰할 만하며, 독자를 설득하는 힘을 갖게 된다. 윌리엄스는 『논증의 탄생』에서 다음과 같은 가정을 통해 논리가 논증을 통해 발생함을 알려준다. (조셉 윌리엄스, 『논증의 탄생』, 크레센도, 2008, 24쪽.) 석기시대, 제법 무기가 될 만한 돌을 두고 자신의 것이라 주장하며 싸우는 원시인들이 있다. 언어가 생기기 이전이라면 동물과도 같이 물리적 폭력을 통해 문제를 해결했겠지만, 언어가 생긴 뒤라면 누군가 "이것은 내 것이야"를 외칠 법하다. 그 뒤 필연적으로 "왜"라는 항변이 잇따를 것이고 이에 대하여 원시인은 대답한다. "바로 내가 처음 그것을 발견했기 때문이지." 이 답변은 원시인들 사이에 다음과 같은 태도의 원칙을 만들어 낼 수 있다. '무엇인가를 처음 발견한 사람이 우선권을 갖는다.' 이렇게 타협을 통해 문제를 해결하게 만드는 힘이 바로 논리이며, 논리는 주장에 개연성을 덧붙임으로써 발생한다. 나의 주장이 왜 맞는지에 대한 믿을 만한 증거를 제시함으로써 논리적인 사고임을 인정받을 수 있게 되는 것이다.

타인을 설득하고 나의 의견에 동화되게 만드는 힘은 말과 글의 논리적 사용에서 나온다. 물론 현대인의 이해관계는 보다 복잡하게 얽혀 있으며, 현대인은 신뢰에 대한 가치뿐 아니라 실질적 이익 또한 중요시한다. 때문에 논증만을 통한 설득에는 한계가 있다. 하지만 상대를 완벽하게 내 편으로 바꾸어놓을 수 없더라도 독자에게 나의 입장과 견해를 이해시키고, 타당성에 대해 인정받을 수 있다는 점에서 논증은 힘을 지닌다.

3.2. 논증의 유의점

논증의 글을 쓰려면 글을 쓰기 이전에 수많은 사고의 과정을 거쳐야 한다. 특히 예상 독자와 무수히 많은 가상의 토론을 거쳐야 한다. 과연 내가 하는 주장이 설득력이 있을까? 다른 생각의 가능성을 수용하고 있으며, 현실성 있는 주장인가? 윤리성에 문제가 없을까? 해결하려는 문제보다 더 나쁜 문제를 만드는 것은 아닌가? 이처럼 독자가 나의 주장에 대해 어떤 입장과 견해를 갖고 있을까를 미리 검토하고 설득의 방향을 정해야 한다. 무엇보다 나의 주장의 비합리적인 측면을 살펴보고, 수정하는 과정을 반드시 거쳐야 한다. 이런 과정을 통해 주장의 명확함과 논리의 합리성을 획득할 수 있으며, 설득력 있는 논증을 펼칠 수 있게 된다.

여기에서는 논증의 글쓰기를 하기 이전에 반드시 검토해야 할 사항에 대해 제시하고자 한다. 우선 논증할 필요가 있는 주장인지 살펴보아야 한다. 주장을 펼치다 보면 불필요한 논증으로 소모전을 펼치는 경우가 있다. 가령 원피스를 입고 국회에 출근한 모 국회의원을 둘러싼 논쟁이 한때 SNS를 뜨겁게 달구었던 것처럼 공인의 옷차림이 장소에 부합하는가에 대한 사항은 종종 입씨름으로 번지곤 한다. 찬반 양쪽의 의견이 모두 가치판단의 정당성이 확보되는 주장이라면 논증이 필요하다. 하지만 만약 복장이 미적 감각과 취향을 표현할 뿐이라면 개인의 자유에 대한 이유 없는 비난이 된다. 타인의 행위에 대해 자신의 취향을 제시할 수는 있지만, 그에 대하여 도덕적 가치판단을 하게 되면 그 판단의 근거를 댈 의무가 생기는 것이고, 자신의 주장을 논증할 책임이 생긴다.

취향 이외에도 논증이 필요 없는 주장이 있다. 일반 사람과 사회에서 두루 통하는 진리나 도리를 바로 공리(Axiom)라 부르는데, 이렇듯 이미 진리라고 증명된 것이나 진리라고 정해진 명제는 굳이 증명할 필요가 없다. 예를 들어 "자신의 행복을 위해 남의 행복을 파괴해서는 안 된다"는 말이나 "인간에게는 천부인권이 있다"는 말에 이의를 제기하기는 어렵다. 세상에 의해 이미 올바른 것으로 정해졌기에 더 이상의 증명이 필요 없는 이런 말들은 전제로 사용하면 좋다. 그것을 기준으로 삼아 다른 주장을 증명하는 데 편리하기 때문이다.

우리가 논증의 글을 쓰는 궁극적 목적은 나의 주장을 내세우고 인정받기 위함이 아니다. 그것은 세계를 더 나은 방향으로 만들기 위한 관심의 제시이며, 고민의 행위여야 한다. 또한 내 주장을 읽을 독자들의 생각을 무조건 틀린 것으로 치부해서는 설득력이 생길 수 없다. 나와 다른 사고를 가진 사람들의 측면에서 먼저 생각하고, 그가 내 주장의 어떤 점에 대해서 우려하고 있는지 사려 깊게 바라봐야 한다. 이런 균형잡힌 태도를 갖춰야만 완성도가 있는 논증의 글쓰기가 될 수 있다.

연습 문제 1

14일 다수의 온라인 커뮤니티에는 '서울에 나타난 킥보드 비키니 처자'라는 제목의 글이 올라왔다. 글에는 비키니 차림의 여성이 킥보드를 타고 홍대 길거리를 활보하는 사진이 여러 장 담겨 있다. 여성은 비키니 차림으로 킥보드를 타고 홍대 거리를 활보했으며, 사람들 사이를 홀로 걸어 다니기도 했다. 여성이 걸어 다닌 곳은 서울 마포구 서교동이다. 주말이나 평일을 가리지 않고 젊은 사람들, 특히 20대가 항상 넘쳐나는 곳이다. 여성은 마치 해변을 거닐 듯 태연하게 길거리를 활보해 많은 이들의 눈길을 끌었다.

– 문영진 기자, 『파이낸셜뉴스』, 2023.8.14. 기사 중

위의 기사에서 볼 수 있는 것처럼 공공장소에서 노출이 심한 차림을 하는 행위를 개인의 자유로 볼 수 있는가에 대한 자신의 판단을 주장으로 만들어보자. 또한 이 주장이 과연 논증할 가치가 있는지 다음의 근거를 통해 판단해보자.

위의 기사에 대한 자신의 주장을 쓰라

주장에 대한 논증의 필요성
: 취향이 아니며, 객관적 입증이 필요한 주장인가?

나의 주장의 가치
: 내 주장이 독자에게 미칠 긍정적인 영향력이 있는가?

다른 주장에 대한 생각
: 이 사건에 대해 나와 다른 견해를 가진 이들이 어떤 주장을 할 수 있는지 예상해보자.

3.3. 논증의 실제

논증의 구축

논증의 글을 쓰기 위해서는 우선 주장을 입증하는 논증을 구축(build up)하는 과정이 필수적이다. 논증 구축은 주장(claim), 자료(data), 보장(warrant), 뒷받침(backing), 수식어(qualifier), 제한 요소(rebuttal) 등 6가지를 통해 이루어지는 스티븐 툴민의 모형이 유명하다. 여기서 주장은 결론에 해당한다. 자료는 주장을 뒷받침하는 토대이다. 보장은 이미 증명되어 있는 명제로, 자료에서 주장으로의 연결고리를 만들어준다. 뒷받침은 보장을 뒷받침하는 증거다. 보장이 옳은 명제일지라도 뒷받침을 통해 보장을 증명하여 강화할 수 있다. 수식어는 명제에 대한 화자의 확신의 정도를 나타내는 표시다. 제한조건은 명제가 성립하기 위한 조건을 제시한다. 논증이 성립하기 위해서는 주장과 자료, 보장이 필요하며 그밖의 요소들은 논리를 강화하는 데 쓰인다. 이런 툴민의 모형은 수사학이나 컴퓨터 프로그래밍 등에 많이 쓰이지만 논증을 처음 배울 때에는 다소 복잡하여 어렵다.

처음 논증을 연습하는 초보자들은 보다 간결한 조셉 윌리엄스의 모형을 사용해보자. 그는 주장과 이유, 전제, 근거, 반론의 수용과 반박의 다섯가지 요소를 논증에 필요한 사항들로 간략화하였다. 그것을 이해하기 쉽게 도식화한 것이 아래 그림이다.

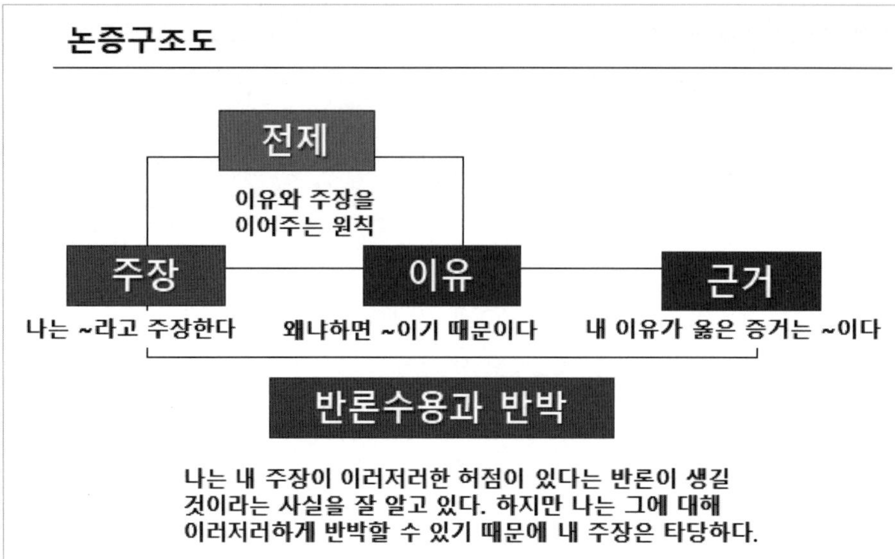

윌리엄스, 『논증의 탄생』, 크레센도, 2008, 79쪽.

우선 '주장'은 논증에서 핵심이 되는 진술이다. 주장은 전체를 아우르는 주요 주장과 이를 뒷받침하는 하위주장으로 분류할 수 있다. '이유'는 주장을 뒷받침하는 모든 진술을 의미한다. 가장 단순하고 기초적인 논증은 '주장'과 이를 뒷받침하는 '이유'만 있으면 완성된다. '주장'을 하고 여기에 '이유'에 해당하는 내용으로 주장을 뒷받침하면 된다. '이유'는 여기에서 글쓴이가 스스로 생각해내는 것이다. '근거'는 '주장'과 '이유'를 떠받치는 요소를 의미하며, 반드시 사실(fact)로 이루어져 신뢰성을 주는 기반이 된다. '전제'는 사람들이 모두 공감할 수 있는 상식이나 지식, 공리 등으로 이루어진다. 이것은 '주장'과 '이유'를 이어주는 원칙으로, 논증을 더욱 신뢰할 만한 것으로 만들어주는 강화요소이다. 논증의 기본틀은 이러한 모형으로 이루어진다. 그러나 논증의 완성도를 높이기 위해서는 독자가 하게 될 반론을 예상하고 이에 대한 재반론을 글 안에 수용할 필요가 있다.

논증의 예시

- 주장 : 한국에서 사회생활을 하는 데에 외모는 중요하다.
- 전제 : 이왕이면 다홍치마라는 속담이 있듯이
- 이유 : 외모가 단정하면 호감이 생겨, 사회 생활에 유리하기 때문이다.
- 근거 : 2019년 6월16일 메트로신문에 따르면 직장인 10명 중 9명이 직장생

활에서 외모도 경쟁력이라는 말에 동의한다고 한다.(한용수, 「2030 직장인 10명 중 9명 "외모도 경쟁력이다"」, 메트로신문, 2019, 6월16일 11:42:59.) 또 외모로 인해 뜻하지 않은 혜택을 받았거나 피해를 경험했다는 직장인은 5명 중 4명 꼴로 높게 나타났다. 실제로 사회생활에 있어 외모가 중요한 역할을 하는지는 둘째로 치더라도, 이러한 보도를 통해 볼 때 외모가 사회생활을 하는 데 중요하다고 생각하는 직장인들의 인식을 확인할 수 있다.(자료조사를 기반으로 한 사실을 근거로 들 것)

- 예상반론에 대한 재반론 : 물론 사람을 전혀 만날 일이 없는 직종도 있기에 경우에 따라 사회생활에 외모가 전혀 중요하지 않다고 주장하는 사람들도 있다. 하지만 혼자 일을 한다고 해도 관련자와의 만남이 있으며, 소수의 상사나 동료 간의 호감도 또한 사회생활에 매우 중요하다. 따라서 외모를 관리하여 좋은 인상을 주는 것은 도움이 된다.

논증의 요소

주장하기

주장을 하기 전에 먼저 고민해봐야 할 주요한 사항은 자기 주장의 목적에 대한 원천적 검토이다. 논증을 통해 무엇을 하고자 하는가? 실질적으로 세계를 바꾸고 싶은가? 세계에 대한 문제를 알려 사람들의 인식을 바꾸고 싶은가? 이런 질문은 논증의 방향과 내용을 결정짓는 데 도움이 된다. 만약 논증의 목적이 세계를 바꾸는 데 있다면 정책이나 구체적 대안을 제시할 필요가 있다. 하지만 독자의 인식을 바꾸는 데 목적이 있다면 굳이 대안은 필요없다. 무엇이 문제인지에 대해 확실하게 각인시키는 것만으로도 의미가 있다.

예를 들어 골목상권의 보호를 '주장'하는 글을 쓴다고 하자. 실질적으로 골목상권을 지키기 위한 해법을 '주장'하는 글을 쓰려 한다면 이를 위한 정책, 제도, 행동과 관련된 해결을 내세울 필요가 있다. '대형마트 때문에 골목상권이 위험해졌다. 자영업자들의 권익을 보호할 필요가 있다. 때문에 대형마트의 운영을 제한하는 법률을 만들어야 한다'라는 '주장'을 세워야 한다. 반면 독자들에게 세상을 제대로 이해하는 방법을 알려주고 싶다면 문제를 이해시키고 성찰하게 만드는 방향으로 주장할 필요가 있다. '대형마트가 골목상권을 몰아냈고, 자영업자들을 일일

노동자로 전락시켰다. 자본이 많은 사람만 살아남는 이러한 현실은 상생이라는 공동체의 가치를 퇴색시킨 것이다'와 같이 문제의 근본적 원인과 그로 인해 발생하는 문제를 인식하게 만드는 것이 '주장'의 궁극적 목적이다.

이유와 근거 들기

논증을 구축할 때 '주장'과 '이유'의 제시만으로는 사실의 여부에 대해 독자들의 신뢰를 얻기 어렵다. 이때 사실 여부를 입증시켜주는 자료가 바로 '근거'이다.

> 최근 흉악범죄의 기승으로 인해 사람들 사이에 사형제도 부활의 여론이 높아지고 있다. 하지만 사형제도의 부활은 범죄억제에 효과가 없다. 도리어 죄인이라고 해서 생명을 박탈하는 것은 법감정에 호소하는 것일 뿐, 인권에 대한 경시와 부작용을 키울 우려가 있다. 보다 생명을 귀하게 여기도록 하기 위해서라도 사형제도는 폐지되어야 한다.

위의 예시문에서 주장은 사형제도를 폐지하자는 것이며, 그 이유로 범죄의 억제에 효과가 없는 것과 인권을 경시하게 되는 등의 부작용이 생길 수 있다는 점을 들고 있다. 문제는 이런 '이유'가 과연 사실인지에 대한 의심이 필연적으로 발생할 수밖에 없다는 점이다. 반드시 '이유'에 대해 입증하는 근거 자료를 바깥으로부터 가져와 객관적으로 증명할 필요가 있다.

> 최근 흉악범죄의 기승으로 인해 사람들 사이에 사형제도 부활의 여론이 높아지고 있다. 하지만 사형제도의 부활은 범죄억제에 효과가 없다. 도리어 죄인이라고 해서 생명을 박탈하는 것은 법감정에 호소하는 것일 뿐, 인권에 대한 경시와 부작용을 키울 우려가 있다. 실제로 2018년 사형제도 폐지 11개국의 살인 범죄율 변화 비교조사 결과에 따르면, 사형 폐지 이후 10년간 살인범죄율은 도리어 평균 6건 감소했다고 한다.(「사형제도폐지소위원회, 사형제도 폐지를 위한 연례 세미나 개최」, 가톨릭 신문, 2022년 10월 2일 기사 참조) 이런 현황을 통해 보더라도 사형제도는 살인범죄율과 무관하다. 오히려 우리의 역사 안에서 인혁당 사건 등 오판으로 인한 무고한 희생자들이 사형된 사례가 있다. 폭력의 악순환을 막고, 생명존중의 인식을 높이기 위해서라도 사형제도는 폐지되는 것이 우리 사회에 도움이 되리라 생각한다.

예시문은 10년 간의 살인범죄율 현황통계 자료를 '근거'로 들고 있다. 사형제도가 폐지되었는데도 오히려 살인범죄율이 감소했다는 자료는 사형제도가 범죄 억제에 효과가 없으므로 폐지해야 한다는 '주장'과 '이유'를 입증해준다. 이처럼 '근거'는 '주장'과 '이유'라는 기둥을 떠받쳐주는 주춧돌이 되어 논증의 기초를 세워준다.

'근거'는 사실과 자료(date)를 활용한다. 사실이란 일반적으로 '독자들이 진실로 받아들이는 반박할 수 없는 말이나 기호로 된 진술'이며, 자료는 '표나 그래프, 통계, 설문조사 등과 같은 자료'를 지칭한다. 중요한 것은 이런 자료의 출처를 분명히 명시하며 신뢰성을 주는 것이다.

또한 '근거'는 나의 주관적 경험 밖에 존재하는 객관적인 것을 말한다. 반면 '이유'는 우리의 머리에 있는 내적 합리성에 기반하고 있다. 따라서 출처가 믿을 만한지를 추궁할 수 있지만 '이유'가 어디에 있는가를 물을 수 없다.

근거를 들 때 유의할 점은 근거 그 자체만으로는 논증이 될 수 없다는 사실이다. 정확히 말하면 근거를 서술하고 보고하는 행위를 통해 논리가 성립하는 것이다. 즉 근거들이 어떻게 주장을 뒷받침하는지에 대한 이유를 적고 그것을 해석하는 방식을 알려줘야만 논증이 완성될 수 있다.

전제와 예상 반론의 수용

전제는 주장과 이유를 이어주는 보편적 원칙과 같은 것으로, 제시한 이유가 타당하다는 것을 확신시키는 논증의 요소이다. "비록 흉악범이라고 해도 생명이 소중하기 때문에 법의 심판없이 함부로 처단해서는 안 된다"는 문장에서 주장은 "흉악범을 법의 심판 없이 함부로 처단해서 안 된다는 것"이며 이유는 "흉악범의 생명이 소중하다"는 것이다. 이때 '이유'와 '주장'의 내용을 강화시켜주는 것이 "인간의 생명은 하늘에서 부여받은 것이다"는 문장이다. 이처럼 그 누구도 부정할 수 없는 명제를 제시한다면 주장과 이유를 보다 탄탄하게 확립할 수 있다.

전제로는 보편타당한 명제나 사람들 사이에 어느 정도 합의된 상식과 원칙, 공리 등을 제시하는 것이 좋다. 전제는 논증의 필수적 요소는 아니다. 하지만 주장과 이유를 강화하는 역할을 하며 논증의 완성도를 높여준다. 따라서 전제를 만드는 일은 까다롭고 어렵지만 논증에 포함시키는 편이 좋다.

마지막으로 논증의 세부적인 완성을 부여하는 독자의 반론과 재반론에 대해 생각해보자. 독자들이 나의 논증에 대해 어떤 반론을 할지를 예상하고 그에 대한 재반론을 논증의 글쓰기에 녹여내는 것은 전제처럼 필수적인 논증의 요소는 아니다. 하지만 독자들의 견해를 예측함으로써 논증의 완성도를 높일 수 있다. 우선 나의 논증이 내적인 측면에서 오류가 없는지를 검토하자. 주장, 이유, 근거, 전제의 오류를 의심하며, 내 논증 외에 다른 어떤 주장이 가능하며, 어떤 이유를 제시할 수 있을지 생각해보라. 문제를 구성하는 나와 다른 사고방식을 최대한 떠올린다면 오류를 줄일 수 있다. 이런 과정을 거쳐 나의 논증에 확신이 섰다면 독자들의 반론에 대해 어떻게 설득할 수 있을지 재반론을 마련할 수 있을 것이다.

TIP

자료 요약하기

요약하기는 논리적 글쓰기의 기초로, 초고를 쓰기 전에 반드시 거쳐야 하는 단계다. 논증의 글을 쓸 때 관련 분야의 다른 글이 발판으로 사용될 수 있기 때문이다. 적절한 글을 찾아 핵심 주장을 간결하게 요약해 놓는다면 그것을 매우 자주, 잘 활용할 수 있다. 자료의 내용이 나와 대립되는 견해였다면 반론을 통해서 나의 주장을 강화하는 인용으로 사용할 수 있고, 나와 같은 견해였다면 근거의 자료로 사용하면 된다. 자료를 한 문단 정도로 압축 요약해 놓고, 반드시 출처와 함께 기록해 놓자.

연습 문제 2

사형제도에 대한 나의 주장을 입증하는 논증을 간단하게 펼쳐보자.

사형제도 폐지에 대해 각자 자신의 주장을 적고 이유를 제시해보자.
단, 이유는 반드시 주장에 대해 내적 합리성을 지니도록 구축되어야 한다.

주장과 이유를 강화할 수 있는 전제를 적어보자.

주장과 이유에 대해 객관적으로 신뢰할 만한 자료를 찾아 근거를 합리적으로 제시해보자.

자신과 반대의 견해를 예상해보자. 이에 대해 재반론을 생각하고 적어보자.

3.4. 논증의 글쓰기 연습

주장을 입증하는 과정은 곧 한편의 글이 되기도 한다. 주장부터 이유와 근거 제시에 이르기까지가 글의 내용이자 글을 구성하는 과정이 될 수 있다. 물론 논리를 증명하는 과정은 글 전체가 아니라 글의 일부를 이룰 수도 있다.

여기에서는 글에 필요한 최소한의 문단(5~6개)을 만드는 연습과 더불어 논증의 과정이 곧 글이 되는 연습을 하고자 한다. 주장은 논증의 글에서 곧 핵심 내용이자 주제라 할 수 있다. 첫 도입 문단에서 흥미를 끌기 위한 화제의 역할을 하면서 주장을 제시하도록 한다. 본론에서는 두세 문단으로 본격적인 이유와 그에 대한 근거, 전제 등을 글의 논리로 펼칠 수 있다. 마지막 결말의 문단은 앞에서 서술한 내용 등을 다시 한번 인상적으로 강화하는 내용을 드는 것으로 마무리할 수 있다. 본문 안에 전제를 제시하고, 독자의 반론을 예상하여 내용을 추가한다면 더욱 탄탄한 논증이 될 것이다.

논증의 구상

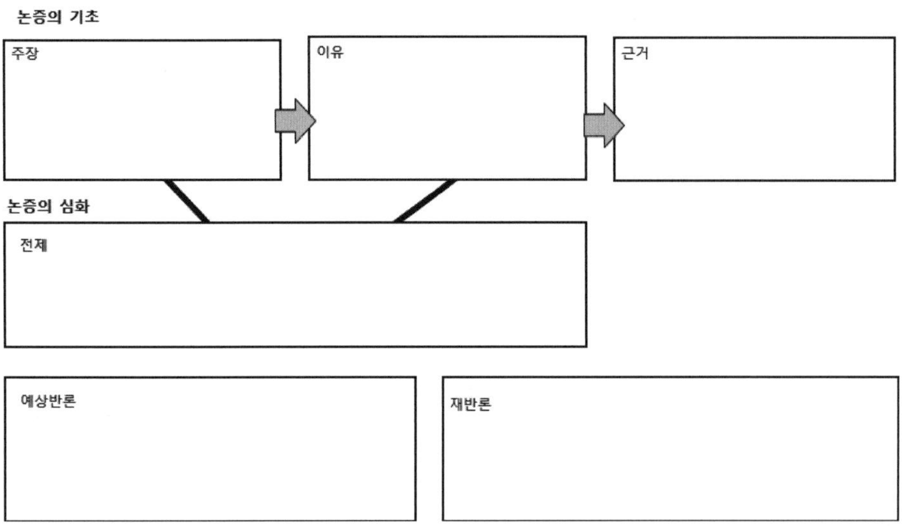

논증의 글 전개하기

서론: 글의 도입 부분으로 주장의 문장을 화제로 제시한다.

서론

본론: 본론은 적어도 두 개 이상의 문단을 적어야 한다. 주장에 대한 이유를 제시하고 주장과 이유를 강화해주는 전제를 적는다. 이유에 대해 사실을 기반으로 한 근거 또한 여기에서 함께 제시한다. 내용의 구분을 중심으로 문단을 나누어 서술한다. 이유가 두 가지 이상이라면 여러 개의 문단으로 나누어 적는다.

본론 (문단을 두 개 이상으로 적을 것)

결론 : 앞의 주장을 다시 한번 강화하는 내용으로 마무리한다. 독자들이 나의 주장에 대해 우려할 측면을 받아들이면서도 동시에 걱정을 없애는 내용을 덧붙이는 것도 결론의 일부가 될 수 있다.

결론

예시

기계 전성시대 : 기계가 사람을 고른다!

현재 4차산업혁명이 인공지능의 발전과 함께 시작되고 있다. 대부분의 스마트폰에는 삼성의 빅스비, 아이폰의 시리 같은 인공지능 비서가 탑재되었으며 키보드를 누르지 않아도 전자제품과 대화할 수 있는 시대가 왔다. 또한 번역, 얼굴 인식, 물체 인식의 정확도를 상당히 발전시킨 사례들에 힘입어 더욱더 다양한 분야에 인공지능이 접목되며, 인공지능이 인공지능을 발전시키고 있는 상황이다.

하지만 안타깝게도 인공지능이 사람을 평가하는 데에 접목되는 경우도 있다. 기업 인공지능 면접이 바로 그것이다. 《매일ECONOMY》에 따르면, 롯데 그룹은 지난해 상반기 공채 때 6개 계열사에 도입했던 인공지능 채용 절차를 올 상반기 40개 계열사로 확대했다. CJ그룹과 JW중외제약, BGF리테일 등의 기업들도 인공지능 채용 절차를 늘린다고 한다.(나건웅 기자, 「채용 5대 패러다임」, 매일ECONOMY, 2002호, 2019) 인간이 기계를 고르던 방식에서 기계가 인간을 고르는 상황으로 바뀌고 있는 것이 우리의 현실이 되었다.

채용 절차를 사람이 평가할 때의 과정은 일반적으로 다음과 같다. 사람은 지원자의 역량과 앞으로의 성장 가능성을 평가하기 위해 지원자의 서류, 면접 중 태도, 지식 수준을 검토한다. 이러한 검토 이후 지원자의 채용여부를 결정한다. 하지만 인공지능이 평가하는 채용절차는 조금 다르다. 우선 인공지능은 과거에 업무 능력이 좋았던 사람들에 대한 데이터를 기반으로 지원자의 서류, 면접 중 태도, 지식 수준을 평가한다. 그 후 인공지능은 데이터 기반 출력 결과물을 숫자로 내놓고, 이 숫자를 점수로 환산하여 지원자의 채용여부를 결정한다. 인공지능과 인간의 평가방식은 겉으로 보기에 큰 차이가 없어 보인다. 지원자의 서류, 태도, 지식 수준 등을 검토할 대상으로 삼고 평가하는 방식은 인간이나 기계나 거의 유사하다. 지원자의 채용여부를 결정하기 위해 숫자를 출력하는 것 빼고는 인간과 다른 게 없어 보인다. 하지만 이것은 엄연한 인공지능에 대한 큰 착각이다. 왜냐하면 판단 과정에서 인간과 인공지능은 두 가지 큰 차이가 있기 때문이다.

첫 번째로 인공지능은 학습 데이터에 과도하게 얽매일 수 있다. 채용 인공지능이 학습할 때 주어진 데이터를 입력받으며 학습한다고 생각해보자. 학습 중의 인공지능은 학습데이터를 받으면서 업무 성과가 좋았던 사람에게는 높은 출력을 내고, 그렇지 않았던 사람에게는 낮은 출력을 내도록 인공지능 내부의 숫자를 바꾼다. 학습이 끝난 후, 한번도 보지 못한 데이터를 만나는 면접장에서 인공지능은 학습 때 만들어진 내부 숫자로 지원자를 평가한다. 그 결과 인공지능은 지원자를 평가할 때, 사전학습 때의 데이터와 얼마나 일치하는가를 평가하게 된다. 따라서 학습데이터와 일치하는 지원자는 합격하지만, 다른 출중한 능력을 가진 사람이라도 학습 데이터와 맞지 않는다면 불합격되는 상황이 만들어진다. 이것과 유사한 사례는 인공지능 알파고와 이세돌 9단의 바둑 대국에서도 볼 수 있었다. 이세돌 선수가 알파고가 학습 때 보지 못한 수를 두었을 때 알파고는 갑자기 돌발 행동을 하면서 경기를 포기해 버렸다. 이렇게 인공지능이 학습데이터에 너무 과도하게 맞춰져 실제 상황에서 오차가 증가하는 근본적인 문제점을 '과적합'이라고 하며 이것은 제프리 힌튼 교수 연구팀이 발표한 「과적합을 피하는 방법」이라는 논문에서 심각한 문제라고 언급하고 있다.[1]

두 번째로 인공지능은 자기가 내린 결정의 이유를 설명하지 못한다. 샘플이 쓴 논문에서는 인공지능은 검은 상자처럼 속을 구체적으로 알기 힘들기 때문에 이것을 개발한 사람도 인공지능의 결정 과정을 설명할 수 없다고 말하고 있다.[2] 즉 채용 인공지능이 어떠한 사람을 뽑는 결과를 출력할 때 그를 뽑은 구체적인 이유를 그 누구도 모른다는 것이다. 인간이 지원자를 선별할 때는 구체적인 근거를 들 수 있다는 것과 비교해 보면 인공지능의 이런 면은 큰 차이이다. 또 채용 인공지능이 부적격자를 다수 선발하는 오류를 범한다면 원인을 알 수 없기 때문에 고칠 수도 없는 상황이 된다.

이러한 두 가지 근본적 차이점으로, 우리는 인공지능의 결정에 대해 무조건적으로 신뢰하는 것은 위험하다는 것을 알게 된다. 채용과정은 미래 기업의 성장 동력이 될 사람들을 뽑는 중요한 절차이다. 하지만 왜 중요한 채용과정에서 인공지능을 사

---

1 Nitish Srivastava · Geoffrey Hinton. (2014). Dropout: A Simple Way to Prevent Neural Networks from overfitting. Journal of Machine Learning Resarch. 15. 1929-1958.

2 Sample len, (2018). Computer says no: why making AIs fair, accountable and transparent is crucial. The Guardian. Retrieved.

용하는 것일까? 나는 기업의 인공지능에 대한 과신과, 효율성에 대한 과대평가가 주된 이유라고 생각한다. 유튜브, 페이스북 등의 서비스에서 인공지능 추천 시스템을 활용한 성공 사례, 미래 핵심 기술의 인공지능, 효율적인 인공지능 적용 성공 사례 등을 접하며 기업은 인공지능을 믿게 되었고, 이에 따라 투자를 가속화하고 있다. 더불어 인력감축을 인공지능으로 이루어 낼 수 있기 때문에 경제적 효율성까지도 챙길 수 있다. 이러한 바탕은 기업 입장에서 겉으로 보기에는 황금알을 낳는 거위처럼 보일 것이다.

하지만 기업은 다시 생각해볼 필요가 있다. 인공지능은 아직까지 이론적 기반이 완벽하지 않아 학습에 얽매이고, 이유도 설명하지 못하는 결과를 낸다. 물론 번역, 유튜브 추천처럼 사람의 활동에 효율적으로 도움을 주는 인공지능이 사용되는 것에는 동의할 수 있다. 왜냐하면 이것은 인공지능이 오류를 출력해도 사람이 직접 고칠 수 있는 허용범위이기 때문이다. 하지만 기업 채용은 이야기가 다르다. 기업의 미래를 담당하는 사람을 뽑는 것이고, 인간과 인간 사이의 관계를 만들어 내는 것이 채용 절차이다. 단순히 '인공지능이 채용해도 사람과 비슷하겠지' 또는 '채용에 인력이 필요 없어 효율적이'라는 생각으로 인공지능의 문제점을 무시한다면 당장의 효율로 이득을 볼 수 있겠지만, 미래에는 감당하지 못할 큰 손해를 볼 수 있다.

사람의 역량을 평가하고, 기업의 미래를 결정하는 인간관계를 만드는 중요한 채용. 이토록 중요한 채용과정을 인공지능에 전담시키는 것은 망치로 나사를 박는 것과 같다. 망치가 못을 박을 때 좋지만 나사를 박을 때 좋지 않은 것처럼, 인공지능도 평가 결과의 신뢰성 때문에 적용될 분야와 적용되지 않아야 할 분야가 구분되어야 한다. 인공지능이라는 도구의 기대감과 효율성을 과대평가하여 기업의 미래를 파는 채용인공지능을 사용하면 안된다고 생각한다.

- 학생 글

4

자료 찾기와 인용하기

4.1. 자료 찾기

4.1.1. 자료의 정의

'자료(資料)'는 연구나 조사 등의 바탕이 되는 재료로, 문자, 숫자, 소리, 그림, 영상, 단어 등의 형태로 된 의미 단위를 말한다. 자료에는 종류가 있다. 1차 혹은 기본 자료는 연구 혹은 조사의 주된 대상을 말한다. 2차 자료는 동일 주제에 대한 기존 논의 혹은 연구사 자료, 주제에 대한 자신의 관점을 양적, 질적으로 뒷받침할 수 있는 것이다. 이 자료는 자기 견해의 독창성을 드러낸다는 면에서 매우 중요하다. [교육부훈령 제449호, 제2조]에 따르면, '자료'는 다음과 같이 구분된다.

구분	내용
연구 원자료	연구 목적을 달성하기 위해 연구자가 실험, 관찰, 조사 등을 거쳐 수집한 가공 이전의 자료와 문헌
연구 자료	연구 원자료를 가공한 자료와 이를 활용한 2차 자료 및 문헌
연구 결과	연구자가 연구 활동을 통해 얻은 연구자료를 활용하여 도출한 체계화된 결론
연구 결과물	연구자가 연구 활동을 통해 최종적으로 얻은 결과를 기술한 보고서, 논문, 간행물, 단행본 등의 학술적 저작물과 지식재산

유용한 자료를 판단하기 위해서는 네 가지 기준을 고려한다.

- 자신이 말하고자 하는 바를 뒷받침할 수 있는 자료인가.
- 충분히 이해한 내용인가.
- 자료에 연관성과 신빙성이 있는가.
- 평범한(상투적인) 자료는 아닌가.

4.1.2. 유용한 자료를 찾는 방법

유용한 자료를 찾는 방법은 다음과 같다.

① 한양대학교 백남학술정보관 사이트 '통합검색'에 검색어를 입력한다.

② 각종 검색 엔진을 활용한다.

문화체육관광부 국가전자도서관	국가전자도서관 (www.dlibrary.go.kr/)
accessON 국가 오픈액세스 플랫폼	국가오픈액세스 플랫폼 (accesson.kisti.re.kr/main/main.do)
한국고전종합DB	한국고전번역원 한국고전종합DB (https://db.itkc.or.kr/dir/item?itemId=GO)
RISS	한국교육학술정보원 (www.riss.kr)
한국사회과학도서관 Korea Social Science Library	한국사회과학도서관 (www.ekssl.or.kr/)
KDP	한국역사정보통합시스템 (https://kdp.aks.ac.kr/)
기초학문자료센터 KOREAN RESEARCH MEMORY	한국연구재단 기초학문자료센터 (www.krm.or.kr/)
KCI	한국학술지인용색인 (www.kci.go.kr/kciportal/main.kci)
PubMed	PubMed (pubmed.ncbi.nlm.nih.gov/)
scienceON	ScienceON (scienceon.kisti.re.kr/main/mainForm.do)

③ 여러 검색 엔진을 이용한 논문 자료뿐만 아니라, 이전 독서 경험, 알고 있던 속담들, 관련 일화, 뉴스, 직접 설문 조사한 내용, 기존 조사 Data, 인터뷰 자료를 활용한다.

4.2. 인용하기

4.2.1. 인용의 정의

유용한 자료를 찾았다면, '인용'을 통해 글을 더욱 보완할 수 있다. **'인용(引用, quotation)'**은 남의 말이나 글 가운데에서 필요한 부분을 자신의 글 속에 끌어다 쓰는 것을 말한다. 학술 논문에서 '인용'이란 다른 연구자의 논문이나 저서 중의 일부를 자신의 논문 속에 삽입하여 자기의 논리를 뒷받침하는 것이다.

4.2.2. 인용의 방법

인용에는 인용문을 그대로 옮겨오는 **'직접 인용'**과 글쓴이의 언어로 바꾸어 인용하는 **'간접 인용'**이 있다. 이를 정리하면 다음과 같다.

구분	내용
직접 인용	• 개념이나 표현 자체를 정확하게 인용하고 싶을 경우, 직접 인용 부호인 큰따옴표(" ")를 사용하여, 본문의 필요한 부분에 삽입하는 경우에 사용한다. • 인용문의 분량이 많을 경우(두 개 이상의 문장으로, 4행 이상일 경우), 인용 부호를 쓰지 않고, 별도의 인용 단락으로 구성하여, 위아래 한 줄을 띄우고, 글자 크기를 본문보다 작게, 들여쓰기로, 원문을 제시한다.
간접 인용	• 직접 인용 부호인 큰따옴표(" ")를 사용하지 않고, 내용이나 문장 등을 자신의 언어로 요약하여 인용하는 경우에 사용한다. • "OOO에 따르면", "OOO가 주장하는 바와 같이" 등의 방식으로 원저자를 인정하고 출처를 본문 혹은 각주와 참고문헌에 제시한다.

직접 인용과 간접 인용할 때 유의 사항은 다음과 같다.

직접 인용할 경우
• 자신의 논점과 가장 밀접한 부분을, 그 논점이 명확히 드러날 수 있는 부분까지 인용한다. • 인용 부분은 원문과 완전히 일치해야 한다. 절대로 축약하지 말고, 원문에서 사용한 용어, 철자법, 구두점, 오자나 탈자 부분까지 그대로 인용한 후, 원문을 대조하여 재차 확인한다.
간접 인용할 경우
• 인용의 범위가 넓거나, 인용 원문에 대해 자신의 해석 또는 요약을 추가할 경우에는 간접 인용을 사용한다. • 인용한 이의 생각과 글쓴이의 생각이 명확히 구분될 수 있도록, 반드시 인용한 글의 지은이, 원문의 출처, 인용한 내용의 범위를 명확히 밝혀야 한다.

직접 인용과 간접 인용의 예는 다음과 같다.

직접 인용의 예 ①

우리가 무엇인가에 대해 글을 쓰려면 그 쓰려고 하는 대상에 대해 새롭게 의미를 부여하지 않으면 안 된다. 사물에 대한 애정 어린 관심과 자세한 관찰을 통해 우리는 그 사물과 새로운 관계를 맺을 수 있다. 이러한 관계 형성과 새로운 인식이 좋을 글을 쓰는 데는 꼭 필요한 것이다. 김춘수 시인은 그의 시 <꽃>에서 "내가 그의 이름을 불러주기 전에는/ 그는 다만/ 하나의 몸짓에 지나지 않았다// 내가 그의 이름을 불러 주었을 때/ 그는 내게로 와서/ 꽃이 되었다"고 하였다. "다만 하나의 몸짓"에 지나지 않는 사물과 내가 관계를 맺을 때, "그는 나에게로 와서/ 꽃이 되는" 것이다.

직접 인용의 예 ②

다음은 한국 근대 여성 작가 중의 하나인 박화성의 기행문 「해서기행(4)」(『조선일보』 1935년 12월 10일자) 중 일부분이다. 여기에는 자연을 대하는 작가의 태도가 드러나 있다.

> 나는 물에 잠기지 않은 돌을 골라 밟아 시내를 건넙니다. 흘러오는 물은 내가 뛰고 있는 돌에 부딪혀 깨어지며 차디찬 물방울의 진주알이 내 발등에서 부서집니다. 그것을 보는 순간 내 발은 자리를 헛디뎌 맑은 물을 유린하고 말았습니다. 속인의 발이 청계를 더럽힌 죄로 내 구두에는 물이 하나 가득 들었습니다.

그녀는 바닥에 떨어져 쌓여 있는 낙엽, 잡목과 잡초의 마른 등걸 따위를 보며 이를 생활 자원으로 활용할 수 없음을 안타까워한 적이 있다. 그러나 이것은 자연을 개척하고 지배하여 인간의 도구로 활용하려는 근대 서구인의 자연관과는 다소 차이가 있다. 이 글에서 그녀가 자연에 대해 취하는 것은 공생의 자세이다. 위 문장은 이를 단적으로 보여 준다. 산속을 흐르는 시내를 건너다 발이 물에 젖자, 문명인이자 속인인 자신이 자연의 세계를 '유린'했다고 표현한다. 시냇물의 입장이 되어 인간을 평가하는 바로 이 지점에서 자연을 대하는 작가의 경건한 마음을 읽을 수 있다.

간접 인용의 예

알랭은 『알랭의 행복론』(디오네, 2016)에서 행복의 조건을 4가지로 나누어 말한 바가 있다. 첫째, 직업을 위한 전문지식이 필요하다. 이는 생명의 유지를 위한 기본 요건이다. 둘째, 한 가지의 외국어를 익히는 일이다. 견문을 넓히고 자기의 말이나 문화를 좀 더 잘 이해하기 위한 바탕이다. 셋째, 한 가지의 스포츠를 익히는 일이다. 건강과 레크레이션을 위해서 갖추어야 할 바이다. 넷째, 하나의 악기를 다루는 일이다. 정서 순화와 취미 생활을 위하여 필요한 것이다. 물론 이 조건이 행복을 위한 절대 조건은 아닐 것이다. 그러나 이런 네 가지 조건을 갖추면 우리의 인생을 뜻있고 멋있게 사는 데 확실히 도움이 될 것이라 생각한다.

4.2.3. 각주 작성 방법

자료를 인용했다면, 그 출처는 '각주'와 '참고문헌'에 밝혀야 한다. **'각주(脚註, footnote)'**는 본문 중에 따로 밝혀야 할 사항이 있을 때, 그것을 본문 아래쪽에 추가하는 것을 말한다. 각주는 **'참고문헌 각주'**와 **'내용 각주'**로 나뉜다. 전자는 인용했거나 참조한 원문의 출처를 밝히는 데 쓰인다. 후자는 본문 중의 특정 사항에 대하여 따로 설명하거나 보충하여야 할 사실, 추가하여야 할 방증, 독자에게 상기시키고 싶은 사실 등을 표시할 때, 본문에 넣으면 자연스럽지 못할 때, 각주로 처리한다.

각주를 입력할 때의 유의 사항은 다음과 같다.

- 해당 내용의 문장 뒤에 커서를 놓고, 단축키를 누른다.

한글 프로그램	Ctrl + N + N
Word 프로그램	Alt + Ctrl + F

- 하단에 주를 다는 곳에 각주 번호가 생성되면, 출처를 입력한다.
- 자료의 제목 표기 문장 부호는 다음과 같다.

단행본, 논문집, 작품집, 잡지명, 신문명	겹낫표(『 』), 겹화살괄호(《 》)
소제목, 논문 제목, 작품명, 기사 제목	홑낫표(「 」), 홑화살괄호(〈 〉)

- 홑낫표(「 」)는 겹낫표(『 』), 홑화살괄호(〈 〉)는 겹화살괄호(《 》)로 통일한다.

- 인용한 면수는 두 면 이상일 때는 '35~40면(쪽)'으로 쓴다. 'p'를 사용할 경우, 한 면은 'p.30'으로, 두 면 이상일 경우 'pp.30~40'으로 표기한다.
- 출처를 밝힌 후, 같은 지면에서 동일한 자료를 연속으로 인용할 경우, '위의 책', 비연속적으로 인용할 경우, '앞의 책'으로 쓴다.
- 인용한 면수까지 입력한 후, 마지막에 반드시 마침표를 찍는다.

각주에 출처는 다음의 순서로 표기한다.
우리나라 보편적 방식은 다음과 같다.

단행본이나 정기간행물 자료를 인용할 경우
저자, 「글 제목」, 『책 제목』, 출판사, 출판 연도, 인용 쪽수. **저자, 역자, 『책 제목』, 출판사, 출판 연도, 인용 쪽수.** **저자, 「글 제목」, 『책 제목』호수, 발행 주체, 발행 연도, 인용 쪽수.**
유성호, 『서정의 건축술』, 창비, 2019, 54–57쪽. 판토하, 정민 역, 『칠극』, 김영사, 2021, 12–19쪽. 서경석, 「한국근대소설을 통해 본 한국어 문체의 생성과 분기」, 『우리말글』 95권, 우리말글학회, 2022, 393–395쪽.
웹페이지에 있는 자료를 인용할 경우
페이지 이름 또는 운영자, 글쓴이, 「글 제목」, 검색일, URL.
네이버 지식백과, 글터 반딧불, 「퇴고(推敲)」, 『공부왕이 즐겨찾는 고사성어 탐구백과』, 2023.9.17, https://terms.naver.com/entry.naver?docId=4350878&cid=47319&categoryId=47319.

이외에도 출처 표기법은 미국심리학회(American Psychological Association)의 인용 가이드인 APA 스타일, 시카고 대학 출판부의 인용 가인드인 Chicago 스타일, Modern Language Association에서의 인용 가이드인 MLA 스타일 등으로 다양하다. 출판사나 학회마다 선호하는 출처 표기법이 다를 수 있으므로, 미리 확인하고 사용하면 된다. 그중에서도 APA 스타일을 소개하면 다음과 같다.

도서(단행본, 번역서) 자료를 인용하는 경우
저자명. (출판연도). 제목 (역자). 발행지: 발행사. 인용 쪽수. **Author. (Year of publication). Title of work. Publisher.**
유성호. (2019). 서정의 건축술. 서울: 창비. 54–57쪽. 판토하(2021). 칠극 (정민 역). 서울: 김영사. 12–19쪽.
간행물(정기간행물, 논문, 신문기사) 자료를 인용하는 경우
저자명. (발행연도). 제목. 간행물명 권(호). 인용 쪽수. **Author. (Year of publication). Article Title. Title of periodical. Volume Number(Issue Number), page Range.**
서경석. (2022). 한국근대소설을 통해 본 한국어 문체의 생성과 분기. *우리말글*(95권). 393–413쪽.
시청각 자료를 인용하는 경우
저자명. [채널명]. (게시일). 비디오 제목[영상]. 스트리밍 서비스명. URL. **Author. [Channel Name]. (Year, Month Date). Title of video[Video]. Video platform. URL.**
[네이버 열린연단]. (2022년 7월 8일). *독서와 글쓰기의 의미/정민 한양대 국어국문학과 교수*[영상]. https://tv.naver.com/v/27678092.

4.2.4. 참고문헌 작성 방법

글을 쓸 때 인용했거나 참고한 자료를 본문의 끝에 붙이는데, 이를 **'참고문헌(參考文獻, references)'**이라고 한다. 참고문헌의 범위는 다음과 같다.

- 본문 중에 인용하고 각주로 표시한 문헌
- 본문 중에 직접 인용하지 않았으나 참조한 사실이 있는 문헌
- 글쓰기를 준비하는 중 또는 글을 쓰는 과정 중에 읽었거나 영향을 받은 문헌
- 참고한 인터넷 사이트의 주소 목록

참고문헌 표기 규정은 다음과 같다.

- 기본 자료인 1차 자료, 단행본 및 논저, 기타 자료 순으로, 여러 언어의 문헌들이 공존할 경우에는 국내 문헌을 먼저, 국외 문헌을 뒤에 배치한다.

• 국내 문헌은 필자 이름의 가나다 순서, 국외 문헌은 필자 이름의 알파벳 순서로, 동일한 필자의 문헌이 여러 개 있을 경우는 출판 연도 순서로 정리한다.
• 각주 표기 규정과 동일하되, 해당 인용 쪽수 전까지만 밝힌다.
• 학술지 논문의 경우에만 게재 면수를 표기한다.

참고문헌 작성의 예시는 다음과 같다.

참고문헌

1. 논문 및 단행본

서경석, 「한국근대소설을 통해 본 한국어 문체의 생성과 분기」, 『우리말글』 95권, 우리말글학회, 2022, 393~413쪽.

유성호, 『서정의 건축술』, 창비, 2019.

이승수 · 민선홍 · 우미영, 「최인훈 〈구운몽〉의 제목과 형식」, 『한국언어문화』 75, 한국언어문화학회, 2021, 119–150쪽.

Sontag, Susan : Regarding the Pain of Others, 수전 손택, 이재원 옮김, 『타인의 고통』, 이후, 2004.

2. 인터넷 자료

네이버 열린연단, 「독서와 글쓰기의 의미/정민 한양대 국어국문학과 교수[영상]」. https://tv.naver.com/v/27678092, 2022년 7월 8일 게시.

1. 다음의 내용을 읽고, 참이면 O, 틀리면 X로 표기해보자.

1	직접 인용할 경우, 인용 부분은 원문과 완전히 일치하지 않아도 된다.	
2	해당 내용의 문장 앞에 커서를 놓고, 각주 번호가 자동으로 생성되면, 거기에 출처를 입력한다.	
3	자료를 인용했다면, 그 출처는 '각주'와 '참고문헌'에 밝혀야 한다.	
4	참조하기는 했지만, 본문 중에 직접 인용하지 않았다면, 참고문헌에 정리하지 않아도 된다.	
5	국내 저서, 논문집, 작품집, 잡지명, 신문명은 겹낫표(『 』), 겹화살괄호(《 》), 소제목, 논문 제목, 작품명, 기사 제목은 홑낫표(「 」), 홑화살괄호(〈 〉)로 표기한다.	

2. 아래에서 잘못 표기된 것을 바르게 나열해보자.

1) 김숨, 2017, 『나는 염소가 처음이야』, 문학동네, 41-83쪽.

→

2) 이종관, 사월의 책, 『포스트 휴먼이 온다』, 2017, 33쪽.

→

3) 『포스트 휴먼의 조건』, 로버트 페페렐, 이선주 옮김, 아카넷, 2017, 270쪽.

→

4) 이미선 옮김, 메리 셸리, 『프랑켄슈타인』, 황금가지, 2004, 264쪽.

→

▸ 정답은 부록(225쪽)에 있습니다.

3. 자료 찾기와 인용하기를 통해 자신이 쓴 글을 보완해보자.

부록

글쓰기의 윤리

• • •

연구윤리 확보를 위한 지침

[시행 2023. 7. 17.] [교육부훈령 제449호, 2023. 7. 17., 전부개정]

제1조(목적) 이 지침은 「학술진흥법」 제15조에서 위임한 사항을 정함으로써, 연구자 및 대학등의 연구윤리를 확보하는 데 필요한 역할과 책임에 관하여 기본적인 원칙과 방향을 제시하고, 연구부정행위를 방지하기 위한 사항을 정함을 목적으로 한다.

제11조(연구부정행위의 범위)

① 연구부정행위는 연구개발 과제의 제안, 수행, 결과 보고 및 발표 등에서 이루어진 다음 각 호를 말한다.

1. 위조

존재하지 않는 연구 원자료 또는 연구자료, 연구결과 등을 허위로 만들거나 기록 또는 보고하는 행위

2. 변조

연구 재료·장비·과정 등을 인위적으로 조작하거나 연구 원자료 또는 연구자료를 임의로 변형·삭제함으로써 연구 내용 또는 결과를 왜곡하는 행위

3. 표절

다음과 같이 일반적 지식이 아닌 타인의 독창적인 아이디어 또는 창작물을 적절한 출처표시 없이 활용함으로써, 제3자에게 자신의 창작물인 것처럼 인식하게 하는 행위

가. 타인의 연구내용 전부 또는 일부를 출처를 표시하지 않고 그대로 활용하는 경우
나. 타인의 저작물의 단어·문장구조를 일부 변형하여 사용하면서 출처표시를 하지 않는 경우
다. 타인의 독창적인 생각 등을 활용하면서 출처를 표시하지 않은 경우
라. 타인의 저작물을 번역하여 활용하면서 출처를 표시하지 않은 경우

4. 부당한 저자 표시

다음과 같이 연구 내용 또는 결과에 대하여 공헌 또는 기여를 한 사람에게 정당한 이유 없이 저자 자격을 부여하지 않거나, 공헌 또는 기여를 하지 않은 사람에게 감사의 표시 또는 예우 등을 이유로 저자 자격을 부여하는 행위

가. 연구내용 또는 결과에 대한 공헌 또는 기여가 없음에도 저자 자격을 부여하는 경우
나. 연구내용 또는 결과에 대한 공헌 또는 기여가 있음에도 저자 자격을 부여하지 않는 경우
다. 지도학생의 학위논문을 학술지 등에 지도교수의 단독 명의로 게재·발표하는 경우

5. 부당한 중복게재

연구자가 자신의 이전 연구결과와 동일 또는 실질적으로 유사한 저작물을 출처표시 없이 게재한 후, 연구비를 수령하거나 별도의 연구업적으로 인정받는 경우 등 부당한 이익을 얻는 행위

6. 연구부정행위에 대한 조사 방해 행위

본인 또는 타인의 부정행위에 대한 조사를 고의로 방해하거나 제보자에게 위해를 가하는 행위

7. 그 밖에 각 학문 분야에서 통상적으로 용인되는 범위를 심각하게 벗어나는 행위

학문적 정직성을 위한 3원칙

찰스 립슨이 『정직한 글쓰기』(멘토로, 2008)에서 제시하는 '학문적 정직성을 위한 3원칙'은 다음과 같다.

- 자신의 이름으로 제출하거나 발표하는 모든 연구 실적은 실제로 자신이 연구한 것이어야 한다.
- 다른 연구자의 연구 실적을 인용하거나 참고했을 때에는 반드시 그 출처를 밝혀야 한다. 단지 학술 용어를 인용한 것이라도 예외가 될 수 없다.
- 연구 자료는 정확하고 정직하게 제시해야 한다. 연구 실적과 관련이 있는 모든 자료는 그것이 어떤 형태의 것이든지 예외가 될 수 없다.

대학생들의 비윤리적 글쓰기 유형 점검

점검 사항	YES	NO
인터넷에서 복사한 자료에만 의존하여 과제를 작성합니까?		
과제를 작성할 때 활용한 문헌 및 인터넷 사이트 목록을 참고문헌에 정리하여 첨부했습니까?		
리포트 거래 사이트에서 리포트를 사본 적이 있습니까?		
친구의 과제를 베껴서 낸 적이 있습니까?		
자신의 과제물 하나를 여러 수업에서 동시에 평가받은 적이 있습니까?		
조별 과제에서 무임승차한 적이 있습니까?		
대학에서의 과제물에도 표절 개념이 적용된다는 것을 알고 있습니까?		

대학생들의 비윤리적 글쓰기 유형

정병기, 「대학생 글쓰기의 부정 행위와 윤리교육 방안」, 『사고와 표현』 창간호, 2008.11.

1. 전문 도용과 무임승차형
• 타인의 글, 인터넷 사이트에서 수집한 글을 자신의 이름으로 제출하는 경우 • 이미 발간된 문헌의 일부를 완성된 자기 글로 위장하여 제출하는 경우 • 공동 작업에서 과정에 참여하지 않고 최종 과제물에 저자로 이름을 올린 경우
2. 자기 복제와 중복 제출형
• 동일한 글을 두 군데 이상 제출하는 경우 • 구성이나 문장 또는 서론이나 결론을 변경하여 제출하는 경우 • 두 개 이상의 글을 하나의 글로 합쳐 제출하는 경우
3. 자료 위조·변조형
• 경험 자료를 위조·변조하여 과제물을 작성하는 경우 • 문헌 자료, 대상 작품을 위조·변조하여 과제물을 작성하는 경우
4. 표절과 짜깁기형
• 기존 연구의 독창적 개념, 주장, 연구방법론, 핵심 아이디어를 인용부호와 출처를 표기하지 않고 사용하는 경우 • 단락마다 다른 사람의 글을 그대로 베껴 글을 구성하는 경우 • 몇 가지를 변형하더라도 문자의 구조나 전개 방식, 원문의 문장 구조를 그대로 사용한 경우 • 출처 표기 없이 자료(표, 그림, 슬라이드 등)를 사용한 경우 • 출처 표기를 했어도 큰따옴표를 사용하지 않아 인용 부분이 드러나지 않는 경우

표절의 예

프린스턴 글쓰기 센터 글쓰기 초급프로그램의 표절에 관한 문서에서는 원문을 인용하는 다양한 방식을 통해 표절의 가부를 가리고 있다. 원문과 비교하면서 학생들의 글을 읽고 표절 판정 결과와 이유를 함께 확인해 보도록 하자.

마가렛 미드(Margaret Mead), 《전쟁: 발명—생물학적 필요성 Warfare: An Invention — Not a Biological Necessity》 중의 일부

전쟁은 인간의 삶을 정돈하기 위한 목적에서 발명된 글쓰기와 결혼, 요리, 배심원 심판, 매장 등과 동일한 발명품이다. 지금은 너무도 자연스러워진 이러한 제도들이 발명품이라는 사실을 잊어서는 안 된다. 배심원이 참여하는 제도가 존재하는 곳은 전 세계적으로 매우 드물다. 또 사망 후 매장을 하지 않고, 그대로 화장을 하는 종족도 많다. 문자를 문화유산으로 가지고 있는 인종 또한 전 세계에서 일부에 지나지 않는다. 불의 사용, 결혼 형태 등과 같은 행위는 일반적인 것으로 인정되는 즉시 인간이 고안해낸 발명품이 아니라 인간 자체의 속성이라고 생각하게 된다.

필자	인용 내용과 표절 판정 결과
학생 A	전쟁이 없는 문화권도 많기 때문에, 전쟁은 인간의 삶을 정돈하기 위한 목적에서 발명된 글쓰기와 결혼, 요리, 배심원 심판, 매장 등과 동일한 발명품인 것 같다. • **인용부호를 생략했으며, 출처를 명시하지 않은 경우→표절** 이태리체 부분은 미드의 문장에서 그대로 인용한 것을 알 수 있다. 미드의 문장을 직접 인용하였지만, 인용부호가 없고, 출처를 명시하지 않았기 때문에 이 문장은 표절이다.
학생 B	전쟁이 없는 문화권도 많기 때문에 전쟁은 결혼 또는 요리, 매장 등과 같이 또 다른 발명인 것 같다. 결국, 우리는 사망 후 매장을 하지 않는 문화에 대해서 알고 있다. 임의 행동이 일반적인 것으로 인정되면 언제든지, 우리는 즉시 발명이 아니라 불가피한 인류의 일부라고 생각한다. • **문장 변경의 정도가 약하며 각주에 출처를 표시하지 않은 경우 → 표절** 이 학생은 문장의 일부를 변경했지만, 내용은 미드의 생각과 매우 유사하다. 의역은 각주에 분명하게 표시해야 한다.

필자	인용 내용과 표절 판정 결과
학생 C	문화적 행동이 발명인가 아닌가의 여부를 판단하는 한 가지 방법은 그것이 다른 문화에 얼마나 스며들어 있는가 하는 것이다. 우리는 결혼 또는 자녀 양육, 성별 노동 구분 등 행동이 매우 다양하기 때문에, 이와 같은 행동이 모든 인류에 본질적인 것은 아니라는 것을 안다. 이와 같이, 대부분의 문화에서 전쟁은 존재하지 않으며 이것은 전쟁이 단순한 발명이라는 생각을 뒷받침한다. • **정보를 추가하여 자신의 관점에서 종합적으로 소화하여 기술한 경우 → 표절이 아님** 이 학생은 미드의 글을 상당히 변경했으며, 다른 출처에서 얻은 자신의 정보를 추가했다. 이 학생은 다른 출처의 정보를 종합해서 미드가 자신에게 설명한 것 이상을 이해했다는 것을 증명한다. 이 글은 표절이 아니다.
학생 D	전쟁이 발명 이상의 어떤 것도 아니라는 것은 인류학자 마가렛 미드가 강력하게 주장하는 것이며, 미드는 결혼과 요리, 매장과 전쟁과 같은 공격적인 행동에 대해 비교했다. 전쟁과 같은 행동들은 일반적인 것은 아니기 때문에, 발명이라고 할 수 있다. 미드가 설명한 바와 같이, 무엇인가가 일반적으로 행해질 때에만 "발명이 아니라 인류의 속성"이라고 결론지을 수 있다. • **원저자의 이름을 밝히고 인용부호 또한 분명하게 표시한 경우 → 표절이 아님** 이 학생은 마가렛 미드라는 이름을 직접 언급했고, 서두의 의역은 미드의 생각을 요약한 것이다. 독자는 제시된 생각들이 작성자가 아니라 미드의 생각이라는 것을 이해할 수 있다. 글 끝에서, 미드의 문장 일부를 인용했고, 그 내용이 미드의 글에서 인용한 것임을 알 수 있다. 이 글은 표절이 아니다.

표절을 피하기 위한 방법

자신의 의견을 명확히 제시한 후 인용할 자료를 찾는다.
• 자신의 의견이 불분명하거나 자기 의견이 적은 경우, 무의식적으로 남의 글을 많이 가져오면서 그 인용 범위를 가리고 싶은 유혹에 빠진다. 인용은 어디까지나 내 의견, 내 생각에 대한 보조 기능을 하게 해야 한다.
나의 생각과 자료 저작자의 생각이 섞이지 않도록 해야 한다.
• 자료를 많이 읽기만 하는 경우, 자신도 모르게 그의 생각인지 나의 생각인지 모호하여 출처표시를 하지 않게 된다. 표현을 바꾸었다고 하더라도, 아이디어의 도용도 표절이다. 그러므로 인용한 자료를 정리하여 제시하는 수준에 머물러서는 안 된다. 그 자료를 바탕으로 자신의 분석 내용과 해석의 독창성을 보여주어야 한다.
참고한 자료의 내용 및 출처를 정확하게 기록해 놓는다.
• 그렇지 않으면 시간이 지난 후에 자기 문장과 참고 자료의 문장을 구분하기 어려워 표절하게 되는 수가 있다. 자기 나름대로 자료 정리방식을 마련하여 문장이나 단어까지 인용 부호로 표시하되, 반드시 그 자료의 페이지 번호를 적어둔다.
인터넷에서 자료를 검색할 경우, 표절 문제에 더욱 주의한다.
• 인터넷 자료를 이용할 때는 반드시 자료를 찾는 그 순간에 정리를 해 두어야 한다. 지나가고 나면 찾기가 어려워지므로, 이용한 웹 사이트의 URL과 해당 자료에 접속한 날짜 등을 기록해둔다. • 인터넷 자료만으로 조사를 마치고 글을 써서는 안 된다. 검색의 범위를 넓혀서 인터넷 자료뿐 아니라 책, 논문 등을 찾는 것이 좋다. • 인터넷에 있는 자료 자체가 이미 표절이 된 채 떠도는 수도 많다. 그러므로 인터넷 자료 자체를 맹신해서는 안 되며 그 정보의 질을 의심하고 평가해보는 것이 필요하다.

연습문제 정답

제3부 172~173쪽 연습문제 2

1 1) 돼서 | 2) 우레 | 3) 삼가 | 4) 미장이 | 5) 오든지 말든지 | 6) 가는 | 7) 밤새 | 8) 더욱이 | 9) 며칠 | 10) 아랫입술

2 1) 떡볶기 → 떡볶이 | 2) 조용이 → 조용히, 주십시요 → 주십시오 | 3) 제사날 → 제삿날, 제삿상 → 제사상 | 4) 촛점 → 초점, 않 → 안 | 5) 한벌과 → 한 벌과, 두켤레를 → 두 켤레를 | 6) 분 쯤 → 분쯤 | 7) 늦을수 밖에 → 늦을 수밖에 | 8) 보는 데 → 보는데 | 9) 건강 뿐이다 → 건강뿐이다 | 10) 탁상시계등이 → 탁상시계 등이

제3부 215쪽 활동지

1 1) X 2) X | 3) O | 4) X | 5) O

2 1) 김숨, 『나는 염소가 처음이야』, 문학동네, 2017, 41–83쪽.
2) 이종관, 『포스트휴먼이 온다』, 사월의 책, 2017, 33쪽.
3) 로버트 페페렐, 이선주 옮김, 『포스트휴먼의 조건』, 아카넷, 2017, 270쪽.
4) 메리 셸리, 이미선 옮김, 『프랑켄슈타인』, 황금가지, 2004, 264쪽.

추천 도서 및 문제

사마천 지음, 이인호 옮김, 『사기열전』, 천지인, 2009

『사기』는 중국 상고시대부터 한나라 때까지의 일을 기록한 역사서이다. 황제의 일을 기록한 본기, 제후의 일을 기록한 세가 등으로 구성되어 있다. 그 중 열전은 벼슬 여부와 상관없이 몇몇의 삶을 모아 정리해 놓은 기록이다. 일반적인 역사서는 제왕들만의 이야기로 채워져 있다. 하지만 『사기열전』은 다양한 사람들의 모습을 생동감 있게 그려 당시 사회와 사람들의 모습과 생각들을 잘 볼 수 있게 해 준다. 요즘에 읽더라도 배울 것이 많은 책이다. 그 중에서 「관·안 열전」은 관중과 안영에 대해 쓴 글이다.

내가 가난할 때 포숙아와 함께 사업을 했다. 이익을 남기면 내가 꼭 더 가졌는데 포숙아는 나를 탐욕스러운 인간이라고 생각하지 않았다. 내가 가난하다는 것을 알았기 때문이다. 내가 포숙아를 위하여 무슨 일을 하다가 잘못 되어 포숙아를 난처하게 만든 적이 있지만 포숙아는 나를 못난 놈이라고 생각하지 않았다. 사람에게는 운이 있다는 것을 알았기 때문이다. 내가 관직에 세 번 진출하여 세 번 모두 명예퇴직을 당했지만 포숙아는나를 무능한 놈이라고 생각하지 않았다. 내가 때를 못 만난 탓이라고 생각했기 때문이다. 내가 세 번이나 병사를 이끌고 전쟁터에 나갔지만 모두 참패하고 도망왔다. 그러나 포숙아는 나를 비겁한 놈이라고 무시하지 않았다. 나에게는 노모가 있다는 것을 알았기 때문이다. 공자 규(糾)와 소백이 정권을 다투다가 공자 규가 패했다. 공자 규를 따르던 소홀(召忽)은 군주를 따라 자결했지만 나는 뻔뻔하게도 살아남았다. 그러나 포숙아는 나를 염치없는 놈이라고 생각하지 않았다. 내가 사소한 모욕을 견뎌내고 결국은 천하에 명성을 날리게 될 것임을 믿었기 때문이다. 나를 낳은 분은 부모지만 나를 진정 알아준 친구는 포숙아였다.

—「지기의 혜안, 사람을 알아보는 눈—관·안열전」, 59쪽.

사고력 훈련

창의적인 사고로 다양한 생각을 해 보자. 이 글의 밑줄 친 곳에 어울릴 만한 다른 설명을 넣어보자.

칼 세이건 지음, 현정준 옮김, 『창백한 푸른 점』, 사이언스북스, 2001

지금까지 가장 널리 읽힌 과학책인 『코스모스』의 저자로 유명한 칼 세이건은 『코스모스』 이후 15년 동안의 오랜 연구와 탐사 결과들을 바탕으로 『창백한 푸른 점(Pale Blue Dot)』을 펴냈다. 세이건은 이 책에서 우주 탐험의 역사와 미래를 천문학, 우주지질학, 화학, 생물학, 인류학 등 다방면에 걸친 방대한 과학적 지식과 자료를 바탕으로 설명할 뿐만 아니라 궁극적으로 인류가 우주 속에서 찾아야 할 가치와 희망을 이야기하고 있다. 제목인 '창백한 푸른 점'은 지구를 뜻한다.

그 작은 점을 대하면 누구라도 인간이 이 우주에서 특권적인 지위를 누리는 유일한 존재라는 환상이 헛됨을 깨닫게 된다. 지구는 지구를 둘러싸고 있는 거대한 우주에서는 아주 작은 점에 불과하다. 우리가 살고 있는 작은 세계를 멀리서 찍은 이미지를 보는 것보다 인간의 자만을 확인하는 데 효과적인 것은 없을 것이다. 나는 이 작은 점을 보면서 '창백한 작은 점'을 더욱 소중히 보존하고 가꾸기 위해서는 다른 사람들과 좀 더 긴밀하게 협력해야겠다는 각오를 다진다.

우주선은 지구에서 멀어져, 즉 가장 바깥쪽 행성의 궤도를 넘어서 황도면(행성들의 궤도들이 대부분 포함되는 경마장과 같은 가상적인 평면)에서 높이 떨어진 공간을 달리고 있다. 그것은 태양으로부터 시속 4만 마일로 멀어져 가고 있다. 그러나 1990년 2월 초 지구로부터의 긴급 메시지가 우주선을 따라 잡았다.

우주선은 그 명령에 따라 카메라를 이제는 멀어진 행성들을 향해 되돌렸다. 주사대를 하늘의 한 곳에서 다른 곳으로 빨리 돌리면서 60장의 스냅 사진을 찍어 테이프레코더에 디지털 방식으로 저장해 뒀다가 그 후 3, 4, 5월에 걸쳐 천천히 그 자료들을 지구로 전송했다. 사진 한 장은 신문의 전송판이나 점화 속의 점들처럼 64,000개의 점들로 이루어진다. 우주선은 지구로부터 37억 마일이나 멀리 떨어져 있으므로 각 픽셀이 광속도로 달려도 5시간 반이나 걸려서 전달되었다. 사진 전송을 더 일찍 할 수도 있었겠지만 그렇지 못한 것은 캘리포니아, 스페인, 오스트레일리아에 있는 대형 전파망원경이 다른 우주선에서 오는 약한 전파도 받아야 했기 때문이다. 그 중에는 금성을 향한 마젤란과 목성까지 거북이 걸음을 하고 있는 갈릴레오도 있다.

— 1장 「우리는 여기에 있다」

사고력 훈련

밑줄 그은 문장을 중심으로, 환경과 관련하여 인간이 가지고 있는 허위 이데올로기에 대해 비판해보자. (300자)

헨리 데이빗 소로우 지음, 강승영 옮김, 『월든』, 은행나무, 2011

원제는 『월든: 숲 속의 생활(Walden; or Life in the Woods)』이다. 이 책은 헨리 데이빗 소로우의 대표 수필집이다. 그는 1845년 7월부터 1847년 9월까지 세속에서 떠나 매사추세츠주 월든 숲 속에 살면서 자연과 어우진 간소한 생활을 하며 물질, 노동, 문명, 인생 등의 의미를 음미했다. 이 책은 그 때의 생활 기록이다. 당시 물질 문명에서 발생된 온갖 병폐에 대한 날카로운 지적이 있어서 이 책은 전 세계적으로 애독되었다. 톨스토이나 간디도 애독했다는 책이다.

아무리 잘 고른 책이고 고전이라 할지라도 우리가 책에만 몰두하여, 그 자체가 방언이며 지방어에 지나지 않는 어느 특정한 언어들만 읽는다면 우리는 정말 중요한 언어를 잊어버릴 위험이 있다. 그런데 이 언어야말로 모든 사물과 사건에 비유를 쓰지 않고 말하는 언어이며, 풍부하기 짝이 없는 어휘와 표준성을 지닌 언어인 것이다.

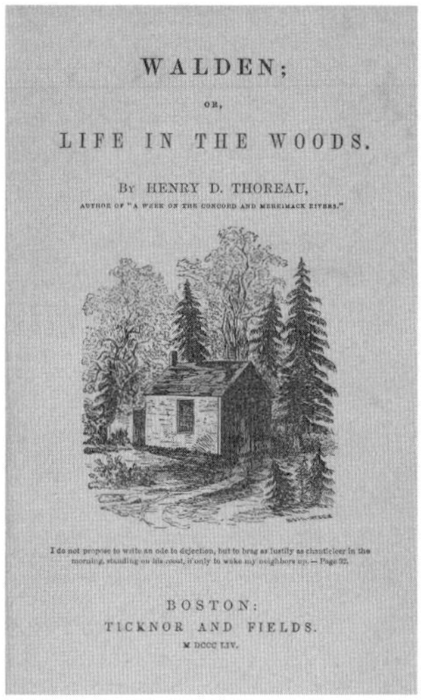

어떤 관찰 방법과 훈련도 항상 주의 깊게 살피는 자세를 대신해주지는 못한다. 볼 가치가 있는 것을 그때그때 놓치지 않고 보는 훈련에 비하면 아무리 잘 선택된 역사나 철학이나 시의 공부도, 훌륭한 교제도, 가장 모범적인 생활 습관도 그리 대단한 것은 아니다. 당신 앞에 놓여진 것들을 보고 당신의 운명을 읽으라. 그리고 미래를 향하여 발을 내디더라.

첫 번째 여름에는 책을 읽지 못했다. 콩밭을 가꾸어야 했던 것이다. 그러나 가끔은 일하는 것보다 더 나은 방법으로 시간을 보냈다. 여름날 아침에는 간혹, 이제는 습관이 된 멱을 감은 다음, 해가 잘 드는 문지방에 앉아서 새벽부터 정오까지 한없이 공상에 잠기곤 했다. 그런 나의 주위에는 소나무, 호두나무와 옻나무가 무성하게 자라고 있었으며 그 누구도 방해하지 않는 고독과 정적이 사방에 펼쳐져 있었다. 오직 새들만이 곁에서 노래하거나 소리 없이 집안을 넘나들었다. 그러다가 해가 서쪽 창문을 비추거나 또는 멀리 한길을 달리는 어느 여행자의 마차 소리를 듣고서야 문득 시간이 흘러간 것을 깨닫는 것이었다. 이런 날에 나는 밤 사이의 옥수수처럼 무럭무럭 자랐다. ……

한여름 오후, 창가에 앉아 있노라니 매가 몇 마리 나의 개간지 위를 빙빙 돌면서 날고 있다. 산비둘기가 두세 마리씩 내 시야를 가로질러 날아가거나, 집 뒤의 백송나무 가지에 안절부절못하듯 내려앉곤 하는데 그때마다 소리가 난다. 물수리 한 마리가 거울 같은 호수의 수면에 잔물결을 일으키며 물고기 하나를 채 가지고는 날아오른다. 밍크 한 마리가 집 앞에 있는 늪에서 살짝 나와 물가에서 개구리를 잡아챈다. 왕골은 여기 앉았다 저기 앉았다 하는 쌀먹이새의 무게에 눌려 휘청거리고 있다.

— 4장 「숲의 소리들」

사고력 훈련 | 글감 및 주제 찾기

헨리 데이빗 소로우가 했던 것처럼, 핸드폰을 끄거나 무음으로 해 두고 일정한 시간 동안 아무것도 하지 않은 채 있어 보자. 그때에야 들리는 소리, 그제야 보이는 것들에 주목해 보자. 그때 듣거나 본 것에 대해 글을 써 보자. (600자)

알베르토 망구엘 지음, 정명진 옮김, 『독서의 역사』, 세종서적, 2020

이 책의 부제는 '책과 독서에 관한 인류의 끝없는 갈망과 그 위대한 승리'다. 서점 점원에서 세계적인 문호 호르헤 루이스 보르헤스의 비서로, 다시 독서가이자 저널리스트로 작가로 활동해온 저자의 박학다식한 사유의 폭이 돋보이는 책이다. 망구엘은 독서를 세계의 문을 열고 그 구성원이 되는 통과제의로 규정하며 글을 시작한다. 고대에서 현대에 이르는 지식의 축적과 읽기의 역사를 아우르는 이 책은 문자와 음성의 해독뿐 아니라, 세계를 읽고 해독하는 모든 행위를 독서의 층위에 넣어 '독서와 읽기'의 영역을 유비적으로 확장하며 글을 마무리 짓는다. 망구엘에 따르면 한 권의 책을 소유하는 사람은 나름으로 한 세계의 주인이 되는 것이다.

그리스, 로마, 그리고 비잔티움에서는 학자 겸 시인—서책(書册)이나 두루마리를 들고 있는 것으로 상징되는데—이 귀감으로 삼을 만한 인물로 여겨졌지만 그 역할을 어디까지나 인간에게 국한되었다. 신은 절대로 문학으로 자신을 바쁘게 만드는 법이 없었다. 고대 그리스와 로마의 신들이 책을 들고 있는 모습은 절대로 없다. 신의 손에 책을 쥐어 준 종교는 그리스도교가 처음이었고, 14세기 중반 이후 상징적인 그리스도교 책에는 항상 또 다른 이미지, 즉 안경이 동반되었다. 예수 그리스도와 하느님 아버지의 전지 전능함으로 미루어 볼 때, 그들을 근시안으로 표현하는 것은 정당하지 못할 것이지만, 교부(敎父)들—성 토마스 아퀴나스, 성 아우구스티누스—과 카톨릭 교회법으로 받아들여진 고대 저자들—키케로, 아리스토텔레스—은 간혹 지혜의 안경을 낀 채 학술 서적으로 들고 있는 모습으로 묘사되었다.

15세기 말에 이르러 안경은 독서의 위엄뿐 아니라 독서의 악폐까지 상징할 정도로 익숙하게 되었다. 그때나 지금이나 대부분의 독서가들은 간혹 자신들의 행위가 비난받아 마땅하다는 식으로 꾸중을 듣는 치욕적인 경험을 하게 된다. 나도 6학년인가 7학년인가 학교에 가지 않던 어느 날 집안에 틀어박혀 책만 읽는다고 놀림을 당했던 기억이 있다. 그 날 놀림을 견디다 못해 나는 끝내 안경은 이쪽 구석으로, 책은 저쪽 구석으로 내동댕이치고는 방바닥에 납작 엎드려 얼굴을 처박고 말았다. 나의 사촌들은 내 침실이 책으로 가득한 것을 익히 보았던 터라 내가 그들과 함께 서부활극을 보러 가지 않을 것이라 지레 짐작하고 "너는 아마 서부극을 좋아하지 않을 거야"라고 단언했던 것이다. 할머니께서도 내가 일요일 오후에 책을 읽는 모습을 보

면 "너 또 공상에 빠져 있구나"라며 한숨을 내쉬었는데, 그 이유는 나의 활발하지 못함이 그녀에게는 세월을 허송하는 게으름이자 삶의 기쁨을 거역하는 죄처럼 보였기 때문이다. 나태한, 연약한, 젠체한, 현학적인, 엘리티스트, 이런 것들은 골똘한 학자, 시력이 나쁜 독서가, 책벌레, 얼간이들 하면 연상되는 형용사들이다. 책 속에 파묻혀, 세상과는 담을 쌓은 채, 너덜너덜한 책표지 안에 담긴 단어에 익숙하지 않은 사람들보다는 자신들이 더 낫다는 우월감에 빠져, 하느님의 가르침에 숨은 뜻이 무엇인지를 아는 척했던 안경 낀 독서가는 얼간이로 비쳤고, 안경은 지적 오만의 상징이 되었다.

—「얼간이 같은 책벌레 이미지」

사고력 훈련 | 초고 쓰기

밑줄 그은 부분을 보면 '안경잡이'에 대한 전형적인 편견을 드러나고 있다. 이런 이미지는 편견이나 허위 이데올로기가 되어 대중문화의 이미지를 통해서 확대 재생산되고 있기도 하다. '안경잡이'에 대한 부정적인 이미지를 긍정적인 이미지로 바꾸어서 한 편의 글을 써보자. 밑줄 그은 부분을 반대의 맥락으로 뒤집어 쓰면서 글의 서두를 시작해보라.

지그문트 프로이트 지음, 김인순 옮김, 『꿈의 해석』, 열린책들, 2020

원제는 『Die Traumdeutung』(1899)이다. 정신분석학이라는 학문의 길을 열어 준 프로이트의 대표적인 저서 『꿈의 해석』은 꿈이라는 수면 현상을 과학적으로 분석하고자 한 최초의 책이다. 이 책의 가치는 꿈 해석의 프로세스를 통한 무의식의 메커니즘을 입증한다는 데에 있다. 그의 학문적 작업을 기점으로 하여, 의식 세계에 국한되었던 인간에 대한 이해는 무의식의 세계로 확장된다. 따라서 이 책은 정신분석학의 한 통로로, 넓게는 인간과 예술 및 학문 전반에 대한 새로운 이해의 창으로 이해되어야 할 것이다.

꿈의 기억 방법은 일반적으로 모든 기억 이론에 아주 중요하다. 그것은 〈정신적으로 일단 소유한 것은 결코 사라질 수 없다〉(숄츠, 『수면과 꿈』[1887] 참조—원주)는 것을 알려준다. 아니면 델뵈프의 말처럼, 〈아무리 사소한 인상일지라도 언제고 되살아날 수 있는 불변의 흔적을 남긴다〉. 정신 활동의 다른 활동의 다른 많은 병리학적 현상들 역시 이러한 결론을 유도한다. 나중에 논의하게 될 꿈-이론들에서 드러나는 모순을 생생하게 감지하기 위해서는, 꿈-기억의 이러한 특이한 능력을 염두에 두어야 한다. 그러한 이론들은 꿈이 부조리하고 일관성이 없는 이유를 낮에 알았던 것을 부분적으로 망각하기 때문이라고 설명한다.

전반적으로 꿈 현상을 기억 현상에 제한하고, 꿈을 밤에서 쉬지 않는 재현 활동의 표출로 보려는 생각이 들 수 있을 것이다. 이 경우 그것은 재현한다는 것 이외에 다른 목적이 없는 활동이다. 필치의 말이 그러한 생각과 일치한다. 그의 말에 따르면 꿈은, 깊이 잠들었을 때는 아득한 옛날의 인상을, 새벽 무렵에는 최근의 인상들을 재현하는 식으로, 꿈꾸는 시간과 꿈 내용 사이에서 확고한 관계를 증명할 수 있다는 것이다. 그러나 그러한 견해는 꿈이 기억해 내는 재료를 다루는 방식을 고려해 볼 때 처음부터 거의 신빙성이 없다. 체험이 꿈에서 그대로 반복되는 것이 아니라고 지적한 슈트륌펠의 말은 지당하다. 꿈은 그대로 반복할 것처럼 시작하지만, 이어지는 부분을 그렇지 않다. 내용이 변화하거나 또는 아주 생소한 것으로 대체된다. 꿈은 부분 부분만을 재현할 뿐이다. 이것은 확실하게 규칙이나 다름없으므로, 이론적으로 사용해도 무방하다. 그러나 깨어 있을 때 우리가 기억하는 것과 똑같이 꿈이 완벽하게 체험을 재현하는 예외적인 경우는 마치 여행 중 기적적으로 사고를 모면한 다음, 그때의 위험한 상황을 처음부터 끝까지 다시 겪었다고 한다. 켈킨스 양은 전날의 체험을 고스란히 그대로 재현한 꿈 사례를 두 가지 소개한다. 나 자신도 유년 시절의 체험이 옛날 그대로 꿈속에서 재현된 사례를 알고 있으며, 후에 기회가 닿으면 이야기할 생각이다.

— 1장 「꿈 문제에 관한 학문적 문헌」, 44-45쪽.

주제 설정과 제목 붙이기 | 글쓰기의 세부 – 설명

밑줄 그은 문장을 중심으로 가장 기억에 남는 꿈 속 상황을 설명해 보고, 그에 대한 제목을 붙여보자. (600자)

정민 지음, 『미쳐야 미친다』, 푸른역사, 2004

이 책은 조선 시대 지식인의 내면을 사로잡았던 열정과 광기를 탐색한 글이다. 남이 손가락질을 하든 말든, 출세에 보탬이 되든 말든, 혼자 뚜벅뚜벅 걸어가는 정신을 가졌던 이들을 소개한 것이다. 이리 재고 저리 재지 않고 절망 속에서도 성실과 노력으로 일관한 삶의 태도를 가지고 있던 사람들의 이야기를 살핀 것이 이 책이다. 지은이는 18세기 지식인들이 마니아적 성향에 열광했다는 데에 주목하였다. 그리고 자신이 좋아하는 일에 미쳐 이룬 업적과 그 삶의 태도를 기록하였다.

다시 홍길주는 두 차례 행차 사이의 맥락 문제를 문장가가 문장 지을 때 끊어졌다 이어지는 기변(奇變)과 연관짓는다. 한 편의 글은 여러 개의 단락으로 이루어진다. 단락이란 생각의 덩어리이다. 여러 개의 생각들이 여러 개의 덩어리를 이루고, 그 덩어리들이 합쳐져서 하나의 총체적인 형상을 빚어낸다. 그러기에 하나 하나의 덩어리들은 각기 독립된 개체로 존재하고 있지만, 그것들 사이에는 보이지 않는 긴밀한 연계가 있어야 한다.

통진에서 돌아오는 길에 만난 비가 사흘 뒤 수락산 폭포의 장관을 연출하게 되고, 또 그 비 때문에 수락산 행을 결심하게 된다. 통진 길에 책을 가져갔더라면 수락산 실에서 책 때문에 그 소동이 벌어지지는 않았을 것이다. 앞에서 툭 던져둔 한 마디 말이 땅 밑으로 삼천리를 흐르다가 불쑥 솟아 황하수를 이루듯, 뒤의 단락과 앞의 단락이 서로 호응하여 한 편 글의 밀고 당기는 긴장과 이완을 연출해야 한다.

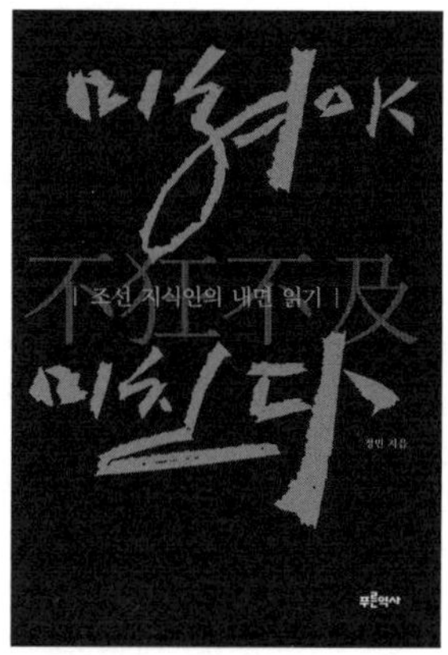

또 글에는 한 줄기 맥락이 암암리에 보이지 않게 이어져야 한다. 사흘 전에 내린 비가 폭포의 유량을 증가시켜 목전의 장관을 연출한다. 그 비 때문에 아무 상관 없어 보이는 통진 길이 사흘 뒤의 수락산 여행으로 이어졌다. 막상 올 때 비 맞는 것은 싫었는데, 결국 사흘 뒤 여행의 빌미를 주었으니 이것은 좋기도 하고 나쁘기도 하다. 한 편의 글도 이와 다를 바가 없다. 앞에서 읽을 때는 쓸데없는 군더더기로 생각되던 것이 뒤에 와 마무리에서 호응을 이루자, 없어서는 안 될 요긴한 말로 변화해버린다. 잘 나가던 글이 때로 우정 딴전을 부리거나 곁길로 새는 것은 뒷부분과 호응을 배려한 것일 터이다. 이에 글은 아연 생기를 얻어 꽉 짜인 짜임새를 획득하게 된다.

그렇지만 글에는 여운이 있어야 한다. 통진 길에서 만난 비가 수락산 길을 재촉했고, 수락산 길에서는 절에 도착한 뒤에야 비가 와 비에 젖는 고생은 없었다. 이렇게 단순히 비교만 하고 끝난다면 여운이 남지 않는다. 그 대신 수락산에서 돌아올 때는 바람 먼지가 심하게 불어 눈을

뜰 수 없어 고생을 했다고 적었다. 이것이 바로 문장의 여운이다. 제 할 말을 다 했다고 해서 그쳐버리고 말면 글에 여운이 생기지 않는다. 여운이란 길게 남는 뒷맛이다. 한 번 더 음미하게 만드는 힘이 여기서 생긴다.

글에는 또한 파란이 있어야 한다. 평면적인 설명이나 서술만으로는 안 된다. 강물이 드넓은 벌판을 만나서는 잔잔히 흐르다가 굽이친 골짜기를 만나면 여울을 이루듯, 문장에는 변화와 곡절이 있어야 한다. 중간에 하인 녀석이 길을 잃고 헤맨 소동은 평면적으로 흘러가던 서사에 긴장과 활력을 불어넣었다. 예기치 않았던 일이 늘상 여행의 잊지 못한 추억이 되듯, 생각지 못한 변화는 문장에 탄력을 넣어준다. 물론 그 변화는 자연스러운 것이라야지 작위적이어서는 안 된다.

—「천하의 지극한 문장; 홍길주의 이상한 기행문」, 296-297쪽.

단락의 개념

홍길주의 『수여방필(睡餘放筆)』에 실린 여행기에 대한 저자의 분석이다. 홍길주의 글은 두 차례의 여행을 담담하게 쓴 뒤, 그것을 글짓기의 묘법과 연관 지어 풀어낸다. 홍길주의 글에 담긴 여정과 감상과 견문은 그대로 문장의 기술로 이어진다. 본인의 체험을 바탕으로 한 편의 여행기를 써 보자. 되도록이면 밑줄 친 문장에 나타난 글쓰기의 원리에 유의하면서 글을 완성해 보자.

장하준 지음, 이순희 옮김, 『나쁜 사마리아인들』, 부키, 2023

이 책은 나쁜 사마리아인들이 가난한 나라에 해를 끼치는 일을 그만두게 할 수 있는가에 관해 이야기한 책으로, '세계화'와 '개방'만을 강조하는 신자유주의적 조류에 대한 반박논리를 제공한다. 저자는 현대 자본주의의 보편적 믿음인 '자유주의 경제이론'에 이의를 제기하면서 정통 경제 이론에 입각한 처방이 이른바 '개발도상국'에게 어떻게 해를 끼쳐 왔으며, 앞으로 얼마나 해를 끼칠 것인지를 보여준다. 나아가 그는 세계 경제를 어떻게 하면 지금보다 훨씬 인간적이고 문명화된 형태로 개조할 수 있는지에 대한 건설적인 방법을 제안한다.

내게는 여섯 살 난 아들이 있다. 이름은 진규다. 아들은 나에게 의존하여 생활하고 있지만, 스스로 생활비를 벌 충분한 능력이 있다. 나는 아들의 의식주 비용과 교육 및 의료 비용을 지불하고 있지만, 내 아들 또래의 아이들 수백만 명은 벌써부터 일을 하고 있다. 18세기에 살았던 다니엘 디포는 '아이들은 네 살부터 생활비를 벌 수 있다'고 생각했다.

뿐인가. 일을 하면 진규의 인성 개발에도 많은 도움이 될 것이다. 아이는 지금 온실 속에서 살고 있기에 돈이 중요한 줄 모르고 지낸다. 아이는 자기 엄마와 내가 저를 위해 노력하는 것에 대해, 자신의 한가로운 생활을 보조하고 자신을 가혹한 현실로부터 보호해 주는 것에 대해 전혀 고마움을 모른다. 아이는 과잉보호를 받고 있으니 좀 더 생산적인 인간이 될 수 있도록 경쟁에 노출시켜야 한다. 아이가 경쟁에 더 많이, 그리고 더 빨리 노출될수록 미래에 아이의 발전에는 더 많은 도움이 될 것이고, 아이는 힘든 일을 감당할 수 있는 정신력을 갖추게 될 것이다. 나는 아이를 학교에 보내지 말고 일을 하게 해야 한다. 아이에게 더 많은 직업 선택의 기회를 주기 위해서 아동 노동이 합법적이거나 최소한 묵인이라도 되는 나라로 이주를 생각할 수도 있는 노릇이다.

내 귀에는 여러분이 나를 보고 미친 사람이라고 욕하는 소리가 들린다. 생각이 짧다고. 매몰찬 사람이라고. 여러분은 나에게 아이를 보호하고 양육해야 한다고 말할 것이다. (중략)

나의 이런 터무니없는 주장은 개발도상국에는 급속하고 대대적인 무역 자유화가 필요하다는 자유 무역주의 경제학자들의 주장과 기본적으로 논지가 일치한다. 이들은 개발도상국의 생산자들이 생존을 위해 자기의 생산성을 끌어올리려는 동기를 가질 수 있도록 지금 당장 가능한 한 경쟁에 많이 노출시켜야 한다고 주장한다. 보호는 안이함과 나태함만 유발할 뿐이므로, 경쟁에 노출되는 것이 빠르면 빠를수록 경제발전에 더 많은 도움이 된다는 것이다.

— 3장 「여섯 살 먹은 내 아들은 일자리를 구해야 한다」

단락 쓰기 | 글쓰기의 세부 – 유추

이 글의 저자는 "자유 무역 정책이 경제 성장에 도움이 되는 것은 아니다"라는 논지를 펼치기 위해 다소 어렵고 생소한 개념을 저자 주변의 친숙한 대상에 비교해 서술하여 논지에 대한 이해도와 설득력을 높이고 있다. 이러한 방식으로 주변에서 쉽고 친숙한 대상(혹은 상황)을 찾아 위 글의 "자유 무역 정책이 경제 성장에 도움이 되는 것은 아니다"라는 논지를 이해하기 쉽게 서술해보자.

서현 지음, 『건축, 음악처럼 듣고 미술처럼 보다 — 인문적 건축 이야기』, 효형출판, 2014

건축 관련 지식을 설명하되 인문학적으로 설명한 것이 미덕인 책이다. 쌈지길, 부석사, 여러 한강 다리, 세종문화회관, 국립현대미술관 등 우리 주변의 여러 건축물을 예로 들어 설명하는 것뿐 아니라 그것을 이해하기 쉽도록 우리가 누구나 겪었을 수많은 생활 경험들, 예술, 운동 등까지 모두 끌어와 설명했다. 그래서 과학기술과 인문교양 사이를 이상적으로 결합했다는 평가를 받으며 독자들의 관심을 끌고 있는 책이다. 그러는 사이 건물의 가치와 의미를 읽을 수 있게 되고, 궁극적으로 인간에 관해서까지 생각하게 해 주는 책이다.

엘리베이터 안에서처럼 생면부지의 사람들과 가까이 서 있어야 하는 경우에 느끼는 당혹감을 우리는 긴장감이라고 부른다. 짐짓 모르는 척하고 있어도 옆 사람의 일거수일투족은 바짝 곤두서 있는 우리 더듬이에 고스란히 포착된다. 그 긴장감은 거리가 가까울수록 더 커진다. 환경 심리를 연구하는 이들이 영역성이라고 일컫는 것이 바로 이 긴장감을 해소하기 위하여 확보해야 할 공간의 크기를 말한다.

영역성은 같이 서 있는 사람과의 친밀도에 따라 크기가 달라지기도 한다. 엘리베이터에 모르는 사람과 타게 되면 둘은 대개 각각 사각형의 대각선 구석을 점유하고 선다. 구내식당에서 식사를 할 때 모르는 사람이 같은 식탁에 앉게 되면 서로 가선의 모서리에 앉는 것도 영역을 확보하기 위한 모습이다. 설정되어야 할 영역이 침범되면 김장감을 느끼는 것이다. 미국 프로야구에서 뚱뚱한 감독들이 심판의 코앞에 얼굴을 들이대고 항의하는 것은 영역성을 침범하여 적개심과 도전 의지를 표현하기 위해서다.

물론 사람 사이에서 이 긴장감이 바람직하다고 이야기하기는 어렵다. 그러나 미술이나 음악에서 긴장감은 훌륭한 작품이 만들어지기 위해서는 빠질 수 없는 덕목이다. 건축에서도 긴장감 없는 건물이 좋은 작품이라는 평을 듣기는 대체로 어렵다.

그렇다 보니 기둥을 두 개 세워야 하는 상황이 되면 디자이너들은 두 기둥의 간격을 아주 가까이 붙여놓곤 한다. 독립 기념관 입구에 있는 겨레의 탑을 예로 들어보자. 두 탑의 간격은 키에 비하여 엄청나게 좁다. 사람으로 치면 연인 사이이거나 모르는 사이라면 싸우기 직전에나 설정될 만한 거리다. 이 탑의 디자인에서는 탑의 모양새보다는 두 탑 사이의 거리가 더 중요한 조형 요소다. 만일 두 탑의 간격이 그 키만큼 떨어져 있다면 탑의 모양에서 지금과 같은 긴장감은 느낄 수 없을 것이다.

여의도의 LG 트윈타워를 그만한 크기의 사람이라고 생각해보자. 허리에 살집이 제법 붙은 씨름 선수라고 볼 수도 있다. 금방이라도 샅바를 잡을 듯이 버티고 선 둘 사이의 긴장감을 쉽게 느낄 수 있을 것이다. 우리도 디자인을 하나 해보자. 장승을 세운다고 쳤을 때 천하대장군과 지하여장군 사이의 거리는 어느 정도가 되어야 적당할까?

— 1부 「과연 무엇을 볼까」, 35-37쪽.

단락 쓰기의 원리 | 글쓰기의 세부 – 예시

1. 이 글에서는 '거리가 중요한 조형 요소다'라는 것을 설명하고 있다. 이것을 설명하기 위하여 어떤 방식을 썼는가?

2. 자신의 전공 지식 중에서 한 가지 '명제 혹은 개념'을 선택하여 이 글과 비슷한 방식으로 설명해 보자. 예를 들어 의약 분야의 '플라시보 효과', 문학 분야의 '낯설게 하기' 등.

강명관 지음, 『조선의 뒷골목 풍경』, 푸른역사, 2003

흔히 역사에서 이야기 되는 큰 정치적 사건이나 큰 영향력을 미친 인물들을 다루는 일반적인 책과 달리, 이 책은 조선시대에 대해 쓴 것이기는 하되 매우 일상적이고 사소하다고 일컬어질 만한 것을 흥미있게 풀어냈다. 민중 속 의사들, 도적떼와 땡추, 도박, 금주령과 술집의 이야기를 자료로 풀어냈다. 음탕한 여자로 유명했던 감동과 어우동, 한양 주변 치외법권 지대 반촌, 무뢰배인 검계와 왈자들, 별감들의 모습, 탕자들의 이야기까지 담았다. 정사(正史)에서 볼 수 없는 조선시대 사람살이를 보기에 좋은 책이다.

국가권력이 음주를 향한 당신의 욕망을 좌절시킨다면, 즉 앞으로 1년 동안 혹은 석 달 동안 술을 마시지 못하게 하고, 이를 어길 경우 처벌한다면 어떻겠는가. 이런 음주 금지령이 발동된다면 당신은 어떻게 살겠는가?

조선시대에는 실제 이런 일이 벌어졌다. 국가가 수시로 금주령을 발동하여 개인의 음주를 금지했던 것이다. 그 이유는 매우 간단하고도 건전한 것이었다. 알코올은 주로 곡물과 과일에서 얻는다. 벌꿀이나 용설란 같은 것을 이용하기도 하지만, 대종을 이루는 것은 역시 곡물과 과일이다. 감자나 고구마 같은 작물은 18세기 이후에 들어왔고 원래 구황식물이라 알코올의 재료로 널리 쓰이지 않았다. 고구마가 주정이 된 것은 20세기의 일이다. 당연히 조선시대 술의 주재료는 쌀과 보리 등 곡물이었다. 곧 술은 귀중한 식량인 곡물을 축내는 주범이었던 것이다.

술은 먹지 않아도 살 수 있지만, 밥은 먹지 않으면 죽는다. 사회 전체가 농업 생산에 목을 매고 있던 조선시대에 곡물의 안정적 확보는 체제안정과 통하는 문제였다. 흉년이 들었을 경우, 곡물의 낭비는 곧 죽음을 불러왔다. 그러니 곡물이 술로 낭비되는 것은 문제가 아닐 수 없었다. 아니 멀리 올라갈 것 없이 불과 20여 년 전까지만 해도 쌀로 막걸리를 담을 수 없지 않았는가. 물론 곡식 낭비라는 측면 외에도 드물게 천재지변이나 화재와 같은 재난이나 국상 등의 거창한 상사가 있을 때 근신하는 의미에서 금주령이 발동되기도 했다. 이런 여러 가지 이유로 조선은 5백 년 동안 금주령을 기본정책으로 유지했다.

— 4장 「금주령과 술집」, 118-119쪽.

글쓰기의 세부 – 비교, 분석

1단계 : 먼저 이 글의 처음 세 줄만 읽어보자. 그리고 생각해보자. 지금 국가에서 금주령을 내린다면 어떻겠는가?

2단계 : 다시 이 글의 나머지 부분을 읽어보자.

3단계 : 규제와 자유, 법과 시대의 관계는 어떤 것인가 글로 써 보자. (800자)

로버트 치알디니 지음, 황혜숙·임상훈 옮김, 『설득의 심리학』, 21세기북스, 2023

전 세계적으로 큰 반향을 불러일으킨 이 책은 과학적 근거와 명확한 논리를 바탕으로 사람들 간의 관계에서 벌어지는 복잡다단한 상황과 영향을 쉽고 재미있게 풀면서 실제적이고 유용한 방법들을 제시한다. 이번 개정판에서는 각각의 원칙이 비즈니스와 일상생활에 적용되는 방법에 대한 직접적인 설명을 추가하고 시대의 흐름에 맞춰 대중문화와 신기술 분야의 발전 상황을 반영했다. 또한 설득의 원칙이 다양한 문화권에서 효과를 발휘하는 방법을 소개했다. 이 책은 여섯 가지 설득의 원칙을 중심으로 구성되어 있다.

성공의 비밀은 자신의 요청을 구조화하는 방법, 그리고 사회에 존재하는 다양한 설득의 무기를 파악해 활용하는 방법에 있다. 어쩌면 강력한 심리 원칙을 끌어들여 우리의 자동화된 행동을 유도하는 기록 장치를 작동시킬 적절한 단어 하나만 찾아내면 되는 일인지도 모른다. 심리 원칙에 따라 자동적인 반응을 보이는 인간의 성향을 이용해 이득을 취하는 방법은 부당이득을 취하는 사람들한테서 가장 쉽게 배울 수 있다.

물론 우리가 항상 다른 사람의 행동에 따라 자신의 행동을 결정하는 것은 아니다. 특히 자신이 직접 장단점을 일일이 따져봐야 하는 중요한 상황일 때나 자신의 전문 분야 등에서는 결코 그렇지 않다. 그러나 상당히 광범위한 상황에서 우리는 다른 사람의 행동을 가장 유효한 정보로 사용한다. 그런 상황에서 누군가 고의로 정보를 조작해 믿을 수 없게 해놓았다면, 우리도 반격할 준비를 해야 한다. 개인적으로 나는 그런 상황이 닥치면 기분 나쁜 수준을 넘어 분노를 느낀다. 복잡한 현대 생활의 부담을 덜어주는 나의 마지막 보루까지 악용해 나를 궁지로 몰아넣었다는 생각에 화가 치밀어 오른다. 그런 사람들한테는 반격을 가하는 것이 정당하다. 내 생각에 공감한다면, 당신도 반격을 가하라.

밀그램이 지적했듯이 권위자의 명령에 따르면 실제로 유익한 경우가 많다. 어린 시절에는 (부모나 교사처럼) 우리보다 더 똑똑한 권위자를 따르는 것이 확실히 유익하다. 그들이 더 지혜롭기도 하지만, 우리에게 상벌을 매길 권한을 가졌기 때문이다. 어른이 되면 권위자가 고용주나 판사, 정부 지도자 등으로 대체되지만, 역시 같은 이유로 이런 권위자들을 따르는 것이 유익하다. 권위자들은 사회적 지위 덕분에 더 많은 정보와 힘을 갖고 있으므로 그들의 요구에 따르는 것은 합리적이다. 그런데 권위자에게 복종하는 것을 너무 당연시하다 보면, 전혀 합리적이지 않은 명령에도 그대로 따르는 사태가 벌어진다.

— 5장 「권위 원칙」

글쓰기의 세부 – 예시

밑줄 그은 부분을 중심으로, 권위자에 대한 무조건적 복종이 불러온 사회적 문제에 대해 예시를 들어 소개해 보자. (600자)

에른스트 H. 곰브리치 지음, 백승길 외 옮김, 『서양미술사』, 예경, 2017

1950년 영국에서 초판이 간행된 이래 전 세계에서 서양미술사 개론의 필독서로 자리 잡고 있다. 이 책은 미술에 처음 입문하는 사람들을 위한 것으로, 쉽고 폭넓고 친절하게 서술되어 있다. 선사시대 동굴벽화부터 오늘날의 실험적인 작품들까지, 각 시대와 양식, 작품과 작가를 알기 쉽게 정리하고 있다. 미술의 역사란 과거와의 연관 속에서 미래를 암시하는 각 작품들로 끊임없이 구성되고 변화하는 전통의 역사라는 것이 지은이의 믿음이다. 이 시대와 이집트에 피라미드가 건설되었던 그 시대가 연결되어 있음을 보여준다.

미술에 대한 취향은 분명히 음식과 술에 대한 것보다는 훨씬 더 복잡할 것이다. 그것은 여러 가지 미묘한 맛을 발견하는 문제일 뿐만 아니라 훨씬 진지하고 중요한 일이다. 결국 위대한 거장들은 미술 작품에 그들의 모든 것을 바치고 작품 때문에 고통을 받으며 심혈을 기울였으므로, 그들은 우리에게 최소한 그들이 원하는 방식으로 미술 작품을 이해하도록 노력해야 한다고 요구할 권리는 있는 것이다.

우리가 미술에 대해서 배우는 것은 끝이 없는 일이다. 미술에는 언제나 발견해야 될 새로운 것들이 있다. 위대한 미술 작품들은 우리가 그 작품을 대할 때마다 다르게 보이는 것 같기도 하고, 인간 본연의 모습처럼 다함이 없고 또 예측할 수 없는 것 같기도 하다. 미술은 그 자체의 불가사의한 법칙과 모험을 가지고 있는, 가슴을 설레게 하는 자극적인 세계인 것이다. 미술에 관해서 모든 것을 다 안다고 생각하는 사람은 있을 수 없다. 누구보다 다 알지는 못하기 때문이다. 아마도 다음과 같은 점들보다 중요한 것은 없을 것이다. 즉 이러한 작품을 감상하기 위해서 우리는 모든 암시를 포착하고 숨겨진 조화에 감응하려는 참신한 마음가짐을 지녀야 한다는 것이며, 그 마음가짐은 무엇보다도 상투적인 미사여구나 진부한 경구 같은 것에 흐트러지지 않아야 한다는 것이다. 미술에 관해서 속물 근성을 조성하는 설익은 지식을 갖는 것보다는 미술에 관해서 아무것도 모르는 것이 훨씬 좋다. 이런 위험은 대단히 현실적으로 나타난다. 예를 들면 이 장에서 설명하려고 하는 단순한 점들을 잘 파악한 사람들은, 표현의 아름다움이나 정확한 소묘와 같은 분명한 자질을 하나도 가지고 있지 않은 작품 가운데서도 위대한 작품들이 있다는 것을 알게 된다. 그러나 그들은 그들의 지식을 너무나 자만하기 때문에 아름답지도 정확하게 그려지지도 않은 그럼 그림들만을 좋아하는 체하게 되어버린다. 그들은 너무도 분명히 즐거움과 감동을 선사해주는 듯한 그런 작품을 좋아한다고 고백할 경우 무식하다는 말을 들으면 어쩌나 하는 두려움에 사로잡혀 있다. 그들은 진정으로 미술을 감상하는 방법을 잃어버리고, 어쩐지 불쾌하다고 생각되는 작품을 '대단히 흥미로운' 작품이라고 부르는 속물이 되고 만다.

—「서론 - 미술과 미술가들에 관하여」

글쓰기의 세부 – 대조

밑줄 그은 문장에 나타난 두 가지 작품 감상법을 대조하고, 그에 대한 자신의 견해를 서술해보자. (600자)

수전 손택 지음, 이재원 옮김, 『타인의 고통』, 이후, 2004

수전 손택은 『해석에 반대한다』, 『캠프에 대한 단상』으로 예술에 대한 새로운 감수성 문제를 제시하면서 학계의 주목을 얻기 시작했다. 이후 그의 작업은 대량 복제되는 이미지가 문화적 감수성을 어떻게 변화시켰는지를 추적해가는 데 바쳐졌다. 『타인의 고통』 역시 '이미지 소비'에 관한 비판을 담아낸 책이다. 오늘날 테크놀로지의 발달로 사람들은 자신의 방, 도서관, 지하철 등 일상 공간에서 전 세계에서 벌어지는 재앙의 이미지를 속속들이 볼 수 있게 되었다. 수전 손택은 재앙의 이미지를 보는 것—그것이 타인의 괴로움에 대한 공감의 능력이 커졌다는 것과는 무관하다고 말한다. 이미지 과잉의 사회에서는 사람들이 타인의 고통을 스펙터클로 소비해 버린다는 것. 그리고 타인의 고통이 '하룻밤의 진부한 유흥거리'가 된다면, 사람들은 타인이 겪었던 것 같은 고통을 직접 경험해 보지 않고도 그 참상에 정통해지고, 진지해질 수 있는 가능성마저 비웃게 된다고 말한다. 이 책은 거짓된 이미지, 과잉 이미지의 현실에서 우리에게 '재현'된 현실이 아니라 그 너머에 있는 실제 현실을 직시하는 이성적 힘을 요구한다. 또한 타인의 고통에 공감하는 능력을 키울 것을 촉구한다.

사진이 어떤 영향을 가져오는지 설명하는 두 가지 잘 알려진 사고방식을 살펴보자(이 두 가지 사고방식은 오늘날 급속히 진부해져 가고 있다.) 사진을 다룬 내 에세이(30여 년 전에 쓴 최초의 에세이)에서 이 두 가지 사고방식을 정식화한 이래로, 나는 그 사고방식에, 이의를 제기하고픈 유혹을 견딜 수 없었다.

첫 번째 사고방식은 대중매체(좀 더 명확히 말하면 이미지)가 주목하는 것들을 대중들도 주목한다는 사고방식이다. 예를 들어서, 사진에 찍혀야만 그 전쟁이 '현실적'이 되는 식이다. 그렇다면 베트남 전쟁 반대 운동을 일으킨 것도 이미지라는 말이 된다. 보스니아 전쟁에 관해서 뭔가를 해야 한다는 정서도 언론인들이 그 전쟁에 주목했기 때문에, 그러니까 거의 3년 동안 매일 밤마다 포위 상태에 놓인 사라예보의 이미지를 수십억 인구의 거실 텔레비전에 비춰줬기 때문에 생겨났다는 것이다(어떤 사람들은 이것을 일컬어 'CNN 효과'라고 말하기도 했다). 이런 사례들은 어떤 재앙과 어떤 여론에 사람들의 온 이목이 쏠리는가, 사람들이 무엇을 걱정하게 되는가, 그리고 궁극적으로 사람들이 어떤 갈등을 어떻게 평가하게 되는가 등이 결정되는 데 사진이 얼마나 결정적인 영향을 끼치는지 잘 보여준다.

두 번째 사고방식은 방금 묘사했던 사고방식을 거꾸로 뒤집어 놓은 듯한 사고방식으로서, 이미지로 뒤덮인 세계에서는, 아니 그것도 사방팔방이 모조리 이미지로 뒤덮인 세계에서는 우리에게 중요할 수밖에 없는 그 무엇인가의 영향력이 점점 떨어져 간다는 사고방식이다. 예컨대 우리는 완전히 무감각해져 버리는 셈이다. 결국 우리의 양심을 콕콕 찔러대는 이미지는 뭔가를 느낄 수 있는 능력을 우리에게서 서서히 앗아갈 뿐이라는 것이다.

여섯 편의 에세이가 실린 『사진에 관하여』(1977)의 앞부분에서, 나는 다음과 같은 지적을 한 바 있다. 사진으로 찍혀 보여진 바가 전혀 없는 사건보다는 사진을 통하여 널리 알려진 사건이 훨씬 더 현실적인 것처럼 보일지는 모르겠으나, 사진에 찍힌 사건도 반복적으로 노출되다보면 결국 점점 덜 현실적인 것처럼 보일 수밖에 없다고 말이다. 그리고 사람들의 연민을 더 많이 자아내면 자아낼수록, 사진은 연민 자체를 점점 더 사그라지게 만든다고 쓰기도 했다.

— 7장, 155-156쪽.

글쓰기의 세부 – 분류, 분석

위 글의 저자는 이미지 과잉의 사회에서는 사람들이 타인의 고통을 스펙터클로 소비해 버린다고 말한다. 신문이나 텔레비전 등 매스미디어에 실린 보도 사진들을 찾아본 후, 이런 사진들이 지닌 문제점이 무엇인지 분석해보자. (600자)

리처드 도킨스 지음, 홍영남·이상임 옮김, 『이기적 유전자』, 을유문화사, 2018

이 책은 창조적 시각으로 재해석한 진화론을 우리 앞에 선보이고 있다. 도킨스는 이 책에서 인간을 포함한 동물 행동에 대한 난해했던 문제들을 유전자의 관점에서 간결하고 적절한 생물학적 비유로 풀어가고 있다. 이 책에 따르면, 인간은 이기적 유전자를 보전하기 위해 맹목적으로 프로그램을 짜 넣은 로봇 기계이다. 이 유전자의 세계는 비정한 경쟁, 끊임없는 이기적 이용 그리고 속임수로 가득 차 있다. 진화론에 바탕을 둔 대담하고도 섬세한 이론과 사람의 마음을 사로잡는 문장력 덕택에 이 책은 자연과학부문 고전의 서가에 성공적으로 안착했다.

어떤 개체군이 두 개의 전략 중 하나를 채택하는 개체들로 구성되어 있다고 하자. 메이너드 스미스의 분석에서와 마찬가지로, 여기서의 전략은 의식적인 전략이 아닌, 유전자에 의해 결정되는 무의식적인 행동 프로그램을 말한다. 이 두 전략을 '봉(Sucker)' 전략과 '사기꾼(Cheat)' 전략이라고 부르자. '봉'은 도움을 필요로 하는 상대라면 누구에게나 털 손질을 해준다. '사기꾼'은 봉의 이타적 행동을 받아들이지만 누구한테라도, 심지어 상대가 이전에 자신의 털을 골라 주었던 개체일지라도 일절 털 손질을 해주지 않는다. 비둘기파와 매파에 대한 분석에서와 같이 여기도 이득에 대한 임의의 수치를 부여하도록 하자. 털 손질을 받은 경우의 이익이 털 손질을 해주는 비용보다 크기만 하다면 정확한 수치는 상관없다. 진드기 기생률이 높을 경우에는 봉의 개체군 내 어느 개체든 남에게 털 손질을 해준 것과 같은 빈도로 자기도 털 손질을 받을 것이라 기대할 수 있다. 따라서 봉 개체군 내에서 봉의 평균 이득은 양의 값이 된다. 모든 개체가 잘 지낼 것이므로 '봉'이라는 호칭은 부적절할지도 모른다.

그러나 여기서 사기꾼 하나가 이 개체군에 출현하면 어떻게 될까? 사기꾼은 자기 혼자뿐이므로 이 사기꾼은 다른 모든 개체로부터 털 손질을 받지만 자기는 전혀 보답을 하지 않는다. 그의 평균 이득은 봉의 평균 이득을 상회한다. 그러므로 사기꾼의 유전자가 개체군 내에 퍼지기 시작할 것이며 조만간 봉의 유전자는 곧 절멸의 막다른 길로 몰리고 말 것이다. 왜냐하면 개체군 내 이 둘의 비율에 상관없이 사기꾼은 항상 봉보다 성적이 좋을 것이기 때문이다.

가령 사기꾼과 봉이 각각 50퍼센트일 경우를 생각해 보자. 봉의 평균 이득이나 사기꾼의 평균 이득이나, 100퍼센트 봉으로만 구성된 개체군의 평균 이득에 비해 낮은 값이 될 것이다. 그러나 이 조건에서도 여전히 사기꾼은 봉보다 성적이 좋다. 사기꾼은 그 본성대로 누릴 수 있는 모든 이익을 누리면서 전혀 대가를 지불하지 않기 때문이다. 사기꾼의 비율이 90퍼센트까지

달하면, 진드기가 옮기는 병 때문에 어느 쪽이나 사망자가 발생할 것이므로 개체군 내 모든 개체의 평균 이득은 매우 낮다. 그러나 여전히 사기꾼은 봉보다 성적이 좋다. 비록 개체군 전체가 절멸할지언정 봉이 사기꾼보다 높은 성적을 올릴 기회는 전혀 없다. 고로 이들 두 전략만 고려하는 한, 봉의 절멸은 피할 수 없을 뿐만 아니라 개체군 전체의 절멸 가능성도 매우 높다.

— 10장 「내 등을 긁어 줘, 나는 네 등 위에 올라탈 테니」

글쓰기의 세부 – 요약, 예시

1. 이 글의 주장을 요약해 보자. (200 자 내외)

2. 이 글의 주장을 예시를 사용하여 반론해보자.

로얼드 호프만 지음, 이덕환 옮김, 『같기도 하고 아니 같기도 하고』, 까치, 2018

이 책은 화학의 다양한 용어와 핵심 문제들을 51개의 절로 풀어서 쓰고, 그것을 다시 10개의 주제 아래 묶어서 쓴 책이다. 저자는 화학에서 말하는 정체성과 화학적인 표현법에서부터 글을 시작한다. 화학의 문제는 삶에서 일어나는 오류와 확신, 다양한 사건의 문제와 연관된다. 이 문제는 삶과 화학적인 작용의 마술 문제로 슬며시 자리를 옮긴다. 저자는 화학의 다양한 문제들을 통해 개인은 물론 사회와 인류의 문제가 갖는 가치화 피해의 다양한 양상을 짚는다. 그리고 마침내는 민주화의 가능성을 화학적으로 유비해서 쓴다. 저자는 그것을 생동하는 이원성을 회복하는 문제로 결론짓고 있다.

조용하게 보이는 것 속에 감추어진 그런 긴박감이 바로 화학의 핵심적인 요소이다.

포도주 저장고에 보관된 마개가 막힌 포도주병은 두 가지 이유에서 조용하게 보인다. 우선 움직이고 있는 입자들이 지극히 작은 분자들이다. 다시 말해서 그 분자들을 가만히 서 있게 만들 수 있다고 하더라도 맨눈은 물론 심지어 광학현미경으로도 볼 수 없을 정도로 작다. 그리고 마개가 막힌 병 속에서 공기와 포도주의 경계면에서 일어나는 빠른 움직임이 정확하게 균형을 이루고 있다는 사실도 확인되었다. 1초 동안에 액체에서 기체 "상(相, phase)"으로 튀어나가는 물 또는 알코올의 분자 수만큼 다른 물 또는 알코올 분자가 기체에서 액체로 되돌아온다. 그렇기 때문에 전체적으로는 아무런 일도 일어나지 않는 것처럼 보인다. 배우들이 작고 그들의 행동이 균형을 이루고 있다는 사실이 합쳐져서 모든 것이 조용하게 보이는 것이다.

들어온 것만큼 나간다는 균형은 이해하기 쉽다. 목욕탕 속의 물이 어느 정도 차 있는 경우를 생각해보자. 마개를 조금 열거나 처음부터 잘 막혀 있지 않았을 경우에, 수도꼭지에서 적당한 양의 물이 흘러나오면 목욕탕 속의 물의 양은 일정하게 유지될 수 있다. 목욕탕 속의 물은 계속해서 다른 것으로 바뀌지만 물의 양은 그대로이다. 물이 들어오고 나가는 두 가지 활동이 동적 평형(動的平衡, dynamic equilibrium)을 이루고 있는 것이다. 이 예에서 물의 낭비가 심한 것 같으면, 물을 재순환시키는 밀레스의 문수를 생각해도 좋을 것이다. 인파가 몰려 들어가지만 같은 숫자만큼이 빠져나오는 복잡한 백화점 안의 사람 수도 비슷한 이유가 될 것이다.

이런 평형은 럭비 경기에서 스크럼을 짜고 움직이지 않고 있는 상태나 줄타기를 하는 사람이 가만히 서 있는 정적평형(靜的平衡, static equilibrium)과 비교된다는 점을 주목해야 한다. 이런 상태는 내부적으로는 긴장되어 있는 상태이다. 평형이 깨질 가능성이나 힘의 균형이 깨지는 불상사도 쉽게 상상할 수 있다. 물론 목욕탕의 이야기에서도 마개가 막혀버렸는데 수도꼭지는 잠기지 않고 넘쳐흐르는 구멍도 막혀버린 경우와 같이 우스꽝스러운 사고가 일어날 수는 있다. 그럴 때에는 걸레를 찾기 위해서 뛰어다녀야 할 것이다. 도대체 전체 잠금 밸브는 어디에 있을까? 이 목욕탕은 유럽식이 아니라 미국식 목욕탕이어서 바닥에 하수구가 없다. 수도 수리공을 불러라!(어쩌면 변호사도!)

화학에서의 동적 평형도 골칫거리가 되는 경우가 있고, 때로는 질병이나 원하지 않는 폭발과 같은 재앙을 가져올 수도 있다.

—「제5부 도대체 어떻게 일어날까?; 31. 정적(靜的)/동적(動的)」

글쓰기의 세부 – 정의, 예시

이 글에서는 정적 평형과 동적 평형을 정의와 예시의 방법을 통해 설명하고 있다. 각각 포도주의 일정한 수면과 럭비 경기의 스크럼이 그것이다. '정적 평형'과 '동적 평형'을 이해한 대로 서술하고, 글쓴이가 든 예와는 다른 예를 들어서 설명해보라.

앤소니 기든스 지음, 배은경·황정미 옮김,

『현대 사회의 성, 사랑, 에로티시즘』, 새물결, 2003(2판)

이 책은 성과 사랑에 관한 책이다. 일상적 층위, 문명사적 층위에서부터 개인적인 층위, 사회적인 층위까지 탐구 범위를 종횡무진 오가는 저자의 시야가 넓다. 저자는 낭만적 사랑과 결혼의 문제는 물론, 섹스와 욕망의 문제까지 현대 사회의 구성 요건과 맞쪽을 만들어 이야기를 풀어낸다. 우리가 섹슈얼리티라고 생각했던 것이 어떻게 현대성을 규정짓기에 이른 것인지에 대한 저자의 통찰을 여전히 생명력을 발휘하며 울림을 만들어낸다. 이 책의 마지막 장에서 저자가 '친밀성'과 '생활정치'라는 개념으로 민주주의의 새로운 가능성을 주장하는 대목은 깊은 여운을 남긴다.

열정적 사랑은 원래 다른 열정들 중의 하나였으며, 열정에 대한 해석은 종교의 영향을 받는 경향이 있었다. 감정적 기질들은 대부분 열정이 될 수 있지만, 그러나 현대 사회에서 열정은 성적 영역으로 협애화되었고 그렇게 됨으로써 열정의 표현은 더욱 소리를 낮추게 되었다. 오늘날 열정이란 성적 행동에서조차 단지 마지못해 혹은 당황스럽게 시인하는 무엇이 되었다. '어쩔 수 없는 힘'이라는 열정의 자리를 중독(addiction)'이 침해했다는 것도 그 이유 중의 하나일 것이다.

현대 사회 생활에서 안전하게 제공되는 일상적 상황 속에 열정이 위치할 자리는 없다. 그러나 열정이 확신(conviction)을 이끌어내는 원동력이라고 한다면, 열정 없이 살 수 있는 사람이 과연 있겠는가? 감정과 동기 부여는 뿌리 깊이 연결되어 있다. 오늘날 우리는 동기가 '합리적'—가령, 기업가의 이윤 추구와 같이—이라고 생각한다. 그러나 감정이 합리적 평가나 윤리적 판단에 완전히 적대적이라면, 동기가 결코 일어나지 않을 것이다. 목적에 걸맞은 수단 혹은 결과라는 차원을 제외한다면 말이다. 이것은 산업화 초기 기업가의 동기가 종교적 신념에 의해 활성화되었다고 해석했던 베버가 통찰했던 바이다. 그러나 이러한 해석에서 베버가 당연시했고 나아가 인식론의 위치로까지 격상시켰던 것이 바로 현대성의 명백한 문제가 된다. 그것은 바로 감정의 가치평가가 불가능하다는 것이다.

생활 정치적인 쟁점으로 본다면, 감정의 문제는 열정을 회복시키자는 것이 아니라 신념을 북돋우고 정당화하는 윤리적인 지침을 발전시키는 것이다. 치료전문가들은 이렇게 말하곤 한다. '당신의 감정들을 느껴보라.' 그러나 이에 관해서 치료는 현대성과 공모하고 있다. 이면에 있는 지시는 '당신의 감정을 평가하라'는 것인데, 이러한 요구는 심리적인 조화만으로 해결될 문제가 결코 아니다. 감정은 판단이 아니지만, 감정적 반응에 의해서 촉발된 기질적 행동들은 판단이다. 감정을 평가한다는 것은 그와 같은 판단이 어떤 맥락에서 내려지는지, 그에 대한 어떤 기준을 필요로 한다.

최근 진행된 현대성의 발전과 더불어 감정은 다양한 방식으로 생활 정치적인 쟁점이 되었다. 섹슈얼리티의 영역에서 감정은 의사소통의 수단으로써, 그리고 다른 사람에게 헌신하고 협동하는 것으로써 특히 중요하다. 합류적 사랑의 모델은 개인의 행동과 공동의 삶에서 파괴적이지 않은 감정을 육성하는 윤리적인 틀을 상징한다. 그것은 에로틱한 것(the erotic)이—순수하지 못한 여성의 전문적 숙련으로서가 아니라, 불평등한 권력보다는 서로 간에 형성된 사회 관계 속에서 형성되는 섹슈얼리티의 발생적 속성으로서—다시 활성화될 가능성을 제공한다. 에로티시즘은 신체의 감각을 통해 표현되는 감정을 의사소통이라는 맥락에서 가꾸어 가는 것이다.

— 10장 「민주주의로서의 친밀성」, 294-295쪽.

제목 붙이기 | 글쓰기의 세부 – 논증하기

1. 밑줄 그은 부분을 눈여겨보라. 글 전체에서 핵심 용어로 사용되고 있는 '감정'과 '열정'이 어떤 맥락에서 사용되고 있는지 구분해서 요약해보자.

감정 :

열정 :

2. 이 글에서 논쟁적인 부분은 감정이 생활 정치의 문제에서 핵심 쟁점이 되었다는 주장이다. 성의 문제에서 감정은 의사소통의 수단이 될 수 있고, 이때 에로티시즘은 저자의 주장에 부합하는 생활 정치의 핵심 요소가 될 것이다. 이러한 저자의 주장에 대해 반박, 부연, 동의하는 입장에 서서 글을 써보자.

미셸 푸코 지음, 이규현 옮김, 『성의 역사 1 - 지식의 의지』, 나남출판, 2020

푸코는 성, 광기, 감시 등의 핵심 주제를 설정하고 계보학을 그려내는 작업을 통해 근대적 주체를 설명한다. 이 책은 '성'을 통해 근대를 해석해낸 푸코의 저작이다. '성'을 핵심어로 삼아 근대 권력이 어떠한 새로운 방식으로 이전과는 다른 근대 주체들을 생산하게 되는지를 실증적으로 드러내고 있다. 이 책의 전반부에서 푸코는 성이 억압되어 있다는 가설을 논박한다. 오히려 근대 권력은 성을 억압한 것이 아니라 개인의 성을 고백하게 함으로써 사람들을 관리하고 지배했다는 것이다.

〈고백〉이란 말과 그것이 가리키는 법률적 기능의 변화는 그 자체로 특징적이다. 이를 테면 타인에 의해 어떤 사람에게 주어지는 신분·자기 동일성·가치의 보증으로서의 〈고백〉에서 어떤 사람 자신의 행위와 생각에 대한 자인(自認)으로서의 〈고백〉으로 넘어간 것이다. 개인은 오랫동안 다른 이들의 신원 보증과 타인과의 유대에 대한 표명을 통해 자기 자신의 존재를 인정받아 왔으나, 그 다음에는 그가 자기 자신에 관해 말할 수 있거나 말해야 하는 진실의 담론을 통해 존재의 정당성을 인정받게 되었다. 진실의 고백이 권력에 의한 개체화 절차의 핵심에 자리 잡은 것이다.

아무튼, 시련의 의식과는 별도로, 전통의 권위에 의해 주어지는 보증과는 별도로, 증언뿐만 아니라 관찰과 입증의 학문적 방법들과는 별도로, 고백은 서양에서 진실을 산출하는 데 가장 큰 가치가 있는 것으로 평가된 기법들의 하나가 되었다. 그때부터 우리는 유달리 고백을 좋아하는 사회가 되었다. 고백은 서양에서 진실을 산출하는 데 가장 큰 가치가 있는 것으로 평가된 기법들의 하나가 되었다. 고백의 효력은 재판·의학·교육·가족 관계·연인 관계 그리고 더 나아가 가장 일상적인 영역과 가장 엄숙한 의식 속으로 폭넓게 확산되었다. 사람들은 제각기 자신의 범죄, 자신의 과오, 자신의 생각과 욕망, 자신의 과거와 자신의 꿈, 자신의 유년기, 자신의 질병과 자신의 비참을 고백한다. 사람들은 다른 이에게 할 수 없는 자기 자신에게 하면서 즐거움이나 괴로움을 맛보기도 하며, 그러한 고백을 책으로 쓰기도 한다. 사람들은 고백한다—아니 어쩔 수 없이 고백한다. 자발적이지 않거나 어떤 내적 요청에 의해 강요되지 않은 경우에, 고백은 폭력이나 위협에 의해 갈취당하며, 영혼 속의 은신처에서 끌려나오거나 육체로부터 추출된다. 중세 이래, 고문은 고백을 그림자처럼 따라다니고 있으며, 고백이 힘을 잃은 것 같으면 무너지지 않도록 그것을 지탱해준다. 말하자면 양

자는 적의에 가득 찬 쌍둥이이다. 가장 상냥한 애정과 마찬가지로, 가장 피 비린내나는 권력도 고백을 필요로 한다. 서양에서 사람은 고백의 동물이 되었다.

— 3장 「스키엔티아 섹수알리스」, 75-76쪽.

글쓰기의 세부 – 문장 강화하기

1. 텍스트 요약은 논리 글쓰기의 첫 걸음이다(유시민, 『유시민의 글쓰기 특강』). 이 글의 핵심어를 뽑고, 이 단어를 이용하여 핵심 내용을 요약해보자.

2. 이 글은 프랑스어로 된 원문을 한국어로 옮긴 번역문이다. 원문을 살려 번역하다 보면 자연스럽지 못한 문장이 되기도 한다. 밑줄 친 부분은 대표적인 사례이다. 밑줄 친 부분을 자연스러운 문장으로 고쳐보자. 이 외에도 우리 말 어법에 맞지 않는 문장이나 부자연스러운 문장이 있는지 검토해보자.

글이 삶이다 [전면개정판]

한양대학교 교양국어교육위원회 편

펴낸날 2017년 2월 20일 초판 1쇄 ● 2024년 1월 30일 전면개정판 1쇄
펴낸이 이기정 ● **펴낸곳** 한양대학교출판부 ● **출판등록** 제4-7호(1972.2.29)
주소 서울 성동구 왕십리로 222 ● **전화** 02.2220.1432-4 ● **팩스** 02.2220.1435
홈페이지 press.hanyang.ac.kr ● **이메일** presshy@hanyang.ac.kr
표지 안광일 ● **본문디자인·편집** 김민지 ● **인쇄** 네오프린텍

값 20,000원

ISBN 978.89.7218.797.4 (93710)